新课标 新语文 新学习 丛书

根据 2017 年版《普通高中语文课程标准》编写

丛书主编 褚树荣

本册主编 张全民

红色经典

中国革命传统作品学习

学习任务群 09/15

上海教育出版社
SHANGHAI EDUCATIONAL PUBLISHING HOUSE

丛书主编 褚树荣

本册主编 张全民

本册编委 褚树荣　张全民　郁雪琳
　　　　　　边宝玲　洪丹峰　马慧芳
　　　　　　陈爱娟　韦玲珍　姚　芳
　　　　　　杜韦滨　李　丹

目录

写在前面 1

学习导航

按图索骥 3
课标传真 3

他山之玉

助学指津 9
  在灵魂独语中窥览别样岁月 9
案例示范 17
  当代语境下的建构与重构——中国革命传统作品阅读类学习案例简述 17
  重温一种伟大精神——中国革命传统作品活动类学习案例简述 19

专题问道

上编：中国革命传统作品研习 25

专题1　得体与审美——"红色"作品文学性研读 25
含英咀华 26
  荷花淀——白洋淀纪事之一／孙　犁 26

风景谈／茅　盾　　　　　　　　　　　…33
　　雷电颂／郭沫若　　　　　　　　　　　…38
实践笃行　　　　　　　　　　　　　　…41
　　芦花飘荡苇叶黄——品读孙犁"诗体小说"　…41

专题2　严密与崇高——"红色"作品思辨性研读　…52
含英咀华　　　　　　　　　　　　　　…52
　　改造我们的学习／毛泽东　　　　　　　…52
　　科学的春天——郭沫若在全国科学大会闭幕式上的讲话　…59
　　实践是检验真理的唯一标准／《光明日报》特约评论员　…62

实践笃行　　　　　　　　　　　　　　…69
　　"抗日神剧"之我见　　　　　　　　　　…69

专题3　写实与宣传——"红色"作品实用性研读　…73
含英咀华　　　　　　　　　　　　　　…74
　　梅汝璈日记二则／梅汝璈　　　　　　　…74
　　报告文学两篇／魏　巍　邹韬奋　　　　…79
　　书信两封／林觉民　杨开慧　　　　　　…84

实践笃行　　　　　　　　　　　　　　…87
　　抚今追昔：寻访故乡先烈旧踪，传承红色革命精神　…87

下编：中国革命传统作品专题研讨　…91

专题4　匕首与投枪——鲁迅杂文专题研讨　…91
含英咀华　　　　　　　　　　　　　　…92
　　灯下漫笔／鲁　迅　　　　　　　　　　…92
　　无花的蔷薇之二／鲁　迅　　　　　　　…99
　　辱骂和恐吓决不是战斗
　　　——致《文学月报》编辑的一封信／鲁　迅　…104

目　录

实践笃行 ...107
　　寻找鲁迅——跟着作品去寻访鲁迅先生生活过的地方 ...107

专题5　一代天骄——毛泽东诗词专题研讨 ...116

含英咀华 ...116
　　西江月·井冈山 ...116
　　七律·人民解放军占领南京 ...117
　　采桑子·重阳 ...118

实践笃行 ...120
　　数风流人物，还看今朝 ...120

专题6　红色舞台——"红色"经典剧本专题研讨 ...125

含英咀华 ...126
　　白毛女／延安鲁迅艺术学院集体创作，
　　贺敬之　丁毅执笔 ...126
　　霓虹灯下的哨兵／沈西蒙、漠雁、吕兴臣集体创作，
　　沈西蒙执笔 ...134
　　放下你的鞭子／陈鲤庭　执笔 ...141

实践笃行 ...153
　　荧屏上的革命——"红色"经典影视的文学原著之旅 ...153

专题7　大地的歌吟——"白洋淀派"小说专题研讨 ...159

含英咀华 ...160
　　嘱咐／孙　犁 ...160
　　中秋节／刘绍棠 ...168
　　水乡散记／韩映山 ...172

实践笃行 ...176
　　诗情画意的乡土——"白洋淀派"展厅的布置 ...176

专题8　时代的乐章——当代散文三大家专题研讨 ...180

含英咀华 ...181

　　　　雪浪花／杨　朔　　　　　　　　　　…181

　　　　长江三峡／刘白羽　　　　　　　　　…186

　　　　土地／秦　牧　　　　　　　　　　　…191

　实践笃行　　　　　　　　　　　　　　　　…198

　　　　文学论坛：当代散文三大家作品聚焦　…198

专题9　黎明的通知——艾青诗歌专题研讨　…201

　含英咀华　　　　　　　　　　　　　　　　…202

　　　　黎明的通知　　　　　　　　　　　　…202

　　　　给太阳　　　　　　　　　　　　　　…206

　　　　光的赞歌　　　　　　　　　　　　　…207

　实践笃行　　　　　　　　　　　　　　　　…211

　　　　追赶太阳的诗人　　　　　　　　　　…211

专题10　科学之春——徐迟报告文学专题探讨　…215

　含英咀华　　　　　　　　　　　　　　　　…216

　　　　哥德巴赫猜想　　　　　　　　　　　…216

　　　　地质之光　　　　　　　　　　　　　…220

　　　　生命之树常绿　　　　　　　　　　　…224

　实践笃行　　　　　　　　　　　　　　　　…228

　　　　蓬勃燃烧的生命——"走近徐迟"读书会　…228

锦心绣口

应世致用　　　　　　　　　　　　　　　　…239

　　　　标语：时代的最强音　　　　　　　　…239

互动对话　　　　　　　　　　　　　　　　…241

　　　　谈判无处不在　　　　　　　　　　　…241

目 录

我学我秀

展览平台 ...249
自我评估 ...267

知识附录

参考答案 ...283
推荐书目 ...315

后　记 ...317

写在前面

在语文学习的道路上你跋涉许久,那些语词构成的密林,有时让你怅然若失,有时又使你茅塞顿开。在阅读前人中你一一收藏人类的智慧之光,在表达自我时你一一点亮自己的心灵之火。在无数个阳光灿烂的午后,或是星光明亮的夜晚,你被这样的火光牵引,走进书本,走向生活。这样的时刻可以称为"生命的唤醒"了,而我们就出现在这样的时刻里。我们有一个共同的名字——"语文树",我们希望以树的形象和你站在一起,共同领略高处和远处的风景——《新课标 新语文 新学习》丛书。为了让你能与她相遇,我们努力了两年。希望这是一场温暖而让人百感交集的旅程,在旅程的起点,让我们暂缓脚步,听一场模拟对话吧。

新课标:语文学习"风向标"

生:老师,您是语文学习的"过来人",能谈谈如何学习语文吗?

师:"学"的本义是一个人在手把手地教习"爻","习"的本义是雏鸟练习飞出鸟窝,所以,"学"是知识的授受,"习"是技能的运用。古人云:"学而时习之,不亦说乎?"学到的知识能放到生活中去为我所用,这才是快乐的事情!语文学习也不例外,一定要注重知识学习和社会实践,要"知行合一"。

生:语文学习离不开语文实践,这个道理大家都懂。国家在课程标准、语文教材等方面有相应的倡导吗?

师:《普通高中语文课程标准(2017年版)》是课程设置、教材编写、教学实施、考试评

红色经典
中国革命传统作品学习

价的"国字号"文件。"核心素养"和"学习任务群"是其中的两大亮点。关于语文核心素养,很多专家发表过高见。现在看,还是《普通高中语文课程标准(2017年版)》的说法比较权威:

语文学科核心素养是学生在积极的语言实践活动中积累与构建起来,并在真实的语言运用情境中表现出来的语言能力及其品质;是学生在语文学习中获得的语言知识与语言能力,思维方法和思维品质,情感、态度与价值观的综合体现。主要包括"语言建构与运用""思维发展与提升""审美鉴赏与创造""文化传承与理解"四个方面。

生:四个方面是语文学习的四大领域吧?这四种核心素养怎样才能提高呢?

师:它既是四种核心素养,也关涉四大关键能力,同时也是四个学习领域。为了培育语文核心素养,《普通高中语文课程标准(2017年版)》设置了18个学习任务群,分布在高中三年中修习。

请看下表:

学习任务群	学分安排		
	必 修	选择性必修	选修(任选)
1 整本书阅读与研讨	1		
2 当代文化参与	0.5		
3 跨媒介阅读与交流	0.5		
4 语言积累、梳理与探究	1	1	
5 文学阅读与写作	2.5		
6 思辨性阅读与表达	1.5		
7 实用性阅读与交流	1		
8 中华传统文化经典研习		2	
9 中国革命传统作品研习		0.5	
10 中国现当代作家作品研习		0.5	
11 外国作家作品研习		1	
12 科学与文化论著研习		1	
13 汉字汉语专题研讨			2
14 中华传统文化专题研讨			2

写在前面

(续表)

学习任务群	学分安排		
	必修	选择性必修	选修(任选)
15 中国革命传统作品专题研讨			2
16 中国现当代作家作品专题研讨			2
17 跨文化专题研讨			2
18 学术论著专题研讨			2
总　计	8	6	12

课标组专家进行了大量研究,数易其稿,提出了18个学习任务群。那么,如何把这18个学习任务群分解成学习专题?分解成什么样的学习专题?如何学习这些专题?对你们来说,解决这三个问题是语文学习的核心任务。但目前还没有人提供系统的指导和现成的资源,这也是我们策划这套丛书的良苦用心。

新语文:培植语文大树

生:通过您的解释,我们理解了"新课标"之"新"。那么,"新语文"又"新"在何处呢?

师:一个"新"字,表明我们开发了新的语文学习内容。我们在策划专题时,充分考虑了四个标准。一是阅读选文的权威性和时代性。选文要经过历史沉淀,尽量体现经典权威,要搭准时代的脉搏,你们看到的文章应该有相当的新鲜度。二是呈现方式的生动性和悦纳性。你们是学生,不是研究专家,文章选择、活动设计和陈述语体,我们尽量保持喜闻乐见的面孔和平等对话的态度。三是活动设计的操作性和选择性。不管是文本阅读还是活动实践,我们都考虑到简单易行,照顾到弹性选择。四是价值追求的普世性和多元化。开放的眼光、宽容的心态和普世的价值,对你们来说,也是一种核心素养。这方面争取与现行教材成为互补。因为坚持这四条标准,所以这套丛书的内容、结构和呈现不同于以往任何一种教材和教辅。

生:这样看来,专题策划是重中之重。你们是怎样考虑的呢?

红色经典
中国革命传统作品学习

师：专题策划，我们郑重其事。我们把每个任务群分解成若干个学习专题，一共形成119个专题，每个专题主要分成"含英咀华（学者谈片等）""实践笃行"两类活动，加上每个任务群的综合写作和口语活动，共计270次语文学习活动。这样，活动指向专题，专题指向任务群，任务群指向核心素养。如右图所示：

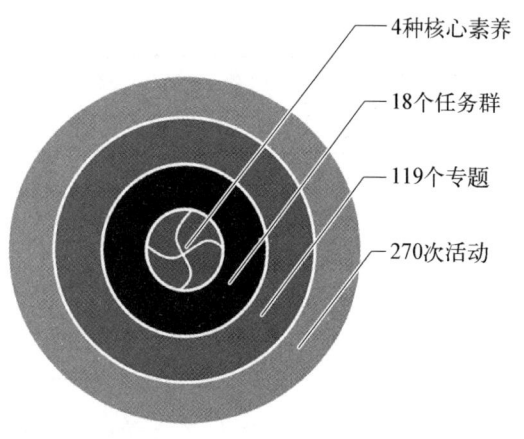

生：看来专题内容就是学习的基本内容，119个专题都涉及哪些内容呢？

师：119个专题的名称和学习范围如下，右边的学时是课标规定的，供同学们课外安排。

学习任务群	专题名称	专题内容	学时
1. 整本书阅读与研讨	1. 阅读的奥秘	整本书的阅读策略与方法	18课时
	2. 理性的光辉	理解性、接受性阅读	
	3. 向深处追溯	拓展性、探究性阅读	
	4. 对话的姿态	参证性、批判性阅读	
	5. 把珍珠穿起	群文性、类型化阅读	
	6. 让心灵遇见	消遣性、休闲性阅读	
2. 当代文化参与	1. 聚焦与透视	关注并调查社会文化热点	9课时
	2. 参与和建构	策划并参与当代文化活动	
	3. 探索与研究	探索并评价当代文化现象	
	4. 尊重与理解	养成尊重多元文化的意识	
	5. 保护与传承	策划民俗文化的现代传承	
3. 跨媒介阅读与交流	1. 拥抱新媒介	了解新媒体的种类和特点	9课时
	2. 媒体三棱镜	理解不同媒介的同题表达	
	3. 理性的眼神	学会辨别媒体立场和态度	
	4. 媒介小达人	学习跨媒介技术传播资讯	
	5. 跨界共同体	创建跨媒介学习共同体	

写 在 前 面

(续表)

学习任务群	专题名称		专题内容	学时
4. 语言积累、梳理与探究； 13. 汉字汉语专题研讨	上编	1. 走向符号化	理解汉字简化，能够识繁写简	72课时
		2. 意义关系网	了解语义与语境的关系	
		3. 语义的河流	了解词义的类型及其流变	
		4. 格式化的语言	理解并正确使用熟语	
		5. 情境中的约定	学习语用的规律和规范	
		6. 修辞立其诚	了解并运用修辞提高表达效果	
		7. 生活小逻辑	了解逻辑，提高语用的逻辑性	
	下编	8. 语言的魔方	对联的欣赏与写作	
		9. 时代晴雨表	了解民谣背后的社会和民生	
		10. 歧路中抉择	了解文言白话的特点及其分离	
		11. 语言的狂欢	了解网络语言，认识语言规范	
		12. 文化全息码	探究汉字与文化的关系	
5. 文学阅读与写作	文字秘密	1. 超越惯性	了解诗歌的陌生化技巧	45课时
		2. 文质彬彬	了解散文的知性与感性	
		3. 河的第三条岸	了解小说的想象与虚构	
		4. 尺水里的波澜	了解戏剧的冲突与巧合	
	大地事件	5. 灵魂没有白发	文学"成长"母题阅读与写作	
		6. 零度以上的风景	文学"爱情"母题阅读与写作	
		7. 倒下的真理	文学"战争"母题阅读与写作	
		8. 我应该是一阵风	文学"自然"母题阅读与写作	
		9. 旧故里草木深	文学"故乡"母题阅读与写作	
	大师法则	10. 站在文学背后	创作与鉴赏的理论研习	
6. 思辨性阅读与表达		1. 谬误与审辨	了解思辨的误区和审慎的说理	27课时
		2. 经典的回响	研读经典的论述文本	
		3. 公民的情怀	关注并评论公共事件	
		4. 别样的声音	研读争鸣、答辩类文本	
		5. 价值的困境	理解人性和人生的多元性	
		6. 阐幽与发微	阐释文的阅读与写作	
		7. 证据与逻辑	立论文的阅读与写作	
		8. 对话与驳诘	驳论文的阅读与写作	

红色经典
中国革命传统作品学习

(续表)

学习任务群	专题名称	专题内容	学时
7. 实用性阅读与交流	1. 运筹帷幄	策划书的阅读及写作	18课时
	2. 谈言微中	访谈的设计和实录	
	3. 走进现场	沙龙对话和演讲活动	
	4. 亮出你自己	面试活动及相关写作	
	5. 社会广角镜	时评的阅读和写作	
	6. 电子工作坊	新媒体的阅读和表达	
	7. 求真之眼	复杂说明文的阅读	
8. 中华传统文化经典研习	1. 春秋笔法	古代史事传记研习	36课时
	2. 寂寞圣贤	古代诸子散文研习	
	3. 名士情怀	古代游记小品研习	
	4. 心灵律动	古代诗词散曲研习	
	5. 铺采摛文	古代骈文辞赋研习	
	6. 应世致用	古代书信公牍研习	
	7. 仁心写真	古代序跋碑志研习	
	8. 瑰奇想象	古代志怪传奇研习	
9. 中国革命传统作品研习；15. 中国革命传统作品专题研讨	上编 1. 得体与审美	"红色"作品文学性研读	9课时
	上编 2. 严密与崇高	"红色"作品思辨性研读	
	上编 3. 写实与宣传	"红色"作品实用性研读	
	下编 4. 匕首与投枪	鲁迅杂文专题研讨	36课时
	下编 5. 一代天骄	毛泽东诗词专题研讨	
	下编 6. 红色舞台	"红色"经典剧本专题研讨	
	下编 7. 大地的歌吟	"白洋淀派"小说专题研讨	
	下编 8. 时代的乐章	当代散文三大家专题研讨	
	下编 9. 黎明的通知	艾青诗歌专题研讨	
	下编 10. 科学之春	徐迟报告文学专题研讨	
10. 中国现当代作家作品研习	1. 曾经的路途	现当代文学史梳理	9课时
	2. 缪斯的眼神	现当代诗歌研习	
	3. 人生的况味	现当代散文研习	
	4. 杨树的倒影	现当代小说研习	
	5. 舞台你我他	现当代戏剧研习	
	6. 别有幽情生	港台文学研习	

写 在 前 面

(续表)

学习任务群	专题名称	专题内容	学时
11. 外国作家作品研习	1. 文明的滥觞	外国古代文学作品研习	18课时
	2. 精神的宇宙	外国文艺复兴文学作品研习	
	3. 求索与救赎	外国近代文学作品研习	
	4. 荒诞与魔幻	外国现代主义文学作品研习	
	5. 历险与抗争	美国文学作品研习	
	6. 东方的情思	东方近现代文学作品研习	
12. 科学与文化论著研习	1. 生态因果链	生态与环境类文本研习	18课时
	2. 潘多拉魔盒	生物与基因类文本研习	
	3. 天道近物理	天文与物理类文本研习	
	4. 逻各斯密码	数学与逻辑类文本研习	
	5. 科学的圣殿	科学与哲学类文本研习	
	6. 遇见在巅峰	科学与人文类文本研习	
14. 中华传统文化专题研讨	1. 批判与继承	传统文化的现代观照	36课时
	2. 仁义与中庸	儒家文化专题研讨	
	3. 逍遥与隐逸	道家文化专题研讨	
	4. 性命与慈悲	佛教文化专题研讨	
	5. 生克与消长	阴阳五行文化专题研讨	
	6. 血缘与亲情	宗族文化专题研讨	
	7. 祈祷与禁忌	民俗文化专题研讨	
	8. 象征与暗示	汉语文化专题研讨	
16. 中国现当代作家作品专题研讨	1. 诺奖情缘	诺贝尔文学奖获奖作品欣赏	36课时
	2. 琴心剑胆	中国武侠文学欣赏	
	3. 朦胧诗界	中国现当代朦胧诗欣赏	
	4. 时代样板	现代京剧经典唱词欣赏	
	5. 精神寻根	寻根派文学研讨	
	6. 实验先锋	先锋派文学研讨	
	7. 超体空间	科幻作品研读及创作	
	8. 古典格局	章回体小说研讨	
17. 跨文化专题研讨	1. 永恒的爱情	探究爱情在中外戏剧中的表现	36课时
	2. 走出苦难	中西方文学对苦难的救赎	

红色经典
中国革命传统作品学习

(续表)

学习任务群	专题名称	专题内容	学时
17. 跨文化专题研讨	3. 文本的旅行	探究英汉传译的文化意义	36课时
	4. 镜头下的异域	探究东西方文化碰撞与融合	
	5. 你追求的真实	审视外媒视角下的中国事件	
	6. 不一样的狂欢	中西方节日文化比较	
	7. 从对方眼中发现	西方汉学家笔下的中国古典风流	
18. 学术论著专题研讨	1. 涵盖乾坤	哲学类论著选文研读	36课时
	2. 平正中和	政治类论著选文研读	
	3. 经世济民	经济类论著选文研读	
	4. 返观内照	文化类论著选文研读	
	5. 光风霁月	教育类论著选文研读	
	6. 曲院风荷	艺术类论著选文研读	
	7. 凝固美学	建筑类论著选文研读	

生：这样的内容确实跟现有的教材不一样！还有哪些写作和口语交际活动呢？

师：你们最终要进入社会，阅读、写作和听说三者不可偏废，尤其是听说能力，其重要性远在阅读与写作之上，但目前这一块非常薄弱。因此，写作和口语交际是非常重要的课程内容。我们对写作和口语的训练点分解布局如下：

学习任务群	写作训练			口语训练	
	训练点	训练内容	文体	训练点	训练内容
1. 整本书阅读与研讨	摘录与批注	训练摘录与批注，培养良好的读书习惯	读书笔记	推介	介绍和推荐，突出被推介者的特色，让他人接受和认同
2. 当代文化参与	选点与提纲	筛选主题，分解提纲，确立行动框架	调查访谈	采访	根据提纲采访，实施调查，获取需要的信息
3. 跨媒介阅读与交流	技术与媒介	了解新媒体知识，训练相关媒体的运用技能	媒体交流	主持	关注主题，把控现场，串联话题，启发互动，完成跨界交流

写 在 前 面

(续表)

学习任务群	写作训练		文 体	口语训练	
	训练点	训练内容		训练点	训练内容
4. 语言积累、梳理与探究； 13. 汉字汉语专题研讨	解释和说明	训练解释和说明的方法，促进阅读理解	说明文类	申诉	申告和诉求，提出要求、愿望，表达利益关切
5. 文学阅读与写作	虚构中的真实	学习想象虚构技巧，增进文学素养	微型小说	讲述	讲述事件经过，还原事情真相，吸引听众的关注
6. 思辨性阅读与表达	基于证据的推理	训练围绕观点组织证据，根据证据进行推理	立论驳论	辩论	就共同话题，与见解不同的人辩驳争论，阐述理由，申明观点
7. 实用性阅读与交流	公共事件报道	训练聚焦新闻事件，并作出客观表达	新闻通讯	演讲	面对公众表达立场、观点和情感，唤起听众共鸣
8. 中华传统文化经典研习	格式与韵律	了解古诗基本格律和范式，仿写古诗词和对联	仿古诗词	倾听	在口语情境中，倾听对方，获得真实和重要的信息
9. 中国革命传统作品研习； 15. 中国革命传统作品专题研讨	广告与宣传	认识标语的广告功能，训练广告词或宣传标语的写作	广告标语	谈判	根据焦点问题，与不同利益方沟通，取得共识
10. 中国现当代作家作品研习	变异和陌生化	认识文学语言特点，训练文学地表达	现代诗歌	朗诵	各种文学朗读和诗词吟诵，用声音艺术感染人
11. 外国作家作品研习	神聚与形散	认识散文（随笔）的文体特征，训练相关写作技巧	散文随笔	聊天	掌握倾听、追问、附和、献疑、转换等谈话技巧，学会聊天
12. 科学与文化论著研习	设计和报告	认识验证与科学研究的关系，训练实验报告基本写法	实验报告	质询	就困惑处、怀疑处、否定处提出疑问和质询，引起回应
14. 中华传统文化专题研讨	创意与策划	学习策划主题活动，训练策划文案的写作	活动策划	论坛	在专题论坛上，限时发表简要观点，申明理由，获得听众认同

红色经典
中国革命传统作品学习

(续表)

学习任务群	写作训练			口语训练	
	训练点	训练内容	文体	训练点	训练内容
16. 中国现当代作家作品专题研讨	鉴赏和批评	简介评论的种类,训练时评和文评的写法	评论写作	讨论	就某个话题组织讨论,记录讨论内容,形成讨论结果
17. 跨文化专题研讨	译介信达雅	翻译的基本要求,训练古文、外文和现代散文的互译	翻译介绍	报告	在学术活动中简明扼要地向专家及听众汇报研究成果
18. 学术论著专题研讨	尊重学术规范	简介小论文写作规范,学习小论文写作	学术论文	答辩	在学术活动中解释自己的科研成果或论文,并答复专家的提问

新学习:转轨,以正确的姿态

生:学好该丛书,我们需要怎样的学习方式呢?

师:我们对于丛书的定位是:它是"学本",你们可以把它当作自学课程;也是"脚本",你们可以据此进行社会实践活动;也可以是"教本",教师把它作为统编教材的补充。其实,古往今来,人类任何一种有效的学习,本质上都是自学,都是运用。课外以自学、实践为主,依靠同伴互助,联结社会生活;课内比照、参考为辅,延伸老师讲解,拓宽学习视野,便是自学这套丛书的主要策略,这和多数同学的学习习惯形成互补关系,而不是取舍关系。

生:课内学习和课外活动的关系怎么处理呢?我们已经够忙了,哪里还有时间去完成课外活动呢?

师:必须承认,很少有人只靠课内学习就能够解决一切问题,同学们要思考的是,语文不是靠有限的几篇范文细嚼慢咽就能够提高素养的。朱熹说:"问渠那得清如许,为有源头活水来。"语文素养犹如映照着天光云影的"半亩方塘",而语文实践犹如源源不断的"源头活水"。课内教材和课外自学,不是取舍关系,而应该"得

写在前面

而兼之"。作为在校生,更好的学习方法是"同步"和"配套"。同步,就是进度和节奏与学校课程保持一致。这套丛书的学习周期是三年。每个任务群的自学时间可以参照新课标规定,当然同学们也可以根据自己的学习实际灵活调配。"配套"是指内容上的相辅相成。课内学习哪个任务群,课外相应配套该任务群学本以拓宽和加深。这样,教师的教学和你们的自学形成联动,课内的指令性任务和课外自主性实践产生互补,效果更好。

生: 我们自学这套丛书时,书的框架体例能给我们怎样的帮助呢?

师: "写在前面"主要让你们了解整套丛书的框架和内容,从中我们可以发现,16册书形成了一个系统性的结构,与新课标18个任务群严丝合缝地对接,同时也指明学习目标、学习内容和学习方式。第一板块"学习导航"包括"按图索骥"和"课标传真",前者是学习专题的形象图示,你们一看就知道本书的内容;后者是让同学们了解本任务群的学习目标、学习内容和学习方法。第二板块"他山之玉"是你们的同龄人或者其他学校学习的成功案例,可提供借鉴的方法和思路。"助学指津"是对于完成任务群的方法和策略建议。这一板块有些任务群是省略的。第三板块"专题问道"是全书的主要内容,"含英咀华(学者谈片等)"为同学们提供更多古今中外的文化精华。"实践笃行"是该任务群学习的加深和拓宽活动,有的侧重学术研究,有的侧重社会实践。第四板块的"锦心绣口"是综合写作活动和口语活动,也是丛书精心开发的活动体系,要扎实训练。第五板块"我学我秀"里有你们同龄人的学习成果展示,也包括一份综合性的"自我评估"题,相当于任务群学习质量的自我评价,而这种评价的理念和方式,完全不同于你们常见的应试题目,不妨一试。第六板块是"知识附录",这里有本书所有题目的参考答案以及其他有价值的知识,包括整个任务群的推荐阅读书目。

生: 我注意到每一个专题的"含英咀华(学者谈片等)"后面还有"我思我在",相当于课文后面的思考练习吧?怎么落实这个任务呢?有些"实践笃行"也不是一个人可以完成的。这样的学习是否也可以在课内外和同学们一起完成呢?

师: 需要强调的是,"我思我在"作为文后的学习任务,都是本书的编撰者精心构思的

红色经典
中国革命传统作品学习

问题,指向文本的内核,同时又扣住专题的主题。为了与文本形成对话,文后的题目并不是聊备一格的虚设,而是非常重要的深入文本的途径,也是理解专题的抓手。"实践笃行"跟文本阅读同样重要,无论是学术性探究还是社会化实践,都是形成语文能力的必经之途。这些活动,有的要独立思考,有的要同伴互助,这要根据任务的性质来定。

生: 丛书确实有着全新的内容和形式,好好学习,相信一定能够提升我们的语文素养。

师: 古人说:"取法乎上,仅得其中,取法乎中,仅得其下。"我们的理念从现实的土壤里生长出来,但又超越现实。我们的创意是长期教学经验的升华,但又带着实验的因子。我们的开发团队,虽然属于当地一线名师,但个体经验毕竟不能代替科学理论。纵然有美好愿景在远处指引,有专业激情在内心推动,但由于我们自身水平有限,最终能否实现预期目标还有待于读者的检验。为了把这件事情做得更好,我们非常需要读者的反馈、批评和建议。建构自学语文课程非常艰难,丛书仅仅是自学课程的框架和拐杖。要在语文学习过程中形成核心素养,不仅需要学本,更需要时间,需要生活。"纸上得来终觉浅,绝知此事要躬行",生活和阅历才是人生最好的教科书。

褚树荣

2018年3月

新课标 新语 新学习

学习导航

我们命定的目标和道路,不是享乐,也不是受苦,而是行动,在每个明天,都要比今天前进一步。

——朗费罗《人生颂》

千里之行,始于足下,学习过程犹如一场远行。"按图索骥"呈现了行走的"路线图","课标传真"昭示了行走的"目的地"。我们希望一个个专题就是学习之旅中的一个个驿站,你可以体验学习的全程,也可以自由选择:你如果顺图而行,每一站都各有精彩;你如果率性而行,你最想去的地方就在那儿等你。为了便于选择,我们对每一站风景都作了简要介绍。

旅程最艰难的就是迈出第一步,我们期待你的加入。

按图索骥

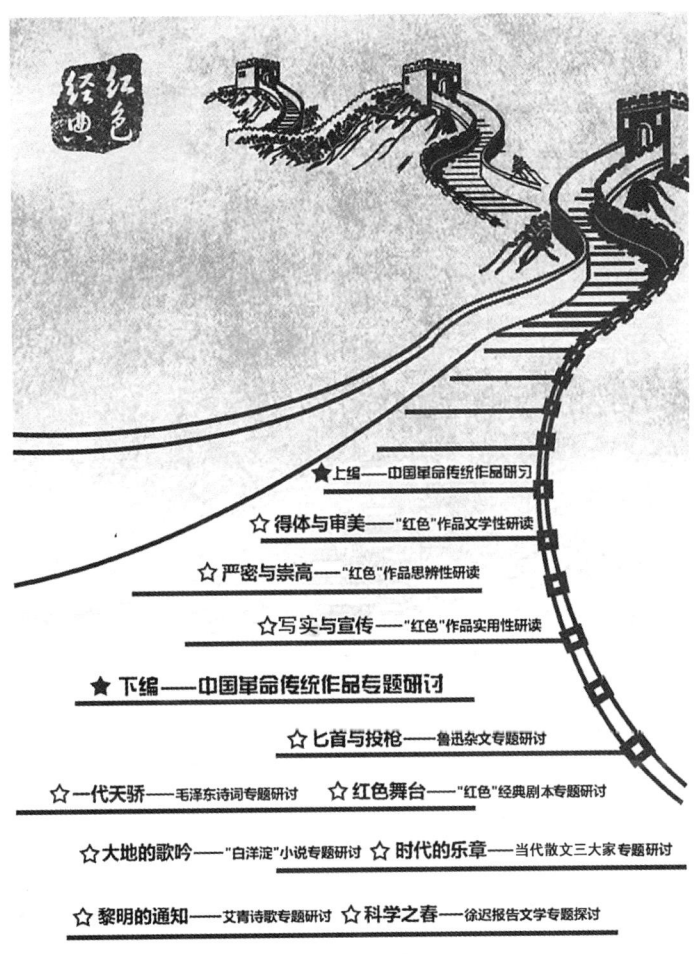

 # 课标传真

学习任务群 9　中国革命传统作品研习

本任务群旨在阅读和研讨语言典范、论辩深刻、时代精神突出的革命传统作品,深入

红色经典

中国革命传统作品学习

体会革命志士以及广大群众为民族解放事业英勇奋斗、百折不挠的革命精神和革命人格;学习在中国特色社会主义建设过程中涌现的英雄事迹,感受其无私无畏的爱国精神;进一步发展语言运用能力、思维能力和审美鉴赏能力;陶冶性情,坚定志向,形成正确的世界观、人生观和价值观。

本任务群的学习内容贯串必修、选择性必修和选修三个阶段。

1. 学习目标与内容

(1) 诵读革命先辈的名篇诗作,体会崇高的革命情怀。精读反映革命传统的优秀文学作品,特别注意选择反映党领导人民进行革命、建设、改革伟大历程的作品,感受作品中革命志士和英雄人物的艺术形象,弄清作品的时代背景,把握作品的内涵,理解作者的创作意图,获得审美体验。结合自己的生活经验和阅读写作经历,发挥想象,加深对作品的理解,力求有自己的独到认识。

(2) 阅读阐发革命精神的优秀论文与杂文,特别注意选择具有理论高度和引领作用的论著,分析其中论证的逻辑性和深刻性,体会革命理论著作严密逻辑和崇高精神有机结合的特点,提高理性思维水平。

(3) 阅读关于革命传统的新闻、通讯、报告、演讲、访谈、述评等实用性文体的优秀作品,联系思想实际和亲身见闻,以正确的价值观,深入理解其内容,学习其写作手法。

2. 教学提示

本任务群为0.5学分,9课时。

(1) 在选择阅读材料时,既要关注作品的思想深刻性和语言规范性,又要尽量有针对性;同时要视野开阔,努力发掘新的材料,尤其是具有现实意义的新材料,使这一任务群的内容,逐渐丰富起来。

(2) 教师应利用多种形式,针对学生思想实际,敏锐发现热门话题,开展研讨活动,增强学生的论辩能力。也可在学生充分发表不同意见的基础上,邀请观点正确、有影响力的专家来指导、答疑或总结,以引导学生形成正确的结论。

(3) 重视对作品有关背景的深入了解,可通过实地考察、人物访谈等课外活动,获取真实资料,撰写读书笔记,整理采访记录,撰写学习体会和感想,以加深对革命活动背景和英雄人物思想境界的深刻理解。也可与历史课、地理课结合,组织跨学科的学习活动,在提高思想水平的同时,提高学生口头交流、现场记录、文稿整理、理论论证的能力和水平。

学习任务群15　中国革命传统作品专题研讨

本任务群在"中国革命传统作品研习"的基础上,选择反映中国革命传统的代表性作品,设置相关研究专题进行深入学习,旨在进一步认识中国革命、建设和改革的历程,加深对中国革命传统的认识和理解,激发热爱中国共产党、热爱社会主义祖国的情感,进一步提升研究性学习的能力。

1. 学习目标与内容

(1) 精读一部老一辈无产阶级革命家的诗文专集,参阅传记和相关研究文献,围绕作品的思想内涵和语言风格确定具体的研究专题;开展合作学习,撰写专题研究报告,组织专题报告会,深入理解老一辈无产阶级革命家的革命精神和人格品质,感受思想和语言的力量。

(2) 精读一部反映党领导人民进行革命、建设、改革伟大历程的长篇文学作品,参阅相关研究文献,理解作品的时代背景、思想内涵和艺术特点。结合具体作品,选择一两个角度,撰写文学评论,组织专题研讨会,深入理解革命志士以及广大群众为民族解放事业英勇奋斗、百折不挠的革命精神和革命人格,学习在中国特色社会主义建设过程中涌现的英雄事迹,感受其无私无畏的爱国精神。

(3) 学习整理研究资料的方法,做读书笔记和摘要;结合研究专题,进行调查、访问,提升思想认识水平和语言运用能力。

2. 教学提示

本任务群为2学分,36课时。建议设置3—4个专题,每个专题9—12课时。

(1) 教师要注意激发学生的情感,引导学生深入阅读指定作品,从多角度理解、分析作品。例如,鲁迅作品的时代精神、艺术特色,革命传统经典中的英雄形象、理想信念等。要做好相关阅读资料的推荐工作;同时,要结合作品和学生的实际,帮助学生确定适合的

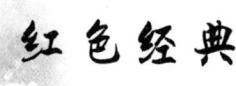

研究题目,注重研究思路和方法的指导。

(2)在教学过程中,教师要充分利用地方课程资源,将本任务群的专题学习与综合实践活动有机结合起来。有条件的地方和学校,要通过组织学生参观爱国主义教育基地、革命博物馆,访问革命前辈、英雄模范人物等活动,深化学生对中国革命历程的切身体验。

(3)要与政治、历史等学科的教师组成专题指导组,引导学生开展跨学科的研究,以深化学生对革命传统的理解和认识。

《普通高中语文课程标准(2017年版)》

新课标 新语 新学习

他山之玉

他山之石,可以为错……他山之石,可以攻玉。

——《诗经·小雅·鹤鸣》

  我们的学习之旅从来不缺少先行者和陪伴者,前者给了我们"吾道不孤"的支持,后者给了我们同气连枝的勇气。他们的努力、探索与富有成效的实践收录在"他山之玉"中,与我们复调歌唱,互为补充。我们相信这将是一种超越时空的呼应,是基于文字和生活之爱的握手。当然,学习之路从来也是艰辛的,在旅途陷入迷茫或困境时,建议你读一读"助学指津",也许有助于你开拓道路和把握方向。

  玉石在怀,"攻玉"就是修炼,且让我们开始如切如磋,如琢如磨。

助学指津

在灵魂独语中窥览别样岁月

"红色经典"原泛指1942年在毛泽东《在延安文艺座谈会上的讲话》号召或规约下创作的曾产生空前广泛社会影响的涉及文学、音乐、戏曲、美术等门类的那批文艺作品。而本书所谈到的"红色经典"在时间范畴上并没有那么严格的制约,一般意义上指产生于或者反映中国革命年代的一批优秀文艺或非虚构作品。

之所以称之为"红色",是因为这批作品,深深地打上了中国革命的烙印。从历经"五四"的老一辈文人,到新中国培养起来的人民作家,凝聚成一股巨大的"红流",追忆革命斗争,抒写革命情怀,塑造革命英雄,歌颂工农兵,讴歌新中国。之所以称之为"经典",是因为它们凝聚着中国革命史上数代人的记忆和情感,是因为它们的重要性和影响力之深之远,经得起时间的检阅。

"红色经典"是"中国式"的经典,有别于传统的"四大名著",有别于西方文艺复兴时期的鸿篇巨制,有别于苦难精神的俄罗斯文学。"红色经典"的"中国式"特色,注定了它们被广泛传诵。

本册分为上下两编。上编是"中国革命传统作品研习"。按照文体分为三个专题,分别以"得体与审美""严密与崇高""写实与宣传"为抓手,去研习文学性、思辨性和实用性"红色"作品。

秦牧在《花城》里写道:"你在这里也不能不惊叹群众的审美的眼力。"阅读文学性"红色"作品,我们都在不自觉地坚持"审美",关注"得体",领悟文学作品各个方面的美,包括修辞、语言、艺术特色、思想内涵,甚至社会意义。每一种文体都有其类似的规律和内在的特质,同时再加上作家独有的风格,我们应该将审美目光聚焦到作品突出的特点上。如孙犁"诗体小说"的诗意美,茅盾散文"文中有画"的绘画美,郭沫若戏剧"抒情独白"的气势美……在欣赏过程中,我们可以运用比较法,将文学作品与其他艺术形式(音乐、电影、绘画等)进行比较,以深刻领悟作品独特的跨界之美。当然,形象的语言、精妙的修辞、精巧的结构都是我们不可忽视的。

所谓思辨,就是思考、分辨。思辨能力就是能否准确地、多方面地思考辨析问题的能力。在阅读思辨性"红色"作品时,我们不仅要在宏阔的历史背景下理解它的价值和意义,体会文章所彰显的崇高思想,更要聚焦语文课程,体会作者是如何运用思辨力和严密的思维逻辑来传达他的思想的。这就需要我们掌握分析和综合、判断和推理等思维方法,培养思辨的深刻性、灵活性、批判性和敏捷性,学会从材料中提炼、概括、还原作者的本意。

在"红色"作品中,那慷慨激昂的演讲词、感人肺腑的诀别信、私密独白的日记以及报道可歌可泣的英雄业绩的新闻通讯,都是历史的珍贵记录。学习这些实用性"红色"作品,我们既要在历史的硝烟中牢记屈辱和荣耀,在历史的迷雾中拨云见日、树立正确价值观,更要探寻语文课程意义上的文学的实用性,穿透文字表象理解内容。

本书的下编是"中国革命传统作品专题研讨",共设置了7个专题研讨的内容。分别为"鲁迅杂文专题""毛泽东诗词专题""'红色'经典剧本专题""'白洋淀派'小说专题""当代散文三大家专题""艾青诗歌专题"和"徐迟报告文学专题"。

鲁迅说过:"生存的小品文,必须是匕首,是投枪,能和读者一同杀出一条生存的血路的东西。"鲁迅的杂文就是投向敌人的"匕首与投枪",每一个字都铿锵有力、掷地有声,体现了极大的思想潜力。不了解鲁迅的杂文,就不能完整地理解鲁迅;不了解鲁迅的杂文,就不能完整地理解20世纪中国的社会现实和文化心理。学习鲁迅的杂文,我们需要关注其文艺性与政论性的完美结合、形象思维与逻辑思维的完美结合、尖锐的讽刺以及艺术化的语言魅力。例如《"友邦惊诧"论》是鲁迅针对1931年12月18日国民党反动政府通电各地军政当局的电文而写的驳论。下面摘录文中一二:

只要略有知觉的人就都知道:这回学生的请愿,是因为日本占据了辽吉,南京政府束手无策,单会去哀求国联,而国联却正和日本是一伙。读书呀,读书呀,不错,学生是应该读书的,但一面也要大人老爷们不至于葬送土地,这才能够安心读书。报上不是说过,东北大学逃散,冯庸大学逃散,日本兵看见学生模样的就枪毙吗?放下书包来请愿,真是已经可怜之至。不道国民党政府却在十二月十八日通电各地军政当局文里,又加上他们"捣毁机关,阻断交通,殴伤中委,拦劫汽车,攒击路人及公务人员,私逮刑讯,社会秩序,悉被破坏"的罪名,而且指出结果,说是"友邦人士,莫名惊诧,长此以往,国将不国"了!

好个"友邦人士"!日本帝国主义的兵队强占了辽吉,炮轰机关,他们不惊诧;阻断铁路,追炸客车,捕禁官吏,枪毙人民,他们不惊诧。中国国民党治下的连年内战,空前水灾,卖儿救穷,砍头示众,秘密杀戮,电刑逼供,他们也不惊诧。在学生的请愿中有一点纷扰,他们就惊诧了!

好个国民党政府的"友邦人士"!是些什么东西!

文中尖锐地戳穿了所谓"友邦人士"勾结日本帝国主义,妄图瓜分中国的野心。但一篇短小的杂文,何以能产生如此大的作用?这主要归功于鲁迅讽刺艺术的成功。首先,鲁迅的讽刺是有事实依据的。鲁迅在文中列举了许多确凿的事实,如"日本帝国主义强占辽吉,炮轰机关,阻断铁路,追炸客车,捕禁官吏,枪毙人民……",事实本身成了对谎言的绝妙讽刺。其次,鲁迅善于运用对比的手法来进行讽刺。他将讽刺对象的"不惊诧"与"惊诧"对比参照,深刻揭露了敌人的虚伪、卑劣与可耻。第三,语言幽默,讽刺艺术运用娴熟。或疾言厉色,或打趣讪笑,或无情嘲弄,辛辣挖苦,增强了文章论辩与抨击的力量。

古人说:"诗有史,词亦有史,庶乎自树一帜矣。"这样的评价,毛泽东是当之无愧的。作为中国无产阶级革命的第一代领袖,他的诗词是中国人民半个世纪以来艰难奋进的壮丽画卷,是中国革命和建设的宏伟史诗,是中华文化的瑰宝。毛泽东诗词又是他一生政治理想、人生追求、思想境界、思维方式、生活阅历、创造才情和审美情趣的反映。学习毛泽东诗词,我们要通过"读—品—悟"等活动,感受人民领袖的胸襟与情怀,提高诗词语言的感悟力,探究深化对毛泽东诗词中体现出来的思想的学习力。

"每次演出都是满村空巷,扶老携幼,屋顶上是人,墙头上是人,树杈上是人,草垛上是人。凄凉的情节、悲壮的音乐激动着全场的观众,有的泪流满面,有的掩面呜咽,一团一团的怒火压在胸间。"这是丁玲笔下人们看《白毛女》的情景。

那个苦难辉煌的时代,那段激情燃烧的岁月,革命、救国、建设、改革成为时代的最强音。许多优秀的小说、剧本被演绎成戏剧与电影,通过舞台和荧幕,承担着传播革命理念、鼓舞革命士气甚至体现国家意志的功效。中国革命题材的影视作品都带有非常强的政治色彩,都是在为中国的革命事业作贡献。其中许多舞台作品在完成历史使命后就被

红色经典

中国革命传统作品学习

遗忘了,但不乏一些政治性与艺术性兼顾的优秀作品最终穿过舞台的帷幕,永远留在了人们的记忆中。《白毛女》中的"喜儿扎红头绳",《沙家浜》中的"智斗",《红灯记》中的"都有一颗红亮的心",《智取威虎山》的"今日同饮庆功酒",《冰山上的来客》中的"花儿为什么这样红"等,这些作品中的一些精彩唱段至今仍在传唱;《林海雪原》中的杨子荣,《青春之歌》中的林道静,《永不消逝的电波》中的李侠,《红旗谱》中的朱老忠,《小兵张嘎》中的嘎子,这些作品中着力塑造的人物形象仍耳熟能详。弹指一挥间,几十年过去,这些作品成为特殊年代留给我们这个时代的舞台经典。

同学们,我们学习红色经典剧本这一专题,并不是影视欣赏课或戏剧表演课。我们学习的重点是红色经典原著如何将政治性与艺术性完美结合,探究经典文学文本在原型改造、人物塑造、矛盾推进、艺术手法选择上的精到之处。如老舍《茶馆》第二幕节选:

王利发　您圣明,我这儿现在光包后面的伙食,不再卖饭,也还没开张,别说八十斤大饼,一斤也交不出啊!

巡　警　你有你的理由,我有我的命令,你瞧着办吧!(要走)

王利发　您等等!我这儿千真万确还没开张,这您知道!开张以后,还得多麻烦您呢!得啦,您买包茶叶喝吧!(递钞票)您多给美言几句,我感恩不尽!

巡　警　(接票子)我给你说说看,行不行可不保准!
(三五个大兵,军装破烂,都背着枪,闯进门口。)

巡　警　老总们,我这儿正查户口呢,这儿还没开张!

大　兵　屌!

巡　警　王掌柜,孝敬老总们点茶钱,请他们到别处喝去吧!

王利发　老总们,实在对不起,还没开张,要不然,诸位住在这儿,一定欢迎!(递钞票给巡警)

巡　警　(转递给兵们)得啦,老总们多原谅,他实在没法招待诸位!

大　兵　屌!谁要钞票?要现大洋!

王利发　老总们,让我哪儿找现洋去呢?

大　兵　屌!揍他个小舅子!

巡　警　快!再添点!

他山之玉

王利发　（掏）老总们，我要是还有一块，请把房子烧了！（递钞票）

大　兵　屌！（接钱下，顺手拿走两块新桌布）

巡　警　得，我给你挡住了一场大祸！他们不走呀，你就全完，连一个茶碗也剩不下！

王利发　我永远忘不了您这点好处！

巡　警　可是为这点功劳，你不得另有份意思吗？

王利发　对！您圣明，我糊涂！可是，您搜吧，真一个铜子儿也没有啦！（掀起褂子，让他搜）您搜！您搜！

巡　警　我干不过你！明天见，明天还不定是风是雨呢！（下）

话剧《茶馆》通过裕泰茶馆在戊戌变法失败后的晚清末年、袁世凯死后军阀混战的民国初年、抗战胜利后混乱腐败的民国末年三个时期的变化，用客观冷峻的文笔深刻描绘了中国近代社会五十年来的动荡变迁。欣赏《茶馆》时，我们既要关注这一历史题材话剧所描写的半殖民地半封建社会的腐朽、黑暗和那些冷酷无情的血淋淋的社会真相，更要关注《茶馆》在写活三教九流、表现吃人社会时所运用的艺术手法。从节选部分我们可以感受到三个方面的特点。

戏剧冲突。剧本没有选取重大的社会题材，没有描写中国近代戊戌变法以来的重大事件和重要的人物，而是通过"侧面透露出一些政治消息"的方法，活画出旧时代的缩略图。节选部分由王利发与巡警、大兵之间的戏剧冲突推动情节的发展。茶馆掌柜王利发把"莫谈国事"的纸条高高挂起，"国事"却不断地找他麻烦。

戏剧语言。节选部分充分表现掌柜王利发的个性特征，以极普通的日常口语将他的身份、性格展现出来：谨小慎微、圆滑变通、八面玲珑（"开张以后，还得多麻烦您呢！得啦，您买包茶叶喝吧！（递钞票）您多给美言几句，我感恩不尽！"），却依旧拗不过这个吃人的社会；同时具有丰富意味的潜台词（"明天还不定是风是雨呢！"），富有动作性，富有时代特点。

浓郁的地方特色。环境是典型的北京茶馆，茶馆的陈设，人物之间的对话，都是地道的北京味。

"白洋淀派"是以孙犁为代表的当代文学小说流派。主要作家还有刘绍棠、从维熙、

红色经典
中国革命传统作品学习

韩映山等。该派作家的共同特色是将宏大的历史事件、社会变革作为时代背景，而将叙事焦点始终置于历史变动中个人的命运与情感世界这样一些被主流文学无视的区域，融入浪漫主义情调，充满乐观精神，着力追求诗情画意之美。欣赏"白洋淀"小说，我们要关注人物形象特别是女性形象所张扬的人性与人情；艺术的质地上以外在的现实主义为张目，以内里的浪漫主义为真正焦点，具有亲切可人的浪漫气息；还有诗意的语言、优美的画面感，等等。

在个体经验、情感表达受到压抑的时代，通讯报告的提倡发展，必然削弱挤压了散文小品（或抒情散文）的地位。而在20世纪60年代，文坛沉寂多时的散文创作奏响了"复兴"的交响乐。在新中国建设的时代大潮中，杨朔、秦牧、刘白羽成为那个时代齐名的"共和国之恋"最响亮的歌手，被誉为"散文三大家"。理解时代精神与散文创作的关系是阅读他们作品的关键。然而，同样是时代精神的讴歌，杨朔、秦牧和刘白羽又因为各自不同的经历，有着鲜明的文学个性。他们的散文作品分别以"诗人散文""学者散文"和"战士散文"为人津津乐道。所以，关注三人不同的写作个性，比较是一个很适切的阅读方式。同时还要思考时代精神对他们散文的知、情、意造成的局限性，如把时代精神和个体的情感体验画等号，在浮光掠影的走马观花中撷取所谓的新人新事、新面貌，和当时的路线、方针、政策生硬拼接，散文创作流于模式化、政治化倾向，有其一定的历史局限性。

"为什么我的眼里常含泪水？因为我对这土地爱得深沉……"这是一位为祖国歌唱至嘶哑的歌者，这是一个土地与光明的追寻者。艾青以"最伟大的歌手"要求自己，他的诗歌以紧密关注社会、富于战斗精神的特点继承了"五四"新文学的优良传统，又以饱满浓郁的抒情和精妙创新的艺术风格开了一代诗风，深刻影响了这一时期乃至40年代后期的诗界。学习艾青的诗歌，我们一要专注意象的选取对诗歌情感抒发的重要作用；二要充分朗读，以体会那充沛饱满的感情；三要运用想象和联想，拓宽诗歌的意境。以下是艾青《雪落在中国的土地上》的诗歌节选：

雪落在中国的土地上，

寒冷在封锁着中国呀……

……

他山之玉

沿着雪夜的河流，

一盏小油灯在徐缓地移行，

那破烂的乌篷船里

映着灯光，垂着头，

坐着的是谁呀？

——啊，你

蓬发垢面的少妇，

是不是

你的家

——那幸福与温暖的巢穴——

已被暴戾的敌人，

烧毁了么？

……

雪落在中国的土地上，

寒冷在封锁着中国呀……

透过雪夜的草原

那些被烽火所啮啃着的地域，

无数的，土地的垦植者

失去了他们所饲养的家畜

失去了他们肥沃的田地

拥挤在

生活的绝望的污巷里：

饥馑的大地

朝向阴暗的天

伸出乞援的

红色经典

中国革命传统作品学习

颤抖着的两臂。

……

"雪落在中国的土地上/寒冷在封锁着中国呀……"这是诗人在看到抗战中心武汉的老百姓在穷困、饥饿中挣扎而权贵们依然作威作福的社会现实后发出的最痛彻心扉的呼喊。而在这个反复的呼号中,由意象"雪"与"寒冷"奠定的情感色调铺染至全诗,与后面的蓬头垢面的少妇、失去家畜的人们、失去田地的人们、失去家的人们的无尽苦难涌入诗人的视野,所以诗人最后痛苦地言说着"中国的苦痛与灾难/像这雪夜一样广阔而又漫长呀!"富有个性的审美感觉、充满具象的情绪描写,让读者感受到了全诗浸润着忧患得令人愤慨的情感。这种情感是我们非诵读不足以体会到的。

报告文学是散文的一种,是文艺通讯、速写、特写的总称。它贴近时代和生活,具有新闻性、文学性和政论性的特点。1976年后,徐迟迎来了报告文学的春天,创作了一批问津科技战线、描写自然科学家、反映自然科学领域的优秀报告文学。《地质之光》《生命之树常绿》《在湍流的漩涡中》《刑天舞干戚》《哥德巴赫猜想》就是这一时期的代表作品。我们以专题研究徐迟报告文学,要抓住以下几点:

1. 在题材上,徐迟开拓了一个新的领域,将报告文学与科技主题结合起来,使文学更纵深地向科技领域挺进。

2. 人物形象塑造上,善于通过细节描写和简洁典型的话语来刻画人物性格。如通过书记送苹果写陈景润性格的木讷。然后说出了三个头一次:"从来所领导没有把我当作病号对待,这是头一次;从来没有人带了东西来看望我的病,这是头一次。""这是水果,我吃到了水果,这是头一次。"

3. 新闻性与文学性。徐迟本人的诗人气质与文学才华使他的报告文学成了人文社科与自然科学领域跨界联谊的典范。他的报告文学作品里用生动的比喻营造了一个个崭新的意境。如他在描写陈景润攀登科学高峰时就用了登山运动员的比喻:"他跋涉在数学的崎岖山路上,吃力地迈动步伐。在抽象思维的高原,他向陡峭的巉岩升登,降下又升登!"

"他无法统计他失败了多少次。他毫不气馁。他总结失败的教训,把失败接起来,焊上去,做登山用的尼龙绳子和金属梯子。"

徐迟的成功,说明要让百姓关注国家科技进展,还需要作家把这些进展转化成有趣味有美感的文章。

同学们,我们学习这些"红色经典",不仅要关注和感知这些经典的政治时代背景以及蕴涵其中的革命精神,还要聚焦语文课程本身,理解语言文字是思想情感的载体,领悟经典之所以穿越时光长河依然熠熠生辉的原因。祝愿同学们在上述学习方法的帮助下,学有所得,学有所成!

 ## 案例示范

亲爱的同学们,我们在阅读和学习中国革命传统作品之前,还可以看一看、听一听那些名师、学者的做法和建议。

当代语境下的建构与重构
——中国革命传统作品阅读类学习案例简述[①]

与一般意义上的文学作品相比,中国革命传统作品往往凸显出更强烈的时代性、政治性和民族性,因此,随着历史的演进和社会的变迁,尤其在当代语境下,关于中国革命传统作品的阅读,无论是它自身的概念和范畴,还是作品的内涵及其形象塑造等,都面临着一个建构与重构的阅读对话过程。

中国人民大学附属中学的吴凌老师认为,阅读中国革命传统作品不必局限于过于狭义的"红色经典"推荐书目,比如当年流传的顺口溜"三红一创,青山保林"所指的《红岩》《红日》《红旗谱》《创业史》《青春之歌》《山乡巨变》《保卫延安》《林海雪原》八本书籍。吴

[①] 本文摘编自吴凌《红色经典阅读及对其的思考》(2016年3月《语文建设》)和韩颖琦《重新审视"红色经典"中作为"他者"的反面人物》(2011年第3期《齐鲁学刊》)。

红色经典

中国革命传统作品学习

老师认为那些反映中国近现代历史的优秀革命传统作品都值得阅读，比如，他推荐阅读王树增创作的战争系列作品：《1901》《1911》《长征》《解放战争》《朝鲜战争》《抗日战争》。推荐的理由是，我们可以在广泛的阅读中了解1840年以来中国人民经历的血泪与苦难、屈辱与觉醒、抗争与辉煌……从而砥砺志向、锻造精神、博大胸襟、深邃眼光、陶冶心性、熔铸品格，增加我们的担当意识和社会责任感、使命感；他推荐阅读《钱学森传》《邓稼先传》这类人物传记，推荐理由是，我们可以从中了解老一辈科学家对祖国的热爱与忠贞，能够学习这些伟大科学家的勤奋钻研精神，受到他们拳拳爱国之心、报国之志的感召；他推荐阅读老舍的《四世同堂》、霍达的《补天裂》、都梁的《亮剑》以及茅盾文学奖获奖作品《黄河东流去》《野葫芦引》等，推荐理由是，我们能够看到一个个感人的英雄形象、一个个忧国忧民的知识分子、一个个平凡质朴却勇敢自强的百姓，从而感受到中华民族的精神力量。

吴老师还建议阅读时不要只是抱着应试功利的心态，只是一味通过传统课文单篇学习的方法如析词语、品句子、谈表达方式、赏修辞手法等来解构作品，更应以整本书阅读的姿态来沉浸其中，完整地感知作品，如同亲眼看见、亲身经历战争风云，和革命者展开心灵对话，只有这样阅读，才能让我们获得精神的震撼和启迪。

在阅读中国革命传统作品时，还会遇到作品中常见的正面人物、反面人物形象解读的问题。尤其是在正面英雄光辉形象的映照下，"灰头土脸"的反面人物始终被人遗忘在阴暗的角落，至今没有引起我们足够的重视。对此，韩颖琦老师认为在阅读时，无论从人物类型塑造本身，还是从叙事功能和叙事地位上，都不应该忽视反面人物的存在。

然而，由于政治立场对创作观的影响，中国革命传统作品中也出现了一些英雄无比高大、坏人无比矮小的脸谱化的两极现象。尤其是反面人物，无论是绰号、外貌还是言行，都似乎带着一副面具：粗俗丑陋、道德败坏、充满兽性。尽管这种人物形象塑造的脸谱化存在不少争议，但韩老师认为这种人物形象塑造方式也并非一无是处，尽管脸谱化的人物形象不丰满，但也同样能给读者留下深刻的印象。韩老师借用中国传统戏曲中的喜剧角色"丑角"作了说明：丑角夸张滑稽的造型和出场往往带给观众诙谐幽默的轻松感，从而为民间喜闻乐见，俗话说"无丑不成戏"。因此，在"红色经典"中，某些小人物或反面人物以丑角面目示人，既能够起到调节小说紧张的情节结构和人物关系的作用，也能更大程度地突出和衬托"美"的方面。

韩老师也指出，在"红色经典"脸谱化的反面人物形象中也有一些塑造比较丰满的。比如作家吴强在《红日》中塑造国民党军官张灵甫时就倾注了不少笔墨和情感，虽然整体上是将他放在反面人物阵营来写的，只是在局部的细节描写上对他的军人气质，如指挥的沉着、坚定与自信和对上级的忠诚等，作了一些客观的描述，但也成为"红色经典"人物描写中突破脸谱化和模式化的重要例证。比如，小说《红岩》写到叛徒甫志高得知可能暴露身份的那个晚上，甫志高没有立即转移，而是思前想后，迟迟不肯动身："多少年来，好容易得到了一个幸福温暖的家，如果离开银行，用来掩护身份的生活和享受全都完了，至少短期内是难以恢复了。一想到这里，甫志高不能不怀念妻子了，也许，她此刻正斜靠在床边，等待着他的归来？他推开了面前的酒杯，心情分外烦乱。……不向她打个招呼，不把她今后的生活做好安排就离开她，他不能这样狠心！"心理描写特别细腻传神，又契合人之常情。

因此，在阅读和学习中国革命传统作品时，我们不仅可以打开自己更广阔的历史视野，丰富自己的阅读体验，还可以在遇见诸如人物形象塑造"脸谱化"等问题时，开展更深入的研究性学习。

重温一种伟大精神
——中国革命传统作品活动类学习案例简述[①]

中国革命传统作品的学习不仅可通过文本研读的方式来理解作品的意义，还可以文本为依托策划开展系列活动，来实现作品与生活、内心的深入共鸣与交融。

在这里，中国人民大学附属中学刘成章老师和他的学生一起围绕"红色经典"阅读策划开展的系列学习活动，也许会给我们很好的启迪。

刘老师经常让学生写读书笔记。在交流读书笔记的时候，刘老师发现学生读书笔记

---

① 本文摘编自刘成章《"红色经典"阅读评价初探》(2016年4月《语文知识》)。

红色经典
中国革命传统作品学习

的题目拟得不是太理想,而一个好的题目往往能够形象而深刻地表现出个体阅读与表达的理解与意蕴,于是专门通过微课"好题目,好角度"来引导学生讨论这个问题。比如,以中国革命传统经典小说《红岩》为例,最后师生一起总结出来拟写题目的五个角度:

(1) 着眼人物线索:《萝卜头——今天的幸福生活也属于你》《天生的叛逆者》;
(2) 着眼物件线索:《红梅花儿开》《渣滓洞里有五星红旗》;(3) 着眼事件线索:《胜利大逃亡》《黎明前的越狱》;(4) 着眼感受线索:《深深的感激与崇敬》《感受过去,珍惜现在》;
(5) 着眼主题线索:《正义与背叛》《血液中流淌的忠贞》。

除了写读书笔记,刘老师和他的学生还一起围绕名著阅读展开了丰富的综合性学习活动,如读书感悟交流会、名著朗读展示会、名著推荐会等。

以《红岩》为例,师生一起开展了对联创作、为《红岩》配插图、制作"红岩"主题书签、话剧展演等综合性学习活动,让学生在名著阅读的过程中充分展示自己各方面的特长。

创作对联的活动中出现了很多精品,既形象生动地概括了书中人物形象、符合对联对偶平仄要求,又体现了学生天真的语言特点:"丹心朗朗英雄血,铁骨铮铮烈士魂""郑克昌伪装好人原形毕露,华子良假扮疯子越狱成功""品红岩忆先辈千百英烈坚贞不屈追民族发展之梦想,继遗志看后生亿万学子奋发图强创中华复兴之未来"……

刘老师说,最受学生欢迎的综合性的活动就是话剧表演,因为这种形式综合了服装、音乐、舞台、文学等艺术形式。在话剧表演活动中,他们采取教师评价与生生互评相结合的方法:先让全体学生都来分析剧中人物,提出自己对人物形象的看法,然后表演者根据自己的理解去体验人物的情感;观赏者根据自己的理解去评价同学的表演;任课教师则从戏剧文学与表演的角度加以评价,对学生的表演作更深层次的指导,以达到分析鉴赏的阅读教学目的。

刘老师说,档案袋评定也是他们常用的方法。比如,在阅读《红岩》时,他们让学生自我总结阅读过程和收获。学生自己选择放入《红岩》阅读档案袋中的作品,成了所提交作品质量和价值的最终仲裁者。刘老师认为,建立学生阅读《红岩》档案袋,记录学生阅读成长的历程,能够开放性地、多角度地、多层面地评价学生,使学生感受到自己的进步,体验到成功,看到自己阅读《红岩》过程中的每一次进步。

其实,在其他学校学习中国革命传统作品的活动中,也有不少富有新意的活动设计。

他山之玉

如以曲波的《林海雪原》为例,有老师先指导学生阅读整本书,然后请学生观看根据曲波小说《林海雪原》中"智取威虎山"一段故事改编的两部片子:一为1970年的样板戏电影《智取威虎山》,一为2014年上映的3D谍战动作电影《智取威虎山》;最后进行开放式比较与讨论,比如如何理解小说中着力描写的小分队首长少剑波在戏曲和电影改编版本中被虚化处理,杨子荣取代成为主角的角色位置变化;电影《智取威虎山》一头一尾讲述者出场的现代时空戏码是否多余;如何评价电影把原著中到夹皮沟发动群众、去伐木材的情节变成与土匪的遭遇战的改编;《林海雪原》作为一部红色经典在后世不断被关注和演绎的原因是什么,等等。

亲爱的同学们,上面推介的学习活动经验也许会给你学习中国革命传统作品带来不少启发,这时的你,心中是否也有了策划相关学习活动的新创意呢?

新课标

新语

新学习

专题问道

德可以分为两种：一种是智慧的德，另一种是行为的德，前者是从学习中得来的，后者是从实践中得来的。

——亚里士多德

此刻，我们将开启整个学习之旅中的精华部分——专题问道。我们的旅程既以"语文"命名，自然就与"文字"结缘，与"思考"接轨，与"实践"接壤。

"含英咀华（学者谈片等）"，品读文字精华，我们希望给予你的是古今中外那些真正打动人心的文字，它们显示了人类飞翔的能力；"我思我在"，揭示思考路径，我们希望给予你的是从纷繁芜杂的表象抵达本质的眼睛；在"实践笃行"中，你学会情境应用，你接触到活的语文，它生长在真实的语境里。

上编：中国革命传统作品研习

专题 1

得体与审美

——"红色"作品文学性研读

如果在文学的河流上遇见他们……

"大道低回,独鹤与飞"——你或许可以看见一位文如荷美、品似莲清的先生,一位对故园饱含拳拳深情的先生,一位有着书生模样、战士情怀、君子本色的先生。

"泖溇汪洋,苕霅流长"——你或许可以看见一位"为人生而艺术"的先生,一位"热情的呐喊者",一位沉默不语地贴近大地的先生。

"浈山毓秀,沫水钟灵"——你或许可以看见一位爱得热烈、恨得决绝,疾风骤雨般来、山河决堤式走的先生。

同学们,为了让你更好地遇见他们,我们先来明确一个道理。大家一定知道一句话：有一千个读者就有一千个哈姆莱特,但是,哈姆莱特永远是哈姆莱特,不可能变成堂吉诃德或者贾宝玉。我们提倡文学阅读的多元化,但是多元化的前提是：它的解读是有边界的。

每一种文体都有其类似的规律和内在的特质,如果再加上作家独有的风格,我们就应该将焦点集中在作品突出的特点上。比如小说,我们会关注它的四要素,但是孙犁的小说就会在此之上笼罩一片浓郁的诗情；比如散文,我们会关注"形散神聚",但是茅盾的散文就会赋形以清晰的画面感；比如话剧,我们会关注对白方式,但郭沫若的话剧对白就以充沛饱满的抒情特质见长。

因此,在本专题的学习中,我们将通过与古典诗词的比较,品味"红色"经典作品中孙犁"诗体小说"的诗意美；借助电影、音乐等其他艺术形式的表达,揣摩茅盾散文"文中有画"的绘画美；通过关注重要修辞手法的运用和朗读的指导,拥抱郭沫若戏剧"抒情独白"的气势美,细致体会"红色"经典作品不同文体、不同风格的不同特质。

红色经典
中国革命传统作品学习

这样,我们便可以在文学的河流上遇见真正的他们……

※ 含英咀华

荷 花 淀[①]
——白洋淀纪事之一

孙 犁

【阅读提示】 在现代文学史上,有一位作家,以他清新明丽的文笔给中国文坛带来了鲜活的气息,为战争题材的文学注入了柔美恬静的人性之光。于是,在他的周围,出现了一批追随者、响应者——刘绍棠、从维熙、韩映山、房树民等,继而形成了一个特色鲜明的文学流派——"荷花淀派"。他就是孙犁,而《荷花淀》就是这个流派的缘起。《荷花淀》中有散文诗一样的语言,融合了叙事、写景和抒情,把烽火硝烟的战争场面描写得富有诗情画意,被称为"诗体小说"。

  月亮升起来,院子里凉爽得很,干净得很,白天破好的苇眉子潮润润的,正好编席。女人坐在小院当中,手指上缠绞着柔滑修长的苇眉子。苇眉子又薄又细,在她怀里跳跃着。

  要问白洋淀有多少苇地?不知道。每年出多少苇子?不知道。只晓得,每年芦花飘飞苇叶黄的时候,全淀的芦苇收割,垛起垛来,在白洋淀周围的广场上,就成了一条苇子的长城。女人们,在场里院里编着席。编成了多少席?六月里,淀水涨满,有无数的船只,运输银白雪亮的席子出口,不久,各地的城市村庄,就全有了花纹又密、又精致的席子用了。大家争着买:

  "好席子,白洋淀席!"

  这女人编着席。不久在她的身子下面,就编成了一大片。她像坐在一片洁白的雪地上,也像坐在一片洁白的云彩上。她有时望望淀里,淀里也是一片银白世界。水面笼起

[①] 选自《孙犁全集》第1卷(人民文学出版社2004年版)。

专 题 问 道

专题1　得体与审美——"红色"作品文学性研读

一层薄薄透明的雾,风吹过来,带着新鲜的荷叶荷花香。

但是大门还没关,丈夫还没回来。

很晚丈夫才回来了。这年轻人不过二十五六岁,头戴一顶大草帽,上身穿一件洁白的小褂,黑单裤卷过了膝盖,光着脚。他叫水生,小苇庄的游击组长,党的负责人。今天领着游击组到区上开会去来。女人抬头笑着问:

"今天怎么回来得这么晚?"站起来要去端饭。水生坐在台阶上说:

"吃过饭了,你不要去拿。"

女人就又坐在席子上。她望着丈夫的脸,她看出他的脸有些红涨,说话也有些气喘。她问:

"他们几个哩?"

水生说:

"还在区上。爹哩?"

女人说:

"睡了。"

"小华哩?"

"和他爷爷去收了半天虾篓,早就睡了。他们几个为什么还不回来?"

水生笑了一下。女人看出他笑得不像平常。

"怎么了,你?"

水生小声说:

"明天我就到大部队上去了。"

女人的手指震动了一下,想是叫苇眉子划破了手,她把一个手指放在嘴里吮了一下。水生说:

"今天县委召集我们开会。假若敌人再在同口安上据点,那和端村就成了一条线,淀里的斗争形势就变了。会上决定成立一个地区队。我第一个举手报了名的。"

女人低着头说:

"你总是很积极的。"

水生说:

红色经典
中国革命传统作品学习

"我是村里的游击组长,是干部,自然要站在头里,他们几个也报了名。他们不敢回来,怕家里的人拖尾巴。公推我代表,回来和家里人们说一说。他们全觉得你还开明一些。"

女人没有说话。过了一会儿,她才说:

"你走,我不拦你,家里怎么办?"

水生指着父亲的小房叫她小声一些。说:

"家里,自然有别人照顾。可是咱的庄子小,这一次参军的就有七个。庄上青年人少了,也不能全靠别人,家里的事,你就多做些,爹老了,小华还不顶事。"

女人鼻子里有些酸,但她并没有哭。只说:

"你明白家里的难处就好了。"

水生想安慰她。因为要考虑准备的事情还太多,他只说了两句:

"千斤的担子你先担吧,打走了鬼子,我回来谢你。"

说罢,他就到别人家里去了,他说回来再和父亲谈。

鸡叫的时候,水生才回来。女人还是呆呆地坐在院子里等他,她说:

"你有什么话嘱咐我吧。"

"没有什么话了,我走了,你要不断进步,识字,生产。"

"嗯。"

"什么事也不要落在别人后面!"

"嗯,还有什么?"

"不要叫敌人汉奸捉活的。捉住了要和他拼命。"这才是那最重要的一句,女人流着眼泪答应了他。

第二天,女人给他打点好一个小小的包裹,里面包了一身新单衣,一条新毛巾,一双新鞋子。那几家也是这些东西,交水生带去。一家人送他出了门。父亲一手拉着小华,对他说:

"水生,你干的是光荣事情,我不拦你,你放心走吧。大人孩子我给你照顾,什么也不要惦记。"

全庄的男女老少也送他出来,水生对大家笑一笑,上船走了。

专题问道

专题1 得体与审美——"红色"作品文学性研读

女人们到底有些藕断丝连。过了两天,四个青年妇女集在水生家里来,大家商量:

"听说他们还在这里没走。我不拖尾巴,可是忘下了一件衣裳。"

"我有句要紧的话得和他说说。"

水生的女人说:

"听他说鬼子要在同口安据点……"

"哪里就碰得那么巧,我们快去快回来。"

"我本来不想去,可是俺婆婆非叫我再去看看他,有什么看头啊!"

于是这几个女人偷偷坐在一只小船上,划到对面马庄去了。

到了马庄,她们不敢到街上去找,来到村头一个亲戚家里。亲戚说:你们来得不巧,昨天晚上他们还在这里,半夜里走了,谁也不知开到哪里去。你们不用惦记他们,听说水生一来就当了副排长,大家都是欢天喜地的……

几个女人羞红着脸告辞出来,摇开靠在岸边上的小船。现在已经快到晌午了,万里无云,可是因为在水上,还有些凉风。这风从南面吹过来,从稻秧苇尖上吹过来。水面没有一只船,水像无边的跳荡的水银。

几个女人有点失望,也有些伤心,各人在心里骂着自己的狠心贼。可是青年人,永远朝着愉快的事情想,女人们尤其容易忘记那些不痛快。不久,她们就又说笑起来了。

"你看说走就走了。"

"可慌(高兴的意思)哩,比什么也慌,比过新年,娶新——也没见他这么慌过!"

"拴马桩也不顶事了。"

"不行了,脱了缰了!"

"一到军队里,他一准得忘了家里的人。"

"那是真的,我们家里住过一些年轻的队伍,一天到晚仰着脖子出来唱,进去唱,我们一辈子也没那么乐过。等他们闲下来没有事了,我就傻想:该低下头了吧。你猜人家干什么?用白粉子在我家映壁上画上许多圆圈圈,一个一个蹲在院子里,托着枪瞄那个,又唱起来了!"

她们轻轻划着船,船两边的水哗,哗,哗。顺手从水里捞上一棵菱角来,菱角还很嫩很小,乳白色。顺手又丢到水里去。那棵菱角就又安安稳稳浮在水面上生长去了。

红色经典
中国革命传统作品学习

"现在你知道他们到了哪里？"

"管他哩，也许跑到天边上去了！"

她们都抬起头往远处看了看。

"唉呀！那边过来一只船。"

"唉呀！日本，你看那衣裳！"

"快摇！"

小船拼命往前摇。她们心里也许有些后悔，不该这么冒冒失失走来；也许有些怨恨那些走远了的人。但是立刻就想，什么也别想了，快摇，大船紧紧追过来了。

大船追得很紧。

幸亏是这些青年妇女，白洋淀长大的，她们摇得船飞快。小船活像离开了水皮的一条打跳的梭鱼。她们从小跟这小船打交道，驶起来，就像织布穿梭，缝衣透针一般快。假如敌人追上了，就跳到水里去死吧！

后面大船来得飞快。那明明白白是鬼子！这几个青年妇女咬紧牙制止住心跳，摇橹的手并没有慌，水在两旁大声哗哗，哗哗，哗哗哗！

"往荷花淀里摇！那里水浅，大船过不去。"

她们奔着那不知道有几亩大小的荷花淀去，那一望无边际的密密层层的大荷叶，迎着阳光舒展开，就像铜墙铁壁一样。粉色荷花箭高高地挺出来，是监视白洋淀的哨兵吧！

她们向荷花淀里摇，最后，努力地一摇，小船窜进了荷花淀。几只野鸭扑楞楞地飞起，尖声惊叫，掠着水面飞走了。就在她们的耳边响起一排枪！

整个荷花淀全震荡起来。她们想，陷在敌人的埋伏里了，一准要死了，一齐翻身跳到水里去。渐渐听清楚枪声只是向着外面，她们才又扒着船帮露出头来。她们看见不远的地方，那宽厚肥大的荷叶下面，有一个人的脸，下半截身子长在水里。荷花变成人了？那不是我们的水生吗？又往左右看去，不久各人就找到了各人丈夫的脸，啊，原来是他们！

但是那些隐蔽在大荷叶下面的战士们，正在聚精会神瞄着敌人射击，半眼也没有看她们。枪声清脆，三五排枪过后，他们投出了手榴弹，冲出了荷花淀。

手榴弹把敌人那只大船击沉，一切都沉下去了。水面上只剩下一团烟硝火药气味。战士们就在那里大声欢笑着，打捞战利品。他们又开始了沉到水底捞出大鱼来的拿手

专题问道

专题1　得体与审美——"红色"作品文学性研读

戏。他们争着捞出敌人的枪支、子弹带,然后是一袋子一袋子叫水浸透了的面粉和大米。水生拍打着水去追赶一个在水波上滚动的东西,是一包用精致纸盒装着的饼干。

妇女们带着浑身水,又坐到她们的小船上去了。

水生追回那个纸盒,一只手高高举起,一只手用力拍打着水,好使自己不沉下去。对着荷花淀吆喝:

"出来吧,你们!"

好像带着很大的气。

她们只好摇着船出来。忽然从她们的船底下冒出一个人来,只有水生的女人认得那是区小队的队长。这个人抹一把脸上的水问她们:

"你们干什么去呀?"

水生的女人说:

"又给他们送了一些衣裳来!"

小队长回头对水生说:

"都是你村的?"

"不是她们是谁,一群落后分子!"说完把纸盒顺手丢在女人们船上,一泅,又沉到水底下去了,到很远的地方才钻出来。

小队长开了个玩笑,他说:

"你们也没有白来,不是你们,我们的伏击不会这么彻底。可是,任务已经完成,该回家去晒晒衣裳了。情况还紧得很!"

战士们已经把打捞出来的战利品,全装在他们的小船上,准备转移,一人摘了一片大荷叶顶在头上,抵挡正午的太阳。几个青年妇女把掉在水里又捞出来的小包裹,丢给了他们,战士们的三只小船就奔着东南方向,箭一样飞去了。不久就消失在中午水面上的烟波里。

几个青年妇女划着她们的小船赶紧回家,一个个像落水鸡似的。一路走着,因过于刺激和兴奋,她们又说笑起来,坐在船头脸朝后的一个撅着嘴说:

"你看他们那个横样子,见了我们爱搭理不搭理的!"

"啊,好像我们给他们丢了什么人似的。"

她们自己也笑了,今天的事情不算光彩,可是:

红色经典
中国革命传统作品学习

"我们没枪,有枪就不往荷花淀里跑,在大淀里就和鬼子干起来!"

"我今天也算看见打仗了。打仗有什么出奇,只要你不着慌,谁还不会趴在那里放枪呀!"

"打沉了,我也会浮水捞东西,我管保比他们水式好,再深点我也不怕!"

"水生嫂,回去我们也成立队伍,不然以后还能出门吗!"

"刚当上兵就小看我们,过二年,更把我们看得一钱不值了,谁比谁落后多少呢!"

这一年秋季,她们学会了射击。冬天,打冰夹鱼的时候,她们一个个蹲在流星一样的冰床上,来回警戒。敌人围剿那百顷大苇塘的时候,她们配合子弟兵作战,出入在那芦苇的海里。

1945年5月于延安

◎ **我思我在**

1. 开篇就是诗与画的情景,月白风清,女人于小院中一边编席,一边等待着丈夫的归来。优美简练的语言不仅描写了环境,还反衬出主人的勤快、利落。此情此景,既有"所谓伊人,在水一方"的期盼,又有"悠然心会,妙处难与君说"的安宁。让我们把它编排成诗的样子,请你读一读吧!也请你到别处找一找这般诗化的写景片段,把它变成诗的模样,动情地读一读吧!

> 月亮
> 　　升起来
> 院子里
> 　凉爽得很
> 　　干净得很
> 白天
> 　破好的
> 　苇眉子,潮润润的
> 　　正好编席
> 女人

专题问道

专题1　得体与审美——"红色"作品文学性研读

坐在

　　小院当中

手指上

　　缠绞着

　　　柔滑修长的

　　　　苇眉子

苇眉子

　　又薄又细

　　　在她怀里

　　　跳跃着

2. 孙犁先生只用三言两语，就形神兼备地表现了女人们探夫不遇的心理，洋溢着浓浓的生活气息。你能否结合赵师秀的《约客》和《西洲曲》，尝试品味"顺手捞"菱角又"顺手丢"这两个细节的妙处呢？

3. 有人说，从中国传统文化的角度看，水生说女人们是一群"落后分子"，把纸盒（饼干）"丢"在她们的船上，又"沉到水底"，直到很远"才钻出来"，是一种含蓄的爱意表达；但是，也有人从生态女性主义的角度认为，战争使得原有的社会生态关系变得扭曲，生离死别时水生叮嘱女人"不要叫敌人汉奸捉活的，捉住了要和他拼命"是男人需要女人做的鱼死网破、放弃生命的冷漠无情的选择。所以，面对女人们擅自寻夫遇敌的质问，水生表现出对女人们丢了脸的羞愧和隔膜。你是怎么认为的呢？谈一谈你的看法吧！

风　景　谈[①]

茅　盾

【阅读提示】　茅盾先生以小说和杂文见长，这篇散文作品是在他1938年至1940年

[①] 选自《延安文艺丛书·散文卷》（湖南人民出版社1984年版）。原载《文艺阵地》月刊第6卷第1期，1941年1月10日出版。

红色经典
中国革命传统作品学习

间于新疆、延安、重庆等地的西北之行时的"无心插柳"之作,与被誉为姐妹篇的《白杨礼赞》一道成为中国现代散文史上有口皆碑的名篇。何谓"风景"?人们津津乐道的不常是长河落日、晓风残月,抑或是北国冰雪、南国草木……而革命文学巨匠茅盾,却于无景处发现了胜景,并且满怀激情地讴歌它。

前夜看了《塞上风云》的预告片,便又回忆起猩猩峡外的沙漠来了。那还不能被称为"戈壁",那在普通地图上,还不过是无名小点,但是人类的肉眼已经不能望过它的边际,如果在中午阳光正射的时候,那单纯而强烈的返光会使你的眼睛不舒服;没有隆起的沙丘,也不见有半间泥房,四顾只是茫茫一片,那样的平坦,连一个"坎儿井"也找不到;那样的纯然一色,即使偶尔有些驼马的枯骨,它那微小的白光,也早溶入了周围的苍茫,又是那样的寂静,似乎只有热空气在烘烘的火响。然而,你不能说,这里就没有"风景"。当地平线上出现了第一个黑点,当更多的黑点成为线,成为队,而且当微风把铃铛的柔声,丁当,丁当,送到你的耳鼓,而最后,当那些昂然高步的骆驼,排成整齐的方阵,安详然而坚定地愈行愈近,当骆驼队中领队驼所掌的那一杆长方形猩红大旗耀入你眼帘,而且大小丁当的谐和的合奏充满了你耳管,——这时间,也许你不出声,但是你的心里会涌上了这样的感想的:多么庄严,多么妩媚呀!这里是大自然的最单调最平板的一面,然而加上了人的活动,就完全改观,难道这不是"风景"吗?自然是伟大的,然而人类更伟大。

于是我又回忆起另一个画面,这就在所谓"黄土高原"!那边的山多数是秃顶的,然而层层的梯田,将秃顶装扮成稀稀落落有些黄毛的癞头,特别是那些高杆植物颀长而整齐,等待检阅的队伍似的,在晚风中摇曳,别有一种惹人怜爱的姿态。可是更妙的是三五月明之夜,天是那样的蓝,几乎透明似的,月亮离山顶,似乎不过几尺,远看山顶的小米丛密挺立,宛如人头上的怒发,这时候忽然从山脊上长出两支牛角来,随即牛的全身也出现,捎着犁的人形也出现,并不多,只有三两个,也许还跟着个小孩,他们姗姗而下,在蓝的天,黑的山,银色的月光的背景上,成就了一幅剪影,如果给田园诗人见了,必将赞叹为绝妙的题材。可是没有完。这几位晚归的种地人,还把他们那粗朴的短歌,用愉快的旋律,从山顶上飘下来,直到他们没入了山坳,依旧只有蓝天明月黑魆魆的山,歌声可是缭绕不散。

另一个时间。另一个场面。夕阳在山,干坼的黄土正吐出它在一天内所吸收的热,

专题问道

专题1 得体与审美——"红色"作品文学性研读

河水汤汤急流,似乎能把浅浅河床中的鹅卵石都冲走了似的。这时候,沿河的山坳里有一队人,从"生产"归来,兴奋的谈话中,至少有七八种不同的方音。忽然间,他们又用同一的音调,唱起雄壮的歌曲来了,他们的爽朗笑声,落到水上,使得河水也似在笑。看他们的手,这是惯拿调色板的,那是昨天还拉着提琴的弓子伴奏着《生产曲》的,这是经常不离木刻刀的,那又是洋洋洒洒下笔如有神的,但现在,一律都被锄锹的木柄磨起了老茧了。他们在山坡下,被另一群所迎住。这里正燃起熊熊的野火,多少曾调朱弄粉的手儿,已经将金黄的小米饭,翠绿的油菜,准备齐全。这时候,太阳已经下山,却将它的余辉幻成了满天的彩霞,河水喧哗得更响了,跌在石上的便喷出了雪白的泡沫,人们把沾着黄土的脚伸在水里,任它冲刷,或者掬起水来,洗一把脸。在背山面水这样一个所在,静穆的自然和弥满着生命力的人,就织成了美妙的图画。

在这里,蓝天明月,秃顶的山,单调的黄土,浅濑的水,似乎都是最恰当不过的背景,无可更换。自然是伟大的,人类是伟大的,然而充满了崇高精神的人类的活动,乃是伟大中之尤其伟大者!

我们都曾见过西装革履烫发旗袍高跟鞋的一对儿,在公园的角落,绿荫下长椅上,悄悄儿说话,但是试想一想,如果在一个下雨天,你经过一边是黄褐色的浊水,一边是怪石峭壁的崖岸,马蹄很小心地探入泥浆里,有时还不免打了一下跌撞,四面是静寂灰黄,没有一般所谓生动鲜艳,然而,你忽然抬头看见高高的山壁上有几个天然的石洞,三层楼的亭子间似的,一对人儿促膝而坐,只凭剪发式样的不同,你方能辨认出一个是女的,他们被雨赶到了那里,大概聊天也聊够了,现在是摊开着一本札记簿,头凑在一处,一同在看,——试想一想,这样一个场面到了你眼前时,总该和在什么公园里看见了长椅上有一对儿在偎倚低语,颇有点味儿不同罢?如果在公园时你一眼瞥见,首先第一会是"这里有一对恋人",那么,此时此际,倒是先感到那样一个沉闷的雨天,寂寞的荒山,原始的石洞,安上这么两个人,是一个"奇迹",使大自然顿时生色!他们之是否恋人,落在问题之外。你所见的,是两个生命力旺盛的人,是两个清楚明白生活意义的人,在任何情形之下,他们不倦怠,也不会百无聊赖,更不至于从胡闹中求刺戟,他们能够在任何情况之下,拿出他们那一套来,怡然自得。但是什么能使他们这样呢?

不过仍旧回到"风景"罢;在这里,人依然是"风景"的构成者,没有了人,还有什么可

红色经典
中国革命传统作品学习

以称道的？再者，如果不是内生活极其充满的人作为这里的主宰，那又有什么值得怀念？

再有一个例子：如果你同意，二三十棵桃树可以称为林，那么这里要说的，正是这样一个桃林。花时已过，现在绿叶满株，却没有一个桃子。半爿旧石磨，是最漂亮的圆桌面，几尺断碑，或是一截旧阶石，那又是难得的几案。现成的大小石块作为凳子，而这样的石凳也还是以奢侈品的姿态出现。这些怪样的家具之所以成为必要，是因为这里有一个茶社。桃林前面，有老百姓种的荞麦，也有大麻和玉米这一类高杆植物。荞麦正当开花，远望去就像一张粉红色的地毯，大麻和玉米就像是屏风，靠着地毯的边缘。太阳光从树叶的空隙落下来，在泥地上，石家具上，一抹一抹的金黄色。偶尔也听得有草虫在叫，带住在林边树上的马儿伸长了脖子就树干搔痒，也许是乐了，便长嘶起来。"这就不坏！"你也许要这样说。可不是，这里是有一般所谓"风景"的一些条件的！然而，未必尽然。在高原的强烈阳光下，人们喜欢把这一片树荫作为户外的休息地点，因而添上了什么茶社，这是这个"风景区"成立的因缘，但如果把二三十棵桃树，半爿磨石，几尺断碣，还有荞麦和大麻玉米，这些其实到处可遇的东西，看成了此所谓风景区的主要条件，那或者是会贻笑大方的。中国之大，比这美得多的所谓风景区，数也数不完，这个值得什么？所以应当从另一方面去看。现在请你坐下，来一杯清茶，两毛钱的枣子，也作一次桃园的茶客罢。如果你愿意先看女的，好，那边就有三四个，大概其中的一位刚接到家里寄给她的一点钱，今天来请请同伴。那边又有几位，也围着一个石桌子，但只把随身带来的书籍代替了枣子和茶了。更有两位虎头虎脑的青年，他们走过"天下最难走的路"，现在却静静地坐着，温雅得和闺女一般。男女混合的一群，有坐的，也有蹲的，争论着一个哲学上的问题，时时哗然大笑，就在他们近边，长石条上躺着一位，一本书掩住了脸。这就够了，不用再多看。总之，这里有特别的氛围，但并不古怪。人们来这里，只为恢复工作后的疲劳，随便喝点，要是袋里有钱；或不喝，随便谈谈天；在有闲的只想找一点什么来消磨时间的人们看来，这里坐的不舒服，吃的喝的也太粗糙简单，也没有什么可供玩赏，至多来一次，第二次保管厌倦。但是不知道消磨时间为何物的人们却把这一片简陋的绿荫看得很可爱，因此，这桃林就很出名了。

因此，这里的"风景"也就值得留恋，人类的高贵精神的辐射，填补了自然界的疲乏，增添了景色，形式的和内容的。人创造了第二自然！

专题问道

专题1　得体与审美——"红色"作品文学性研读

　　最后一段回忆是五月的北国。清晨,窗纸微微透白,万籁俱寂,嘹亮的喇叭声,破空而来。我忽然想起了白天在一本贴照簿上所见的第一张,银白色的背景前一个淡黑的侧影,一个号兵举起了喇叭在吹,严肃,坚决,勇敢,和高度的警觉,都表现在小号兵的挺直的胸膛和高高的眉棱上边。我赞美这摄影家的艺术,我回味着,我从当前的喇叭声中也听出了严肃,坚决,勇敢,和高度的警觉来,于是我披衣出去,打算看一看。空气非常清冽,朝霞笼住了左面的山,我看见山峰上的小号兵了。霞光射住他,只觉得他的额角异常发亮,然而,使我惊叹叫出声来的,是离他不远有一位荷枪的战士,面向着东方,严肃地站在那里,犹如雕像一般。晨风吹着喇叭的红绸子,只这是动的,战士枪尖的刺刀闪着寒光,在粉红的霞色中,只这是刚性的。我看得呆了,我仿佛看见了民族的精神化身而为他们两个。

　　如果你也当它是"风景",那便是真的风景,是伟大中之最伟大者!

1940 年 12 月于枣子岚垭

◎ **我思我在**

　　1.《风景谈》着力描写了"沙漠驼铃""高原归耕""延河夕照""石洞雨景""桃园小憩""北国晨号"六幅画面,寓政治风云于自然风景之中。可是,这六幅画面并不是随意拼贴或是并列平行的拼合,它们是靠什么组接起来的呢?我们能否借助绘画的一些技法,从色彩的角度,一起完成下面表格中的空白处,并且体味文章的结构特点呢?

	色 彩 特 征	特征浅析
沙漠驼铃	茫然一片,单纯而强烈的反光,纯然一色,白光、火光,猩红火旗。	⑤
高原归耕	①	
延河夕照	②	
石洞雨景	黄褐色的浊水,静寂灰黄。	
桃园小憩	③	
北国晨号	④	

　　2. 如果说六幅画面有着横向的内在联系、纵向的层层递进关系,那么,画面中融进的议论和抒情犹如电影的解说词,起到了穿针引线的作用,把六个镜头有机地连接成一个整体。请你找出画面中议论部分的核心句,并结合画面,说一说这些句子的内在联系。

红色经典
中国革命传统作品学习

3. 茅盾是文学巨匠,而《风景谈》又是散文典范,其语言的锤炼给人美的享受。袁枚说过:"一切诗文,总须字立纸上,不可字卧纸上。人活则立,人死则卧,用笔亦然。"请你品味文中这些词语或句式用得好不好,并说明理由。

① 这时候忽然从山脊上长出两支牛角来,随即牛的全身也出现……

② 这时候,太阳已经下山,却将它的余辉幻成了满天的彩霞,河水喧哗得更响了,跌在石上的便喷出了雪白的泡沫……

③ 霞光射住他,只觉得他的额角异常发亮……

④ 这几位晚归的种地人,还把他们那粗气的短歌,用愉快的旋律,从山顶上扑下来,直到他们没入了山坳……

⑤ 当地平线上出现了第一个黑点,当更多的黑点成为线,成为队,而且当微风把铃铛的柔声,丁当,丁当,送到你的耳鼓,而最后,当那些昂然高步的骆驼,排成整齐的方阵,安详然而坚定地愈行愈近,当骆驼队中领队驼所掌的那一杆长方形猩红大旗耀入你眼帘,而且大小丁当的谐和的合奏充满了你耳管,——这时间,也许你不出声,但是你的心里会涌上了这样的感想的:多么庄严,多么妩媚呀!

雷电颂①

郭沫若

【阅读提示】 "薄暮雷电,归何忧?厥严不奉,帝何求?"两千多年前,一位伟大的诗人向世界发出了这样的疑问,在这疑问中铭刻着他对身处危机中的祖国深深的忧虑。1942年,同样面临着祖国的内忧外患,诗人郭沫若内心愤怒不已,一首有关风、雷、电的慷慨激昂之歌《屈原》诞生了。《雷电颂》选自《屈原》第五幕第二场,以抒情独白的艺术方式,像狂风席卷天地,如惊雷震撼山岳,似闪电劈开长空,气势磅礴,雷霆万钧,将屈原的悲愤之情完全爆发,成为全剧的最高潮。

---

① 选自《郭沫若选集》第四卷(四川人民出版社1982年版)。

专题问道

专题1 得体与审美——"红色"作品文学性研读

屈原手足已戴刑具,颈上并系有长链,仍着其白日所着之玄衣,披发,在殿中徘徊。因有脚镣行步甚有限制,时而伫立睥睨,目中含有怒火。手有举动时,必两手同时举出。如无举动时,则拳曲于胸前。

屈原 (向风及雷电)风!你咆哮吧!咆哮吧!尽力地咆哮吧!在这暗无天日的时候,一切都睡着了,都沉在梦里,都死了的时候,正是应该你咆哮的时候,应该你尽力咆哮的时候!

尽管你是怎样的咆哮,你也不能把他们从梦中叫醒,不能把死了的吹活转来,不能吹掉这比铁还沉重的眼前的黑暗,但你至少可以吹走一些灰尘,吹走一些砂石,至少可以吹动一些花草树木。你可以使那洞庭湖,使那长江,使那东海,为你翻波涌浪,和你一同地大声咆哮呵!

啊,我思念那洞庭湖,我思念那长江,我思念那东海,那浩浩荡荡的无边无际的波澜呀!那浩浩荡荡的无边无际的伟大的力呀!那是自由,是跳舞,是音乐,是诗!

啊,这宇宙中的伟大的诗!你们风,你们雷,你们电,你们在这黑暗中咆哮着的,闪耀着的一切的一切,你们都是诗,都是音乐,都是跳舞。你们宇宙中伟大的艺人们呀,尽量发挥你们的力量吧。发泄出无边无际的怒火把这黑暗的宇宙,阴惨的宇宙,爆炸了吧!爆炸了吧!

雷!你那轰隆隆的,是你车轮子滚动的声音!你把我载着拖到洞庭湖的边上去,拖到长江的边上去,拖到东海的边上去呀!我要看那滚滚的波涛,我要听那鞺鞺鞳鞳的咆哮,我要漂流到那没有阴谋、没有污秽、没有自私自利的没有人的小岛上去呀!我要和着你,和着你的声音,和着那茫茫的大海,一同跳进那没有边际的没有限制的自由里去!

啊,电!你这宇宙中最犀利的剑呀!我的长剑是被人拔去了,但是你,你能拔去我有形的长剑,你不能拔去我无形的长剑呀。电,你这宇宙中的剑,也正是,我心中的剑。你劈吧,劈吧,劈吧!把这比铁还坚固的黑暗,劈开,劈开,劈开!虽然你劈它如同劈水一样,你抽掉了,它又合拢了来,但至少你能使那光明得到暂时间的一瞬的显现,哦,那多么灿烂的,多么眩目的光明呀!

光明呀,我景仰你,我景仰你,我要向你拜手,我要向你稽首。我知道,你的本身就是火,你,你这宇宙中的最伟大者呀,火!你在天边,你在眼前,你在我的四面,我知道你就

红色经典
中国革命传统作品学习

是宇宙的生命,你就是我的生命,你就是我呀!我这熊熊地燃烧着的生命,我这快要使我全身炸裂的怒火,难道就不能迸射出光明了吗?

炸裂呀,我的身体!炸裂呀,宇宙!让那赤条条的火滚动起来,像这风一样,像那海一样,滚动起来,把一切的有形,一切的污秽,烧毁了吧,烧毁了吧!把这包含着一切罪恶的黑暗烧毁了吧!

把你这东皇太一烧毁了吧!把你这云中君烧毁了吧!你们这些土偶木梗,你们高坐在神位上有什么德能?你们只是产生黑暗的父亲和母亲!

你,你东君,你是什么个东君?别人说你是太阳神,你,你坐在那马上丝毫也不能驰骋。你,你红着一个面孔,你也害羞吗?啊,你,你完全是一片假!你,你这土偶木梗,你这没心肝的、没灵魂的,我要把你烧毁,烧毁,烧毁你的一切,特别要烧毁你那匹马!你假如是有本领,就下来走走吧!

什么个大司命,什么个少司命,你们的天大的本领就只有晓得播弄人!什么个湘君,什么个湘夫人,你们的天大的本领也就只晓得痛哭几声!哭,哭有什么用?眼泪,眼泪有什么用?顶多让你们哭出几笼湘妃竹吧!但那湘妃竹不是主人们用来打奴隶的刑具吗?你们滚下船来,你们滚下云头来,我都要把你们烧毁!烧毁!烧毁!

哼,还有你这河伯……哦,你河伯!你,你是我最初的一个安慰者!我是看得很清楚的呀!当我被人们押着,押上了一个高坡,卫士们要息脚,我也就站立在高坡上,回头望着龙门。我是看得很清楚,很清楚的呀!我看见婵娟被人虐待,我看见你挺身而出,指天画地有所争论。结果,你是被人押进了龙门,婵娟她也被人押进了龙门。

但是我,我没有眼泪。宇宙,宇宙也没有眼泪呀!眼泪有什么用呵?我们只有雷霆,只有闪电,只有风暴,我们没有拖泥带水的雨!这是我的意志,宇宙的意志。鼓动吧,风!咆哮吧,雷!闪耀吧,电!把一切沉睡在黑暗怀里的东西,毁灭,毁灭,毁灭呀!

◎ 我思我在

1. "独白"是戏剧中具有特殊表现力的一种艺术手段,人物只有内心造成了强烈的矛盾冲突时,才能发出由衷的独白。郭沫若不仅是戏剧大师,更是抒情诗人。他善于运用抒情独白,深层剖析人物的内心世界,急速推动剧情发展,突出升华人物性格特点。

专题问道

专题1 得体与审美——"红色"作品文学性研读

《雷电颂》这段抒情独白是全剧的高潮,是矛盾冲突白热化的体现。在整个抒情独白中,屈原的感情表现为三个阶段,你能够将其理顺吗?

2. 据说,《屈原》在重庆演出时,正好暴风雨来临,舞台上的朗诵和着剧场外的雷鸣,使整个山城轰动震惊。典型环境是抒情的基础,请你想象,在屈原高声朗诵《雷电颂》这篇慷慨激昂、悲壮豪迈的赞歌时,他被囚禁之地东皇太一庙内外是什么样子?伴随着他朗诵的又是什么?

3. 《雷电颂》是抒情独白的典范,通篇运用拟人、反复、排比、顶针等修辞,具有强烈的抒情性和感染力,回环往复,荡气回肠。这也与独树一帜的"呼告"手法分不开。所谓呼告,是在行文中直呼文中的人或物的一种修辞方式,由呼语和告语两部分组成。请结合具体语境,完成下面的表格。

	特 点	语 境 示 例	语境特点	妙处分析
使用呼告的特点	与其他修辞格结合运用	风!你咆哮吧!咆哮吧!尽力咆哮吧!	与拟人、反复结合	
		火!你在天边,你在眼前,你在我的四面!	与拟人、排比结合	
	结构分为顺装和倒装	光明呀,我景仰你。	顺装	
		鼓动吧,风!咆哮吧,雷!闪耀吧,电!	倒装	
	宜用短句	你可以使那洞庭湖,使那长江,使那东海,为你翻波涌浪,和你一同地大声咆哮呵!	无	
	使用语气词	啊、呀、吧、吗等,如"啊,这宇宙中伟大的诗!"	无	

※ 实践笃行

芦花飘荡苇叶黄

——品读孙犁"诗体小说"

孙犁生长于冀中平原,在那里长期坚持抗日战争。他虽然没有打过仗,却极为熟悉

红色经典

中国革命传统作品学习

冀中的抗日军民。1944年到延安后,他的小说、散文多以冀中抗日生活为题材。描写白洋淀人民抗日生活的《荷花淀》《芦花荡》是其中的名篇。孙犁用他的文字拂拭着人们身上的血污,抚摸着痛苦的心灵。在压抑与艰难中,在战斗和渴望中,他的文字给战争带来了诗意,还芦花荡以风月,给迷失的心灵捎去一些久违的宁静。茅盾评价孙犁时说:"他是用谈笑从容的态度来描摹风云变幻的。"

《芦花荡》通过一个白洋淀老交通的故事,让我们见到了冀中人民坚毅顽强、坚不可摧的民族精神,作者字里行间流露出对祖国、家乡的挚爱深情。正是芦花飘荡苇叶黄的时候,让我们沿着《白洋淀》,驻足《芦花荡》,一起感受"诗体小说"的魅力吧!

芦 花 荡①
——白洋淀纪事之二②

孙 犁

夜晚,敌人从炮楼的小窗子里,呆望着这阴森黑暗的大苇塘,天空的星星也像浸在水里,而且要滴落下来的样子。到这样深夜,苇塘里才有水鸟飞动和唱歌的声音,白天它们是紧紧藏到窠里躲避炮火去了。苇子还是那么狠狠地往上钻,目标好像就是天上。

敌人监视着苇塘。他们提防有人给苇塘里的人送来柴米,也提防里面的队伍会跑了出去。我们的队伍还没有退却的意思。可是假如是月明风清的夜晚,人们的眼再尖利一些,就可以看见有一只小船从苇塘里撑出来,在淀里,像一片苇叶,奔着东南去了。半夜以后,小船又飘回来,船舱里装满了柴米油盐。有时,还带来一两个从

---

① 选自《孙犁全集》第1卷(人民文学出版社2004年版)。
② 1958年孙犁用《白洋淀纪事》作为小说散文集总名出版时,为这两篇小说排了顺序,可惜排错了,将《芦花荡》放在前边,称为"白洋淀纪事之一",《荷花淀》却是"白洋淀纪事之二"。直到1981年12月《孙犁文集》出版时,才订正了"之一""之二"的顺序,并在每篇篇末记下了准确的写作时间:《荷花淀》是"1945年5月于延安",《芦花荡》是"1945年8月于延安"。

专 题 问 道

专题1　得体与审美——"红色"作品文学性研读

远方赶来的干部。

撑船的是一个将近六十岁的老头子,船是一只尖尖的小船。老头子只穿一条蓝色的破旧短裤,站在船尾巴上,手里拿着一根竹篙。

老头子浑身没有多少肉,干瘦得像老了的鱼鹰。可是那晒得干黑的脸,短短的花白胡子却特别精神,那一对深陷的眼睛却特别明亮。很少见到这样尖利明亮的眼睛,除非是在白洋淀上。

老头子每天夜里在水淀出入,他的工作范围广得很:里外交通,运输粮草,护送干部;而且不带一支枪。他对苇塘里的负责同志说:你什么也靠给我,我什么也靠给水上的能耐,一切保险。

老头子过于自信和自尊。每天夜里,在敌人紧紧封锁的水面上,就像一个没事人,他按照早出晚归捕鱼撒网那股悠闲的心情撑着船,编算着使自己高兴也使别人高兴的事情。

因为他,敌人的愿望就没有达到。

每到傍晚,苇塘里的歌声还是那么响,不像是饿肚子的人们唱的;稻米和肥鱼的香味,还是从苇塘里飘出来。敌人发了愁。

一天夜里,老头子从东边很远的地方回来。弯弯下垂的月亮,浮在水一样的天上。老头子载了两个女孩子回来。孩子们在炮火里滚了一个多月,都发着疟子,昨天跑到这里来找队伍,想在苇塘里休息休息,打打针。

老头子很喜欢这两个孩子:大的叫大菱,小的叫二菱。把她们接上船,老头子就叫她们睡一觉,他说:什么事也没有了,安心睡一觉吧,到苇塘里,咱们还有大米和鱼吃。

孩子们在炮火里一直没安静过,神经紧张得很。一点轻微的声音,闭上的眼就又睁开了。现在又到了这么一个新鲜的地方,有水有船,荡悠悠的,夜晚的风吹得长期发烧的脸也清爽多了,就更睡不着。

眼前的环境好像是一个梦。在敌人的炮火里打滚,在高粱地里淋着雨过夜,一晚上不知道要过几条汽车路,爬几道沟。发高烧和打寒噤的时候,孩子们也没停下来。一心想:找队伍去呀,找到队伍就好了!

红色经典
中国革命传统作品学习

  这是冀中区的女孩子们,大的不过十五,小的才十三。她们在家乡的道路上行军,眼望着天边的北斗。她们看着初夏的小麦黄梢,看着中秋的高粱晒米。雁在她们的头顶往南飞去,不久又向北飞来。她们长大成人了。

  小女孩子趴在船边,用两只小手淘着水玩。发烧的手浸在清凉的水里很舒服,她随手就舀了一把泼在脸上,那脸涂着厚厚的泥和汗。她痛痛快快地洗起来,连那短短的头发。大些的轻声吆喝她:

  "看你,这时洗脸干什么?什么时候呵,还这么爱干净!"

  小女孩子抬起头来,望一望老头子,笑着说:

  "洗一洗就精神了!"

  老头子说:

  "不怕,洗一洗吧,多么俊的一个孩子呀!"

  远远有一片阴惨的黄色的光,突然一转就转到她们的船上来。女孩子正在拧着水淋淋的头发,叫了一声。老头子说:

  "不怕,小火轮上的探照灯,它照不见我们。"

  他蹲下去,撑着船往北绕一绕。黄色的光仍然向四下里探照,一下照在水面上,一下又照到远处的树林里去了。

  老头子小声说:

  "不要说话,要过封锁线了!"

  小船无声地,但是飞快地前进。当小船和那黑乎乎的小火轮站到一条横线上的时候,探照灯突然照向她们,不动了。两个女孩子的脸照得雪白,紧接着就扫射过来一梭机枪。

  老头子叫了一声"趴下",一抽身就跳进水里去,踏着水用两手推着小船前进。大女孩子把小女孩子抱在怀里,倒在船底上,用身子遮盖了她。

  子弹吱吱地在她们的船边钻到水里去,有的一见水就爆炸了。

  大女孩子负了伤,虽说她没有叫一声也没有哼一声,可是胳膊没有了力量,再也搂不住那个小的,她翻了下去。那小的觉得有一股热热的东西流到自己脸上来,连忙爬起来,把大的抱在自己怀里,带着哭声向老头子喊:

专题问道

专题1 得体与审美——"红色"作品文学性研读

"她挂花了!"

老头子没听见,拼命地往前推着船,还是柔和地说:

"不怕。他打不着我们!"

"她挂了花!"

"谁?"老头子的身体往上蹿了一蹿,随着,那小船很厉害地仄歪了一下。老头子觉得自己的手脚顿时失去了力量,他用手扒着船尾,跟着浮了几步,才又拼命地往前推了一把。

她们已经离苇塘很近。老头子爬到船上去,他觉得两只老眼有些昏花。可是他到底用篙拨开外面一层芦苇,找到了那窄窄的入口。

一钻进苇塘,他就放下篙,扶起那大女孩子的头。

大女孩子微微睁了一下眼,吃力地说:

"我不要紧。快把我们送进苇塘里去吧!"

老头子无力地坐下来,船停在那里。月亮落了,半夜以后的苇塘,有些飒飒的风响。老头子叹了一口气,停了半天才说:

"我不能送你们进去了。"

小女孩子睁大眼睛问:

"为什么呀?"

老头子直直地望着前面说:

"我没脸见人。"

小女孩子有些发急。在路上也遇见过这样的带路人,带到半路上就不愿带了,叫人为难。她像央告那老头子:

"老同志,你快把我们送进去吧,你看她流了这么多血,我们要找医生给她裹伤呀!"

老头子站起来,拾起篙,撑了一下。那小船转弯抹角钻入了苇塘的深处。

这时那受伤的才痛苦地哼哼起来。小女孩子安慰她,又好像是抱怨:一路上多么紧张,也没怎么样,谁知到了这里,反倒……一声一声像连珠箭,射穿老头子的心。他没法解释:大江大海过了多少,为什么这一次的任务,偏偏没有完成?自己没儿没女,这两个孩子多么叫人喜爱?自己平日夸下口,这一次带着挂花的人进去,怎么张嘴说话?这老脸呀!他叫着大菱说:

红色经典

中国革命传统作品学习

"他们打伤了你,流了这么多血,等明天我叫他们十个人流血!"

两个孩子全没有答言,老头子觉得受了轻视。他说:

"你们不信我的话,我也不和你们说。谁叫我丢人现眼,打牙跌嘴呢!可是,等到天明,你们看吧!"

小女孩子说:

"你这么大年纪了,还能打仗?"

老头子狠狠地说:

"为什么不能?我打他们不用枪,那不是我的本事。愿意看,明天来看吧!二菱,明天你跟我来看吧,有热闹哩!"

第二天,中午的时候,非常闷热。一轮红日当天,水面上浮着一层烟气。小火轮开得离苇塘远一些,鬼子们又偷偷地爬下来洗澡了。十几个鬼子在水里泅着,日本人的水式真不错。水淀里没有一个人影,有只一团白绸子样的水鸟,也躲开鬼子往北飞去,落到大荷叶下面歇凉去了。从荷花淀里却撑出一只小船来。一个干瘦的老头子,只穿一条破短裤,站在船尾巴上,有一篙没一篙地撑着,两只手却忙着剥那又肥又大的莲蓬,一个一个投进嘴里去。

他的船头上放着那样大的一捆莲蓬,是刚从荷花淀里摘下来的。不到白洋淀,哪里去吃这样新鲜的东西?来到白洋淀上几天了,鬼子们也还是望着荷花淀瞪眼。他们冲着那小船吆喝,叫他过来。

老头子向他们看了一眼,就又低下头去。还是有一篙没一篙地撑着船,剥着莲蓬。船却慢慢地冲着这里来了。

小船离鬼子还有一箭之地,好像老头子才看出洗澡的是鬼子,只一篙,小船溜溜转了一个圆圈,又回去了。鬼子们拍打着水追过去,老头子张皇失措,船却走不动,鬼子紧紧追上了他。

眼前是几根埋在水里的枯木桩子,日久天长,也许人们忘记这是为什么埋的了。这里的水却是镜一样平,蓝天一般清,拉长的水草在水底轻轻地浮动。鬼子们追上来,看看就扒上了船。老头子又是一篙,小船旋风一样绕着鬼子们转,莲蓬的清香,在他们的鼻尖上扫过。鬼子们像是玩着捉迷藏,乱转着身子,抓上抓下。

专题问道

专题1 得体与审美——"红色"作品文学性研读

一个鬼子尖叫了一声,就蹲到水里去。他被什么东西狠狠咬了一口,是一只锋利的钩子穿透了他的大腿。别的鬼子吃惊地往四下里一散,每个人的腿肚子也就挂上了钩。他们挣扎着,想摆脱那毒蛇一样的钩子。那替女孩子报仇的钩子却全找到腿上来,有的两个,有的三个。鬼子们痛得鬼叫,可是再也不敢动弹了。

老头子把船一撑来到他们的身边,举起篙来砸着鬼子们的脑袋,像敲打顽固的老玉米一样。

他狠狠地敲打,向着苇塘望了一眼。在那里,鲜嫩的芦花,一片展开的紫色的丝绒,正在迎风飘撒。

在那苇塘的边缘,芦花下面,有一个女孩子,她用密密的苇叶遮掩着身子,看着这场英雄的行为。

1945年8月于延安

活动一:忆一忆

在你的印象中,战争小说是怎么样的呢?能否列举几部?

活动二:比一比

孙犁的这些"诗体小说"在那个年代恰恰是有关战争的小说,那些与战争有关的场景描摹在孙犁笔下变成了一番怎样的情状?例如,下列的场景有什么特点呢?

场景一:

a. "谁?"老头子的身体往上蹿了一蹿,随着,那小船很厉害地歪歪了一下。老头子觉得自己的手脚顿时失去了力量,他用手扒着船尾,跟着浮了几步,才又拼命地往前推了一把。

b. 谁知到了这里,反倒……一声一声像连珠箭,射穿老头子的心。

c. "他们打伤了你,流了这么多血,等明天我叫他们十个人流血!"

d. 有一篙没一篙地撑着,两只手却忙着剥那又肥又大的莲蓬,一个一个投进嘴里去。……还是有一篙没一篙地撑着船,剥着莲蓬。船却慢慢地冲着这里来了。……老头子把船一撑来到他们的身边,举起篙来砸着鬼子们的脑袋,像敲打顽固的老玉米一样。

——《芦花荡》节选

红色经典

中国革命传统作品学习

场景特点：_____

_____

场景二：

鸡叫的时候，水生才回来。女人还是呆呆地坐在院子里等他，她说：

"你有什么话嘱咐我吧！"

"没有什么话了，我走了，你要不断进步，识字，生产。"

"嗯。"

"什么事也不要落在别人后面！"

"嗯，还有什么？"

"不要叫敌人汉奸捉活的。捉住了要和他拼命。"

这才是那最重要的一句，女人流着眼泪答应了他。　　　　——《荷花淀》节选

场景特点：_____

_____

场景三：

夜晚，敌人从炮楼的小窗子里，呆望着这阴森黑暗的大苇塘，天空的星星也像浸在水里，而且要滴落下来的样子。到这样的深夜，苇塘里才有水鸟飞动和唱歌的声音，白天它们是紧紧藏到窝里躲避炮火去了。苇子还是那么狠狠地往上钻，目标好像就是天上。

……

他狠狠地敲打，向着苇塘望了一眼。在那里，鲜嫩的芦花，一片展开的紫色的丝绒，正在迎风飘撒。

——《芦花荡》节选

场景特点：_____

_____

场景四：

a. 弯弯下垂的月亮，浮在水一样的天上。

b. 子弹吱吱地在她们的船边钻到水里去，有的一见水就爆炸了。

专题问道

专题1 得体与审美——"红色"作品文学性研读

c. 月亮落了,半夜以后的苇塘,有些飒飒的风响。

d. 只一篙,小船溜溜转了一个圆圈,又回去了。

e. 这里的水却是镜一样平,蓝天一般清,拉长的水草在水底轻轻地浮动。鬼子们追上来,看看就扒上了船。老头子又是一篙,小船旋风一样绕着鬼子们转,莲蓬的清香,在他们的鼻子尖上扫过。鬼子们像是玩着捉迷藏,乱转着身子,抓上抓下。

——《芦花荡》节选

场景特点:_____

_____

活动三:想一想

你能否用几句话概括孙犁"诗体小说"的特征,并且说明为何这样概括的理由?

活动四:悟一悟

孙犁的"诗体小说"有描写战争的残酷吗?同学们,努力解读孙犁先生表层语义下深层的语言密码吧!请从"战争元素"的角度为下列的文段做一些批注。

文段	批注
a. 到这样的深夜,苇塘里才有水鸟飞动和唱歌的声音,白天它们是紧紧藏到窝里躲避炮火去了。	批注:为了躲避敌人的炮火,水鸟白天不敢出来,只有深夜才飞动,可以想象,处于抗日战争环境中的人们要生存下来多么不容易。交通员老头子在困难重重的苇塘里为抗日游击队运送武器弹药、干部和伤员,险象环生。
b. 第二天,中午的时候,非常闷热。一轮红日当天,水面上浮着一层烟气。小火轮开得离苇塘远一些,鬼子们又偷偷地爬下来洗澡了。十几个鬼子在水里泅着,日本人的水式真不错。水淀里没有一个人影,有只一团白绸子样的水鸟,也躲开鬼子往北飞去,落到大荷叶下面歇凉去了。	
c. 撑船的是一个将近六十岁的老头子,船是一只尖尖的小船。老头子只穿一条蓝色的破旧短裤,站在船尾巴上,手里拿着一根竹篙。老头子浑身没有多少肉,干瘦得像老了的鱼鹰。可是那晒得干黑的脸,短短的花白胡子却特别精神,那一对深陷的眼睛却特别明亮。	批注:"没有一个人影"表明鬼子对苇塘的封锁特别严密、敌人小火轮上的炮火特别猛烈。鬼子"偷偷地爬",可见敌我双方相互监视,是交锋前紧张、白热化的写照,蕴含着残酷、恐怖的战争元素。
d. 孩子们在炮火里滚了一个多月,都发着疟子……孩子们在炮火里一直没安静过,神经紧张得很。一点轻微的声音,	

红色经典

中国革命传统作品学习

闭上的眼就又睁开了……眼前的环境好像是一个梦。在敌人的炮火里打滚,在高粱地里淋着雨过夜,一晚上不知道要过几条汽车路,爬几道沟。发高烧和打寒噤的时候,孩子们也没停下来。一心想:找队伍去呀,找到队伍就好了!这是冀中区的女孩子们,大的不过十五,小的才十三。她们在家乡的道路上行军,眼望着天边的北斗。她们看着初夏的小麦黄梢,看着中秋的高粱晒米。雁在她们的头顶往南飞去,不久又向北飞来。她们长大成人了……

批注:

批注:

——《芦花荡》节选

活动五:往深里悟一悟(选做)

孙犁为什么没有在小说里描摹典型的战争场面?他为何这样处理战争小说?课后搜集相关资料,就一点把道理说清楚、说完整;或从多个角度归因,结合"诗体小说"的特点,写成一篇文艺小短评。

活动六:回到源头读一读(选做)

让我们再读一读文中诗一样的语言吧!你能否将文中的一些文字,改写成一首小诗?

示例一:

弯弯下垂的月亮

浮在水一样的天上

月亮落了

蓝天一般清的苇塘

有些飒飒的风响

在那里,鲜嫩的芦花

一片展开的紫色的丝绒

正在迎风飘撒

专 题 问 道

专题1　得体与审美——"红色"作品文学性研读

示例二：

　　炮楼使这里阴森黑暗

　　　水鸟也变得惊惶

　　　　洗一把脸吧

　　　　　多俊的姑娘

　　　　这是我们的

　　　　　　故乡

专题 2

严密与崇高

——"红色"作品思辨性研读

一百多年的历史,对于中国五千年的历史而言,只不过是片刻。但恰恰就是这一百多年,对中华民族来说,确是刻骨铭心。

因为这是一个狂飙突进的时代。革命、救国、建设、改革成为时代的最强音。因为这是一个"苦难辉煌"的时代,历经艰险,逆风飞翔,在苦难中成就伟大,在摸索中造就辉煌。

历史虽已远去,但留给后人的思考仍在继续。今天,当我们潜心阅读那一篇篇穿越历史的文章,去重温那一次次对于国家、民族前途未来的思考,依然感动。我们会惊讶坚定信仰所迸发的力量,我们也会惊叹正确选择所迎来的转机。而在信仰和选择的背后,我们看见的是伟岸的身影、不屈的灵魂、永不放弃的坚强意志……

今天,同学们醉心于清新华美的文字,流连于片纸浅文,是否还有勇气去叩问这些厚重的文字?能否在宏阔的历史背景下去观照、理解它的价值和意义?

今天,中国以更加自信、开放的姿态屹立于世界,赢得了尊重,但"长征"永在路上,每一个中国人对于民族伟大复兴的求索也永不停滞,少年强则国强,同学们,让我们满怀自信,砥砺前行吧!

※ 含英咀华

改造我们的学习①

(1941年5月19日)

毛泽东

【阅读提示】 (建党)二十多年来,中国革命取得了巨大的胜利,也经历过严重的挫

---

① 选自《毛泽东选集》第3卷(人民出版社1991年版)。

专 题 问 道

专题 2　严密与崇高——"红色"作品思辨性研读

折;既有成功的经验,也有失败的教训。其中,给中国革命事业带来损害最大的,是以王明为代表的教条主义的错误。从遵义会议到六届六中全会,党批判并纠正了王明在土地革命战争后期的"左"倾错误和抗战初期的右倾错误。但是,由于没有来得及在全党范围内对党的历史经验进行系统的总结,特别是没有从思想方法的高度对党内历次"左"倾和右倾错误的根源进行深刻的总结,所以,党内在指导思想上仍常存在一些分歧。这种分歧,在一定时期内,在局部地区或某些方面继续给革命事业带来损失。①

在这种情况下,为了纯洁党的作风,提高党的战斗力,党在1941年发动了著名的延安整风运动,对全党和全体干部进行一次深刻的马列主义教育。整风运动的主要内容是反对主观主义以整顿学风,反对宗派主义以整顿党风,反对党八股以整顿文风。

1941年初,中共中央首先组织和领导党的高级干部120余人在延安学习马克思列宁主义的有关著作和党的历史文件。5月,毛泽东在延安干部会上作了《改造我们的学习》的报告,主要是针对党内在学风中存在的问题。在文中毛泽东同志号召全党坚持理论联系实际,反对主观主义。这篇文章成为整风运动的先声。

我主张将我们全党的学习方法和学习制度改造一下。其理由如次:

一

中国共产党的二十年,就是马克思列宁主义的普遍真理和中国革命的具体实践日益结合的二十年。如果我们回想一下,我党在幼年时期,我们对于马克思列宁主义的认识和对于中国革命的认识是何等肤浅,何等贫乏,则现在我们对于这些的认识是深刻得多,丰富得多了。灾难深重的中华民族,一百年来,其优秀人物奋斗牺牲,前仆后继,摸索救国救民的真理,是可歌可泣的。但是直到第一次世界大战和俄国十月革命之后,才找到马克思列宁主义这个最好的真理,作为解放我们民族的最好的武器,而中国共产党则是拿起这个武器的倡导者、宣传者和组织者。马克思列宁主义的普遍真理一经和中国革命的具体实践相结合,就使中国革命的面目为之一新。抗日战争以来,我党根据马克思列

---

① 选自中共中央党史研究室著、胡绳主编《中国共产党的七十年》(中央党史出版社1991年版)。

宁主义的普遍真理研究抗日战争的具体实践，研究今天的中国和世界，是进一步了，研究中国历史也有些开始。所有这些，都是很好的现象。

二

但是我们还是有缺点的，而且还有很大的缺点。据我看来，如果不纠正这类缺点，就无法使我们的工作更进一步，就无法使我们在将马克思列宁主义的普遍真理和中国革命的具体实践互相结合的伟大事业中更进一步。

首先来说研究现状。像我党这样一个大政党，虽则对于国内和国际的现状的研究有了某些成绩，但是对于国内和国际的各方面，对于国内和国际的政治、军事、经济、文化的任何一方面，我们所收集的材料还是零碎的，我们的研究工作还是没有系统的。二十年来，一般地说，我们并没有对于上述各方面作过系统的周密的收集材料加以研究的工作，缺乏调查研究客观实际状况的浓厚空气。"闭塞眼睛捉麻雀"，"瞎子摸鱼"，粗枝大叶，夸夸其谈，满足于一知半解，这种极坏的作风，这种完全违反马克思列宁主义基本精神的作风，还在我党许多同志中继续存在着。马克思、恩格斯、列宁、斯大林教导我们认真地研究情况，从客观的真实的情况出发，而不是从主观的愿望出发；我们的许多同志却直接违反这一真理。

其次来说研究历史。虽则有少数党员和少数党的同情者曾经进行了这一工作，但是不曾有组织地进行过。不论是近百年的和古代的中国史，在许多党员的心目中还是漆黑一团。许多马克思列宁主义的学者也是言必称希腊，对于自己的祖宗，则对不住，忘记了。认真地研究现状的空气是不浓厚的，认真地研究历史的空气也是不浓厚的。

其次说到学习国际的革命经验，学习马克思列宁主义的普遍真理。许多同志的学习马克思列宁主义似乎并不是为了革命实践的需要，而是为了单纯的学习。所以虽然读了，但是消化不了。只会片面地引用马克思、恩格斯、列宁、斯大林的个别词句，而不会运用他们的立场、观点和方法，来具体地研究中国的现状和中国的历史，具体地分析中国革命问题和解决中国革命问题。这种对待马克思列宁主义的态度是非常有害的，特别是对于中级以上的干部，害处更大。

上面我说了三方面的情形：不注重研究现状，不注重研究历史，不注重马克思列宁

专题问道

专题2 严密与崇高——"红色"作品思辨性研读

主义的应用。这些都是极坏的作风。这种作风传播出去,害了我们的许多同志。

确实的,现在我们队伍中确有许多同志被这种作风带坏了。对于国内外、省内外、县内外、区内外的具体情况,不愿作系统的周密的调查和研究,仅仅根据一知半解,根据"想当然",就在那里发号施令,这种主观主义的作风,不是还在许多同志中间存在着吗?

对于自己的历史一点不懂,或懂得甚少,不以为耻,反以为荣。特别重要的中国共产党的历史和鸦片战争以来的中国近百年史,真正懂得的很少。近百年的经济史,近百年的政治史,近百年的军事史,近百年的文化史,简直还没有人认真动手去研究。有些人对于自己的东西既无知识,于是剩下了希腊和外国故事,也是可怜得很,从外国故纸堆中零星地检来的。

几十年来,很多留学生都犯过这种毛病。他们从欧美日本回来,只知生吞活剥地谈外国。他们起了留声机的作用,忘记了自己认识新鲜事物和创造新鲜事物的责任。这种毛病,也传染给了共产党。

我们学的是马克思主义,但是我们中的许多人,他们学马克思主义的方法是直接违反马克思主义的。这就是说,他们违背了马克思、恩格斯、列宁、斯大林所谆谆告诫人们的一条基本原则:理论和实际统一。他们既然违背了这条原则,于是就自己造出了一条相反的原则:理论和实际分离。在学校的教育中,在在职干部的教育中,教哲学的不引导学生研究中国革命的逻辑,教经济学的不引导学生研究中国经济的特点,教政治学的不引导学生研究中国革命的策略,教军事学的不引导学生研究适合中国特点的战略和战术,诸如此类。其结果,谬种流传,误人不浅。在延安学了,到富县①就不能应用。经济学教授不能解释边币和法币②,当然学生也不能解释。这样一来,就在许多学生中造成了一种反常的心理,对中国问题反而无兴趣,对党的指示反而不重视,他们一心向往的,就是从先生那里学来的据说是万古不变的教条。

---

① 富县在延安南面约八十公里。
② 边币是1941年陕甘宁边区银行所发行的纸币。法币是1935年以后国民党官僚资本四大银行(中央、中国、交通、中国农民)依靠英美帝国主义支持所发行的纸币。毛泽东在本文中所说的,是指当时边币和法币之间所发生的兑换比价变化问题。

当然,上面我所说的是我们党里的极坏的典型,不是说普遍如此。但是确实存在着这种典型,而且为数相当地多,为害相当地大,不可等闲视之的。

三

为了反复地说明这个意思,我想将两种互相对立的态度对照地讲一下。

第一种:主观主义的态度。

在这种态度下,就是对周围环境不作系统的周密的研究,单凭主观热情去工作,对于中国今天的面目若明若暗。在这种态度下,就是割断历史,只懂得希腊,不懂得中国,对于中国昨天和前天的面目漆黑一团。在这种态度下,就是抽象地无目的地去研究马克思列宁主义的理论。不是为了要解决中国革命的理论问题、策略问题而到马克思、恩格斯、列宁、斯大林那里找立场,找观点,找方法,而是为了单纯地学理论而去学理论。不是有的放矢,而是无的放矢。马克思、恩格斯、列宁、斯大林教导我们说:应当从客观存在着的实际事物出发,从其中引出规律,作为我们行动的向导。为此目的,就要像马克思所说的详细地占有材料,加以科学的分析和综合的研究[①]。我们的许多人却是相反,不去这样做。其中许多人是做研究工作的,但是他们对于研究今天的中国和昨天的中国一概无兴趣,只把兴趣放在脱离实际的空洞的"理论"研究上。许多人是做实际工作的,他们也不注意客观情况的研究,往往单凭热情,把感想当政策。这两种人都凭主观,忽视客观实际事物的存在。或作讲演,则甲乙丙丁、一二三四的一大串;或作文章,则夸夸其谈的一大篇。无实事求是之意,有哗众取宠之心。华而不实,脆而不坚。自以为是,老子天下第一,"钦差大臣"满天飞。这就是我们队伍中若干同志的作风。这种作风,拿了律己,则害了自己;拿了教人,则害了别人;拿了指导革命,则害了革命。总之,这种反科学的反马克思列宁主义的主观主义的方法,是共产党的大敌,是工人阶级的大敌,是人民的大敌,是民族的大敌,是党性不纯的一种表现。大敌当前,我们有打倒它的必要。只有打倒了主观主义,马克思列宁主义的真理才会抬头,党性才会巩固,革命才会胜利。我们应当说,

---

[①] 参见马克思《资本论》第一卷第二版跋。马克思在这篇跋中说:"研究必须充分地占有材料,分析它的各种发展形式,探寻这些形式的内在联系。只有这项工作完成以后,现实的运动才能适当地叙述出来。"(《马克思恩格斯全集》第23卷,人民出版社1972年版,第23页)

专题问道

专题2　严密与崇高——"红色"作品思辨性研读

没有科学的态度,即没有马克思列宁主义的理论和实践统一的态度,就叫做没有党性,或叫做党性不完全。

有一副对子,是替这种人画像的。那对子说:

墙上芦苇,头重脚轻根底浅;

山间竹笋,嘴尖皮厚腹中空。

对于没有科学态度的人,对于只知背诵马克思、恩格斯、列宁、斯大林著作中的若干词句的人,对于徒有虚名并无实学的人,你们看,像不像?如果有人真正想诊治自己的毛病的话,我劝他把这副对子记下来;或者再勇敢一点,把它贴在自己房子里的墙壁上。马克思列宁主义是科学,科学是老老实实的学问,任何一点调皮都是不行的。我们还是老实一点吧!

第二种:马克思列宁主义的态度。

在这种态度下,就是应用马克思列宁主义的理论和方法,对周围环境作系统的周密的调查和研究。不是单凭热情去工作,而是如同斯大林所说的那样:把革命气概和实际精神结合起来。在这种态度下,就是不要割断历史。不单是懂得希腊就行了,还要懂得中国;不但要懂得外国革命史,还要懂得中国革命史;不但要懂得中国的今天,还要懂得中国的昨天和前天。在这种态度下,就是要有目的地去研究马克思列宁主义的理论,要使马克思列宁主义的理论和中国革命的实际运动结合起来,是为着解决中国革命的理论问题和策略问题而去从它找立场,找观点,找方法的。这种态度,就是有的放矢的态度。"的"就是中国革命,"矢"就是马克思列宁主义。我们中国共产党人所以要找这根"矢",就是为了要射中国革命和东方革命这个"的"的。这种态度,就是实事求是的态度。"实事"就是客观存在着的一切事物,"是"就是客观事物的内部联系,即规律性,"求"就是我们去研究。我们要从国内外、省内外、县内外、区内外的实际情况出发,从其中引出其固有的而不是臆造的规律性,即找出周围事变的内部联系,作为我们行动的向导。而要这样做,就须不凭主观想象,不凭一时的热情,不凭死的书本,而凭客观存在的事实,详细地占有材料,在马克思列宁主义一般原理的指导下,从这些材料中引出正确的结论。这种结论,不是甲乙丙丁的现象罗列,也不是夸夸其谈的滥调文章,而是科学的结论。这种态度,有实事求是之意,无哗众取宠之心。这种态度,就是党性的表现,就是理论和实际统一的马克思列宁主义的作风。这是一个共产党员起码应该具备的态度。如果有了这种态度，那就既不是"头重脚轻根底浅"，也不是"嘴尖皮厚腹中空"了。

四

依据上述意见，我有下列提议：

（一）向全党提出系统地周密地研究周围环境的任务。依据马克思列宁主义的理论和方法，对敌友我三方的经济、财政、政治、军事、文化、党务各方面的动态进行详细的调查和研究的工作，然后引出应有的和必要的结论。为此目的，就要引导同志们的眼光向着这种实际事物的调查和研究。就要使同志们懂得，共产党领导机关的基本任务，就在于了解情况和掌握政策两件大事，前一件事就是所谓认识世界，后一件事就是所谓改造世界。就要使同志们懂得，没有调查就没有发言权，夸夸其谈地乱说一顿和一二三四的现象罗列，都是无用的。例如关于宣传工作，如果不了解敌友我三方的宣传状况，我们就无法正确地决定我们的宣传政策。任何一个部门的工作，都必须先有情况的了解，然后才会有好的处理。在全党推行调查研究的计划，是转变党的作风的基础一环。

（二）对于近百年的中国史，应聚集人才，分工合作地去做，克服无组织的状态。应先作经济史、政治史、军事史、文化史几个部门的分析的研究，然后才有可能作综合的研究。

（三）对于在职干部的教育和干部学校的教育，应确立以研究中国革命实际问题为中心，以马克思列宁主义基本原则为指导的方针，废除静止地孤立地研究马克思列宁主义的方法。研究马克思列宁主义，又应以《苏联共产党（布）历史简要读本》为中心的材料。《苏联共产党（布）历史简要读本》是一百年来全世界共产主义运动的最高的综合和总结，是理论和实际结合的典型，在全世界还只有这一个完全的典型。我们看列宁、斯大林他们是如何把马克思主义的普遍真理和苏联革命的具体实践互相结合又从而发展马克思主义的，就可以知道我们在中国是应该如何地工作了。

我们走过了许多弯路。但是错误常常是正确的先导。在如此生动丰富的中国革命环境和世界革命环境中，我们在学习问题上的这一改造，我相信一定会有好的结果。

专题问道

专题 2　严密与崇高——"红色"作品思辨性研读

◎ 我思我在

1. 在中国,有文史不分家之说。在文学鉴赏中,适时引入史料,也许会给读者带来全新、深刻的见解。请你运用"文史互证"的方法,思考题目"改造"一词的深刻含义。

1933 年 10 月初,共产国际派来的军事顾问德国人李德(原名奥托·布劳恩)到瑞金,他完全不了解中国的实际情况,只是搬用苏联红军正规战争的经验和训练方法,但博古对他十分信任和支持。李德和博古实际上成了最高的军事指挥者。——《中国近代史》①

由于当时中共中央领导权落到一些根本不懂得中国国情、却得到共产国际信任的"左"倾教条主义者手中,结果,几乎导致革命的失败。——《中国共产党的七十年》②

2. 叶圣陶先生说:"作者思有路,遵路识斯真。"这两句诗告诉我们阅读文章要理清作者思路,进而把握文章的全局、理解作者的思想。请你给文章的四部分加个小标题,尝试分析作者论证过程中后三部分如何层层照应又不简单重复。

3. 政论文的语言大都庄重理性,毛泽东同志的这篇文章却生动活泼。特别是他给主观主义者的画像生动逼真,极具讽刺性。请你品味这些语言,概括出主观主义者的特征,并联系社会现实,思考这种现象。

科学的春天③

——郭沫若在全国科学大会闭幕式上的讲话

【阅读提示】　1977 年 7 月,邓小平同志重新就任中共中央副主席、国务院副总理等要职,并主管全国的科技和教育工作。1978 年 3 月 18 日下午,全国科学大会在北京人民大会堂开幕,与会代表共 5586 名。邓小平同志在大会开幕式上发表了重要讲话,深刻阐述了科技发展中的思想认识问题、人才培养问题和党的领导问题,明确提出了"现代

---

① 选自王桧林主编《中国近代史》(高等教育出版社 2010 年版)。
② 选自中共中央党史研究室著、胡绳主编《中国共产党的七十年》(中央党史出版社 1991 年版)。
③ 选自《郭沫若诗文精选》(北京工业大学出版社 2013 年版)。

红色经典
中国革命传统作品学习

化的关键是科学技术现代化""知识分子是工人阶级的一部分"的著名论断,重申了"科学技术是生产力"这一马克思主义基本观点。正是这次大会彻底解放了中国的知识分子,解放了中国的科学,迎来了科学技术事业大发展的春天。它对国家科技发展和各方面事业的发展产生了深远的影响,这在世界科学史上也是十分罕见的。大会闭幕前,86岁高龄的中国科学院院长郭沫若发表了书面讲话《科学的春天》。这篇热情洋溢的演说温暖了一代知识分子的心,鼓舞了一代知识分子追求科学的决心。

亲爱的同志们!

敬爱的邓副主席的重要讲话,方毅同志的报告,我表示衷心的拥护和热烈的欢呼。我们民族历史上最灿烂的科学的春天到来了。我是上一个世纪出生的人,能参加这样的盛会,百感交集,思绪万千。

在旧社会,多少从事科学文化事业的人们,向往着国家昌盛,民族复兴,科学文化繁荣。但是,在那黑暗的岁月里,哪里有科学的地位,又哪里有科学家的出路!科学和科学家,在旧社会所受到的,只不过是摧残和凌辱。封建王朝摧残它,北洋军阀摧残它,国民党反动派摧残它。我们这些参加过五四运动的人,喊出过发展科学的口号,结果也不过是一场空。大批仁人志士,满腔悲愤,万种辛酸,想有所为而不能为,真是英雄无用武之地。我们不少人就是在这种暗无天日的岁月中,颠沛流离,含辛茹苦地度过了大半生。伟大领袖和导师毛主席领导中国共产党进行了艰苦卓绝的斗争,建立了新中国,人民得到了解放,科学得到了解放。毛主席和周总理又亲自为我国规划了建设社会主义现代化强国的宏伟蓝图,对科学事业和科学工作者给予了无微不至的关怀。我国的科学事业有了突飞猛进的发展。回忆起这些情景,一桩桩、一件件的往事都涌上心头,好像就在眼前一样。饮水思源,我们怎能不万分感激和无限缅怀伟大领袖毛主席和敬爱的周总理呢!

万恶的"四人帮"对科学工作百般摧残,对科学工作者横加迫害,妄图重新把我们的祖国拉回到愚昧、落后、黑暗的旧社会去。但是,"蚍蜉撼树谈何易"。党中央一举扫除了这伙祸国殃民的害人虫,使我们得到了第二次解放。现在,我们可以扬眉吐气地说,反动派摧残科学事业的那种情景,确实是一去不复返了!科学的春天到来了!从我一生的经历,我悟出了一条千真万确的真理:只有社会主义才能解放科学,也只有在科学的基础上才

专题问道

专题 2　严密与崇高——"红色"作品思辨性研读

能建设社会主义。科学需要社会主义，社会主义更需要科学。看到今天这种喜人的情景，真是无比感慨和兴奋。"老夫喜作黄昏颂，满目青山夕照明。"敬爱的叶副主席的光辉诗篇，完全表达出了我们这一代人的心情。

我们中华民族在人类文明发展史上，曾经有过杰出的贡献。现在，在共产党的领导下，我们民族正在经历着一场伟大的复兴。恩格斯在谈到16世纪欧洲文艺复兴时曾经说过，那是一个需要巨人而且产生了巨人的时代。今天，我们社会主义祖国的伟大革命和建设，更加需要大批社会主义时代的巨人。我们不仅要有政治上、文化上的巨人，我们同样需要有自然科学和其他方面的巨人。我们相信一定会涌现出大批这样的巨人。

科学是讲求实际的。科学是老老实实的学问，来不得半点虚假，需要付出艰巨的劳动。同时，科学也需要创造，需要幻想，有幻想才能打破传统的束缚，才能发展科学。科学工作者同志们，请你们不要把幻想让诗人独占了。嫦娥奔月，龙宫探宝，《封神演义》上的许多幻想，通过科学，今天大都变成了现实。伟大的天文学家哥白尼说：人的天职在勇于探索真理。我国人民历来是勇于探索，勇于创造，勇于革命的。我们一定要打破陈规，披荆斩棘，开拓我国科学发展的道路。既异想天开，又实事求是，这是科学工作者特有的风格。让我们在无穷的宇宙长河中去探索无穷的真理吧！

我祝愿我们老一代的科学工作者老当益壮，进行新的长征，为我国科学事业建立新功，为造就新的科学人才做出贡献。

我祝愿中年一代的科学工作者奋发图强，革命加拼命，勇攀世界科学高峰。你们是赶超世界先进水平的中坚，任重而道远。古人尚能"头悬梁，锥刺股"，孜孜不倦地学习，你们为了共产主义的伟大理想，一定会更加专心致志，废寝忘食，刻苦攻关。赶超，关键是时间。时间就是生命，时间就是速度，时间就是力量。趁你们年富力强的时候，为人民做出更多的贡献吧！

我祝愿全国的青少年从小立志献身于雄伟的共产主义事业，努力培育革命理想，切实学好现代科学技术，以勤奋学习为光荣，以不求上进为可耻。你们是初升的太阳，希望寄托在你们身上。革命加科学将使你们如虎添翼，把老一代革命家和科学家点燃的火炬接下去，青出于蓝而胜于蓝。

我的这个发言，与其说是一个老科学工作者的心声，毋宁说是对一部巨著的期望。

红色经典
中国革命传统作品学习

这部伟大的历史巨著,正待我们全体科学工作者和全国各族人民来共同努力,继续创造。它不是写在有限的纸上,而是写在无限的宇宙之间。

春分刚刚过去,清明即将到来。"日出江花红胜火,春来江水绿如蓝。"这是革命的春天,这是人民的春天,这是科学的春天!让我们张开双臂,热烈地拥抱这个春天吧!

1978年3月31日

◎ 我思我在

1. 本文以"科学的春天"为题目,除了写作于春天之外,"春天"这个词语在中国当代还有着特殊的内涵。比如1992年3月26日在《深圳特区报》发表的著名新闻通讯《东方风来满眼春》。这篇文章真实记录了小平同志在深圳视察时所做的重要谈话,它的发表成为新闻界在思想解放运动中的一件标志性事件。又如由蒋开儒、叶旭全作词,王佑贵谱曲的歌曲,董文华演唱的《春天的故事》,成为中国改革开放的代名词。你能否课外阅读有关"文革"的书籍,穿越到1978年,感受下那时那刻的"春天"。

2. 一直以来,《科学的春天》在很多地方被误认为是郭沫若先生的大作,但真正的作者是当时中宣部国际宣传处干部胡平。这一误会恐怕是这篇演讲稿的艺术魅力与郭沫若的诗人气质非常契合。请朗读鉴赏最后一段。

3. 请你给同学推荐一本与本文相关的好书,让同学全景式地了解当年这场盛会。

实践是检验真理的唯一标准[①]

《光明日报》特约评论员

【阅读提示】 1976年,"文革"结束,举国欢腾,人心思变,百业待举。但许多人还不能正确对待毛泽东思想,还不能正确区分毛泽东同志的伟大历史功绩和晚年错误,"左"

[①] 节选自《实践是检验真理的唯一标准——纪念真理标准问题讨论30年》(光明日报出版社2008年版)。

专题 2　严密与崇高——"红色"作品思辨性研读

的思想的长期影响和"两个凡是"的禁锢依然是严重障碍,党和国家的工作在前进中出现徘徊的局面。针对这种情况,邓小平旗帜鲜明地提出,"两个凡是"不符合马克思主义,要完整准确地理解毛泽东思想。这就为我们党实现思想路线上的拨乱反正指明了方向。其他老一辈无产阶级革命家和不少老同志也逐渐从不同角度提出,要恢复和发扬党的实事求是的优良作风,正确认识与把握理论和实践的关系,把实践作为检验真理的标准。1978年5月10日,中央党校内部刊物《理论动态》发表经胡耀邦审定的《实践是检验真理的唯一标准》一文。5月11日,《光明日报》以特约评论员名义,公开发表了这篇文章。新华社向全国转发。①

一石激起千层浪,这篇文章很快引发了一场全国范围的真理标准问题大讨论,对中国社会发展产生了深远影响。

检验真理的标准是什么?这是早被无产阶级的革命导师解决了的问题。但是这些年来,由于"四人帮"的破坏和他们控制下的舆论工具大量的歪曲宣传,把这个问题搞得混乱不堪。为了深入批判"四人帮",肃清其流毒和影响,在这个问题上拨乱反正,十分必要。

检验真理的标准只能是社会实践

怎样区别真理与谬误呢?1845年,马克思就提出了检验真理的标准问题:"人的思维是否具有客观的真理性,这并不是一个理论的问题,而是一个实践的问题。人应该在实践中证明自己思维的真理性,即自己思维的现实性和力量,亦即自己思维的此岸性。关于离开实践的思维是否具有现实性的争论,是一个纯粹经院哲学的问题。"(《马克思恩格斯选集》第1卷第16页)这就非常清楚地告诉我们,一个理论,是否正确反映了客观实际,是不是真理,只能靠社会实践来检验。这是马克思主义认识论的一个基本原理。

实践不仅是检验真理的标准,而且是唯一的标准。毛主席说:"真理只有一个,而究竟谁发现了真理,不依靠主观的夸张,而依靠客观的实践。只有千百万人民的革命实践,才是检验真理的尺度。"(《新民主主义论》)"真理的标准只能是社会的实践。"(《实践论》)

---

① 选自《实践是检验真理的唯一标准——纪念真理标准问题讨论30年》(光明日报出版社2008年版)。

这里说:"只能""才是",就是说,标准只有一个,没有第二个。这是因为,辩证唯物主义所说的真理是客观真理,是人的思想对于客观世界及其规律的正确反映。因此,作为检验真理的标准,就不能到主观领域内去寻找,不能到理论领域内去寻找,思想、理论自身不能成为检验自身是否符合客观实际的标准,正如在法律上原告是否属实,不能依他自己的起诉为标准一样。作为检验真理的标准,必须具有把人的思想和客观世界联系起来的特性,否则就无法检验。人的社会实践是改造客观世界的活动,是主观见之于客观的东西。实践具有把思想和客观实际联系起来的特性。因此,正是实践,也只有实践,才能够完成检验真理的任务。科学史上的无数事实,充分地说明了这个问题。

门捷列夫根据原子量的变化,制定了元素周期表,有人赞同,有人怀疑,争论不休。尔后,根据元素周期表发现了几种元素,它们的化学特性刚好符合元素周期表的预测。这样,元素周期表就被证实了是真理。哥白尼的太阳系学说在300年里一直是一种假说,而当勒维烈从这个太阳系学说所提供的数据,不仅推算出一定还存在一个尚未知道的行星,而且还推算出这个行星在太空中的位置的时候,当加勒于1846年确实发现了海王星这颗行星的时候,哥白尼的太阳系学说才被证实了,成了公认的真理。

马克思主义之所以被承认为真理,正是千百万群众长期实践证实的结果。毛主席说:"马克思列宁主义之所以被称为真理,也不但在于马克思、恩格斯、列宁、斯大林等人科学地构成这些学说的时候,而且在于为尔后革命的阶级斗争和民族斗争的实践所证实的时候。"(《实践论》)马克思主义原是工人运动中的一个派别,开始并不出名,反动派围攻它,资产阶级学者反对它,其他的社会主义流派攻击它,但是,长期的革命实践证明了马克思主义是真理,终于成为国际共产主义运动的指导思想。

检验路线之正确与否,情形也是这样。马克思主义政党在制订自己的路线时,当然要从现实的阶级关系和阶级斗争的情况出发,依据革命理论的指导并且加以论证。但是,国际共产主义运动和各个革命政党的路线是否正确,同样必须由社会实践来检验。20世纪初,国际共产主义运动和俄国工人运动中,都发生了列宁的马克思主义路线与第二国际修正主义路线的激烈斗争,那时第二国际的头面人物是考茨基,列宁主义者是少数,斗争持续了很长一个时间。俄国十月革命和各国无产阶级革命的实践证明列宁主义是真理,宣告了第二国际修正主义路线的破产。

专题问道

专题2 严密与崇高——"红色"作品思辨性研读

毛泽东思想是马克思列宁主义普遍真理与革命具体实践相结合的产物。毛主席的革命路线与"左"、右倾机会主义路线进行了长期的斗争。在一个时期内,毛主席的革命路线没有占主导地位。长期的革命斗争,成功的经验和失败的教训,从正反两个方面证明毛主席的革命路线是正确的,而"左"、右倾机会主义路线是错误的。标准是什么呢?只有一个:就是千百万人民的社会实践。

理论与实践的统一,是马克思主义的一个最基本的原则

有的同志担心,坚持实践是检验真理的唯一标准,会削弱理论的意义。这种担心是多余的。凡是科学的理论,都不会害怕实践的检验。相反,只有坚持实践是检验真理的唯一标准,才能够使伪科学、伪理论现出原形,从而捍卫真正的科学与理论。这一点,对于澄清被"四人帮"搞得非常混乱的理论问题,具有特别重要的意义。

"四人帮"出于篡党夺权的反革命需要,鼓吹种种唯心论的先验论,反对实践是检验真理的标准。例如,他们炮制"天才论",捏造文艺、教育等各条战线的"黑线专政"论,伪造老干部是民主派、民主派必然变成走资派的"规律",胡诌社会主义生产关系"是产生新的资产阶级分子的经济基础"的谬论,虚构儒法斗争继续到现在的无稽之谈,等等。所有这些,都曾经被奉为神圣不可侵犯的所谓"理论",谁反对,就会被扣上反对马列主义、反对毛泽东思想的大帽子。但是,这些五花八门的谬论,根本经不起革命实践的检验,它们连同"四人帮"另立的"真理标准",一个个都像肥皂泡那样很快破灭了。这个事实雄辩地说明,他们自吹自擂证明不了真理,大规模的宣传证明不了真理,强权证明不了真理。他们以马列主义、毛泽东思想的"权威"自居,实践证明他们是反马列主义,反毛泽东思想的政治骗子。

马列主义、毛泽东思想之所以有力量,正是由于它是经过实践检验了的客观真理,正是由于它高度概括了实践经验,使之上升为理论,并用来指导实践。正因为这样,我们要非常重视革命理论。列宁指出:"没有革命的理论,就不会有革命的运动。"(《列宁选集》第1卷第241页)理论所以重要,就是在于它来源于实践,又能正确指导实践,而理论到底是不是正确地指导了实践以及怎样才能正确地指导实践,一点也离不开实践的检验。不掌握这个精神实质,那是不可能真正发挥理论的作用的。

有的同志说,我们批判修正主义,难道不是用马列主义、毛泽东思想去衡量,从而证明修正主义是错误的吗？我们说,是的,马列主义、毛泽东思想是我们批判修正主义的锐利武器,也是我们论证的根据。我们用马列主义、毛泽东思想的基本原理去批判修正主义,这些基本原理是马、恩、列、斯和毛主席从革命斗争的实践经验概括起来的,它们被长期的实践证明为不易之真理；但同时我们用这些原理去批判修正主义,仍然一点也不能离开当前的(和过去的)实践,只有从实践经验出发,才能使这些原理显示出巨大的生命力；我们的批判只有结合大量的事实分析,才有说服力。不研究实践经验,不从实践经验出发,是不能最终驳倒修正主义的。

客观世界是不断发展的,实践是不断发展的。新事物新问题层出不穷,这就需要在马克思主义一般原理指导下研究新事物、新问题,不断作出新的概括,把理论推向前进。这些新的理论概括是否正确由什么来检验呢？只能用实践来检验。例如,列宁关于帝国主义时代个别国家或少数国家可以取得社会主义革命胜利的学说,是一个新的结论,这个结论正确不正确,不能用马克思主义关于资本主义的一般理论去检验,只有帝国主义时代的实践,第一次世界大战和十月革命的实践,才能证明列宁这个学说是真理。

毛主席说:"理论与实践的统一,是马克思主义的一个最基本的原则。"(《毛泽东选集》第5卷第297页)坚持实践是检验真理的唯一标准,就是坚持马克思主义,坚持辩证唯物主义。

任何理论都要不断接受实践的检验

我们不仅承认实践是真理的标准,而且要从发展的观点看待实践标准。实践是不断发展的,因此作为检验真理的标准,它既具有绝对的意义,又具有相对的意义。就一切思想和理论都必须由实践来检验这一点讲,它是绝对的、无条件的；就实践在它发展的一定阶段上都有其局限性,不能无条件地完全证实或完全驳倒一切思想和理论这一点来讲,它又是相对的、有条件的；但是,今天的实践回答不了的问题,以后的实践终究会回答它,就这点来讲,它又是绝对的。列宁说:"当然,在这里不要忘记:实践标准实质上决不能完全地证实或驳倒人类的任何表象。这个标准也是这样的'不确定',以便不至于使人的

专 题 问 道

专题2　严密与崇高——"红色"作品思辨性研读

知识变成'绝对',同时它又是这样的确定,以便同唯心主义和不可知论的一切变种进行无情的斗争。"(《列宁选集》第2卷第142页)

辩证唯物主义认识论关于实践标准的绝对性和相对性辩证统一的观点,就是任何思想、任何理论必须无例外地、永远地、不断地接受实践的检验的观点,也就是真理发展的观点。任何思想、理论,即使是已经在一定的实践阶段上证明为真理,在其发展过程中仍然要接受新的实践的检验而得到补充、丰富或者纠正。毛主席指出:"人类认识的历史告诉我们,许多理论的真理性是不完全的,经过实践的检验而纠正了它们的不完全性。许多理论是错误的,经过实践的检验而纠正其错误。"又指出:"客观现实世界的变化运动永远没有完结,人们在实践中对于真理的认识也就永远没有完结。马克思列宁主义并没有结束真理,而是在实践中不断地开辟认识真理的道路。"(《实践论》)马克思主义强调实践是检验真理的标准,强调在实践中对于真理的认识永远没有完结,就是承认我们的认识不可能一次完成或最终完成,就是承认由于历史的和阶级的局限性,我们的认识可能犯错误,需要由实践来检验,凡经实践证明是错误的或者不符合实际的东西,就应当改变,不应再坚持。事实上这种改变是常有的。毛主席说:"真正的革命的指导者,不但在于当自己的思想、理论、计划、方案有错误时须得善于改正,""而且在于当某一客观过程已经从某一发展阶段向另一发展阶段推移转变的时候,须得善于使自己和参加革命的一切人员在主观认识上也跟着推移转变,即是要使新的革命任务和新的工作方案的提出,适合于新的情况的变化。"(《实践论》)林彪、"四人帮"为了篡党夺权,胡诌什么"一句顶一万句""句句是真理"。实践证明,他们所说的绝不是毛泽东思想的真理,而是他们冒充毛泽东思想的谬论。

现在,"四人帮"及其资产阶级帮派体系已被摧毁,但是,"四人帮"加在人们身上的精神枷锁,还远没有完全粉碎。毛主席在第二次国内革命战争时期曾经批评过的"圣经上载了的才是对的"(《论反对日本帝国主义的策略》)这种倾向依然存在。无论在理论上或实际工作中,"四人帮"都设置了不少禁锢人们思想的"禁区",对于这些"禁区",我们要敢于去触及,敢于去弄清是非。科学无禁区。凡有超越于实践并自奉为绝对的"禁区"的地方,就没有科学,就没有真正的马列主义、毛泽东思想,而只有蒙昧主义、唯心主义、文化专制主义。

红色经典
中国革命传统作品学习

党的十一大和五届人大,确定了全党和全国人民在社会主义革命和社会主义建设新的发展时期的总任务。社会主义对于我们来说,有许多地方还是未被认识的必然王国。我们要完成这个伟大的任务,面临着许多新的问题,需要我们去认识,去研究,躺在马列主义毛泽东思想的现成条文上,甚至拿现成的公式去限制、宰割、裁剪无限丰富的飞速发展的革命实践,这种态度是错误的。我们要有共产党人的责任心和胆略,勇于研究生动的实际生活,研究现实的确切事实,研究新的实践中提出的新问题。只有这样,才是对待马克思主义的正确态度,才能够逐步地由必然王国向自由王国前进,顺利地进行新的伟大的长征。

◎ 我思我在

1. 材料一:1977年2月7日,《人民日报》《红旗》杂志、《解放军报》发表的两报一刊社论《学习文件抓纲要》,公开提出"两个凡是"的方针,"凡是毛主席作出的决策,我们都坚决维护;凡是毛主席的指示,我们都始终不渝地遵循"。

材料二:《南方都市报》曾经专访过《实践是检验真理的唯一标准》作者之一胡福明,他在文中说当时已准备坐牢。

材料三:国防大学教授金一南写的《苦难辉煌》是一本从领导干部到普通群众都爱看的书,曾经高居销售排行榜首位。书里面有段话很精辟:"真理在大多数时候,并不是一轮光芒四射的红日。更多的时候,它可能只是黑夜中一道电闪,甚至是遥远的前方一缕若明若暗的微光。发现真理,需要智慧。跟随真理,则需要勇气。"

阅读全文,并结合上述材料,你能发现这篇社论最具现实批判性的两个字吗?

2. 本文主要作者胡福明在《〈实践是检验真理的唯一标准〉一文产生经过》中写道:"首先遇到的问题,是怎么批判'两个凡是'?公开批判'两个凡是'显然是不行的。不能赤膊上阵。"请阅读文章,筛选出最有力的语句,看看作者是如何声东击西,最终完成对"两个凡是"错误思想的批判的。

3. 对待毛主席的话,本文作者与"凡是"派的做法截然不同。请以第一部分为例,说说作者是如何论证毛主席的话,并证明"实践是检验真理的唯一标准"这个结论的正确?

专 题 问 道

专题2　严密与崇高——"红色"作品思辨性研读

※ 实践笃行

"抗日神剧"之我见

近几年,抗日战争题材的影视作品遍布荧屏,虽然也涌现出了一批优秀作品,如《亮剑》《集结号》《智取威虎山》等,但是不可否认,一批号称"神剧""雷剧"的抗日影视作品以另类的面目争先恐后地出现在观众面前,让观众直呼受不了。

以下是网友罗列的十大抗日神剧,同学们看过几部?

1.《抗日奇侠》　2.《向着炮火前进》　3.《一个鬼子都不留》

4.《神枪》　5.《箭在弦上》　6.《利箭行动》　7.《孤岛飞鹰》

8.《永不磨灭的番号》　9.《女子炸弹部队》　10.《正者无敌》

活动一:抗日神剧,你怎么看?

1. 雷点再现

(1) 在《永不磨灭的番号》第34集里,孙成海营长向天上扔了一颗手榴弹,竟把一架日本飞机打了下来。

(2) 在《抗日奇侠》中,一位战士徒手将一名日本兵撕成了两半,"鬼子"血肉横飞。

(3)《神枪》中的雷人片段:子弹会拐弯。

(4) 在《一个鬼子都不留》中,寻常的杀猪刀、石块、弹弓、飞针等,都被主角用来击杀鬼子。

(5) 雷人台词:同志们,抗日战争已经第七个年头了,还有最后一年,大家一定不要放弃。

……

当你在荧屏中看到这些抗日神剧的雷人桥段,你是怎么想的? 请写下你的感悟。

2. 慎思明辨

《人民日报》曾经评论这些神剧"以错误的历史观念、混乱的叙事逻辑、荒唐的情节设置、夸张的人物塑造和越轨的台词设计,消费这场人间劫难"。

红色经典
中国革命传统作品学习

古希腊哲学家朗基努斯在著作《论崇高》里说:"我们灵魂中有一种不可抗拒的对一切伟大事物、一切比我们自己更神圣的事物的渴望。……人们的敬仰是留给惊心动魄的事物的。"

面对炮制的这些神一样的抗日英雄,你会心生崇敬吗?请从本专题"严密与崇高"这个角度入手简要分析。

3. 激扬文字

《人民日报》曾经发表过一篇时评《抗战神剧:历史不容亵渎》,对这些抗日神剧做过精辟的概述,请在概述后的评论区,对四类人,说说你的感受,并和同学交流分享,比比谁写得更深刻。

新近播出的一部抗战题材电视剧中,男女主人公居然演出了一幕监狱调情、裤裆藏雷的荒唐闹剧。此前的某些电视剧还出现了"手撕鬼子""化骨绵掌"等盖世武功,渲染尼姑与八路军干部暧昧的情感纠葛,甚至上演了一位少年用弹弓对抗鬼子的手枪并击穿鬼子身体的离奇桥段。"神剧"还制造了许多令人啼笑皆非的台词,如"我爷爷九岁的时候就被日本人残忍杀害了""八百里开外,一枪干掉鬼子的机枪手",等等。除了道具台词的荒唐错讹外,各式"神剧"通常都将抗战背景与偶像剧、言情剧甚至武侠剧进行嫁接,主要人物在抗日战场上开辟情场和秀场,以供剧作编织复杂、纠结、离奇的人物关系。把爱情当信仰,把谈情说爱当革命动力,几乎成为"神剧"的必备戏码。与此同时,在这些所谓"抗日题材"作品中,众多的抗日名将和英雄事迹反而难以进入编创者的创作视野,倒是痞子、土匪、小混混常常成为抗日主角,他们以戏谑、玩闹的情态和粗鄙、油滑的习气,用消解崇高的方式开启一段段"打怪兽"式的冒险游戏。①

评论区:

给导演:
给演员:

---

① 选自《"抗战神剧",历史不容亵渎》(《人民日报》2015年5月26日)。

专 题 问 道

专题2 严密与崇高——"红色"作品思辨性研读

```
给观众：

给广电总局：
```

抗日战争是中华民族历史上最悲壮的一页，中国人民经过14年的浴血奋战，以沉重的代价才赢得了这场战争的胜利。70年后的今天，我们仍然应该正视这段惨痛的历史。

中国从来不缺英雄，这些伪英雄们，可以休矣。

活动二：英雄被黑，你怎么看？

1. 近年来，革命英雄屡屡被黑，各种谣言甚嚣尘上。如"邱少云在烈火中捐躯不符合生理学""黄继光堵枪眼不符合物理学""董存瑞炸碉堡系虚构""刘胡兰被老乡杀害""狼牙山五壮士是恶霸"等言论在网络上不断被炒作。谣言看似言之凿凿，读者听后半信半疑。"抗战神剧"中的超人英雄一个个拔地而起，我们曾经引以为傲的英雄却纷纷倒地。这两者之间是否存在联系？而这现象背后又隐藏着怎样的危机？

你能一针见血地指出问题出在哪里吗？请写下你的见解。

见解：_____

2. 一个没有英雄的民族是可悲的民族，一个有了英雄却不懂得敬重和爱戴的民族是不可救药的民族。

现在是自媒体时代，人人手上都有麦克风。面对网络上革命英雄邱少云被黑，请你运用我们的"思辨"，进行有理有据的批驳。分别在加多宝和孙杰的微博下留言。

事件回放：

2013年5月22日，孙杰在新浪微博上以名为"作业本"的账号发文称："由于邱少云趴在火堆里一动不动最终食客们拒绝为半面熟买单，他们纷纷表示还是赖宁的烤肉较好。"作为新浪微博知名博主，孙杰当时已有6032905个"粉丝"。该文在31分钟后转发即达662次，点赞78次，评论884次。

2015年4月16日加多宝公司以该公司新浪微博账号"加多宝活动"发博文称："多谢@作业本，恭喜你与烧烤齐名。作为凉茶，我们力挺你成为烧烤摊CEO，开店十万罐，说到做到。"

2015年4月16日孙杰用"作业本"的账号转发并公开回应:"多谢你这十万罐,我一定会开烧烤店,只是没定哪天,反正在此留言者,进店就是免费喝!!!"

新浪微博"作业本"公众号

留言:_____
_____
_____

新浪微博"加多宝活动"公众号

留言:_____
_____
_____

活动三:调查走访,还原历史

1. 由上海教育新闻网发起的暑期学生网上公益活动"中国好作业"从2013年起已经成功举办了5届。主办方邀请社会各界人士,为青少年们布置富有特色的暑假作业。这个暑假作业,区别于应试作业,将"知行合一"作为重要的原则。

2015年,上海外国语大学附属双语学校语文高级教师樊阳作为导师给学生出了一道题:寻找身边的抗战遗迹。他以"人文行走"的形式,带领学生走访日本海军特别陆战队司令部旧址至虹口公园梅园这条鲜为人知的抗战遗迹路线,了解两次淞沪抗战到韩国义士尹奉吉虹口公园爆炸案始末,让学生了解真实的历史。

在你的家乡,有没有抗战遗迹?请你查阅相关史料,重访当年抗日遗迹,亲身感受那段烽火岁月。

2. 抗日神剧的出现,有它特殊的社会背景,但我们要学会思辨,学会理性客观地分析、判断,去伪存真。课外时间,我们可以走访革命纪念馆、观看相关的纪录片、人物访谈,查阅相关的书籍,请教从那个年代走来的祖辈等,还原真实的历史,进而感知那个年代,那些英雄坚毅的选择。

调查内容:(1)日军真实的战斗力 (2)英雄的成长史

请你选择其一进行调查,撰写调查报告。

专题 3

写实与宣传

——"红色"作品实用性研读

不管是战火纷飞的革命年代,还是如火如荼的建设年代,抑或是改革创新的新时代,中华大地英雄儿女、志士仁人一批又一批地向我们走来,前赴后继,绵延不绝。他们抛头颅,洒热血,舍一身为天下;他们鞠躬尽瘁,死而后已,舍小家为大家;他们指点江山,激扬文字,横眉冷对千夫指,俯首甘为孺子牛。我们既痛惜"昔人已乘黄鹤去",又庆幸终有青史在人间,历史绝不会遗忘他们!

文字是最永久的纪念。你是否为革命传统文学作品中的经典人物哭过、感动过?你是否为革命精神盎然的杂文论文喝彩过、倾倒过?而你,是否也曾注意过另一种风格的实用性文体的优秀作品呢?譬如那拍案而起、慷慨激昂的演讲,譬如那情真意切、感人肺腑的诀别信,譬如那最真实质朴、私密独白的日记,以及报道他们可歌可泣的英雄业绩的新闻通讯,等等。它们可能是历史的珍贵记录与再现,可能是一把时代的匕首或一曲赞歌,也可能是革命者心灵深处的浅吟与低唱。你难道不想停下来,看一看、听一听、问一问吗?

让我们慢慢走,欣赏吧。走进这些优秀作品,走进革命的时代,走进革命者的世界,穿越时空,共历现场。在历史的硝烟中我们牢记屈辱和荣耀,在历史的迷雾中我们拨云见日,树立正确价值观,在历史的反思中我们明得失、知兴替,奋进前行。我们以人为镜,以史为鉴,贯通革命的崇高化和文学的艺术化,在奇妙的语言文字王国自由徜徉,上下求索,穿透文字表象理解其内容,用心学习其写作手法,借助他山之石雕琢玉石。

红色经典

中国革命传统作品学习

※ 含英咀华

梅汝璈日记二则①

梅汝璈

【阅读提示】 1946年5月3日,赢得世界反法西斯战争胜利的同盟国,在日本东京开设国际军事法庭,审判发动第二次世界大战的元凶之一——日本军国主义统治集团。在这之前,美国、苏联、英国、法国在纽伦堡正进行着一场清算德国纳粹的军事审判。东京审判以美国、中国、英国、苏联等11国为原告,以东条英机等28名甲级战犯为被告,基于正义、和平的原则以及国际公法、条约和惯例,进行公开审理。审判自筹备至结束,历时三年多,波澜起伏,悬念迭生。东京审判是一次规模空前的大审判,根据英美法律习惯,被告们得到了充分的辩护权利,组织了由日美两国著名律师参加的庞大国际辩护团,因而使得法庭的审理过程充满激烈对抗。

本专题两篇日记节选自中国法官梅汝璈手写日记残本。梅汝璈先生当年全程参与了远东国际军事法庭审判。在这本没有写完的日记里,梅汝璈描述了鲜为人知的法庭故事,记录了台前幕后激烈的明争暗斗,表达了自己强烈的爱和憎,以及对祖国现实与前途的忧思。

5月2日　　星期四

起诉书(我看的是英文本)很长,很密很大的打字纸约有四十多张。但主文只有14页,其余都是附录。

诉因(Counts)共有55个,分为三类:

第一类——违反和平之罪(诉因1至36)

---

① 选自中央电视台《探索·发现》栏目编《丧钟为谁而鸣——远东国际军事法庭审判纪实》(安徽教育出版社2004年版)。

专题问道

专题3 写实与宣传——"红色"作品实用性研读

第二类——杀人罪(诉因 37 至 52)

第三类——习惯战争犯罪及违反人道之罪(诉因 53 至 55)

被控的战犯共有 28 名,都是近年来在日本政治军事经济文教各方面负重大责任的首脑人物。依照他们英文名字字母的先后排列,其次序如下:

1. 荒木贞夫 2. 土肥原贤二 3. 桥木欣五郎 4. 火田俊六 5. 平沼骐一郎 6. 广田弘毅 7. 星野直树 8. 板垣征四郎 9. 贺屋兴宣 10. 木户幸一 11. 木村兵太郎 12. 小矶国昭 13. 松井石根 14. 松冈洋右 15. 南次郎 16. 武藤章 17. 永野修身 18. 冈敬纯 19. 大川周明 20. 大岛活 21. 佐藤贤了 22. 重光葵 23. 岛田繁太郎 24. 白鸟敏夫 25. 铃木贞一 26. 东郎茂德 27. 东条英机 28. 梅津美治郎。

这 28 个名字,大半我都熟识,他们几乎都曾为害中国。尤其是土肥原这家伙,他是制造中国分裂内乱的专家,阴谋多端,诡计百出。他的大半生的历史就是一本荼毒中华史。其次,松井石根,他是"南京大屠杀"的总指挥。中国人是永远不会忘记这个刽子手头目的。至于板垣、小矶、梅津,都是侵华健将,妇孺皆知。至于那"九·一八"后出席国联的松冈,"一·二八沪淞战争"在虹口炸断腿的重光,和那中日提携三原则的创造者广田——这些人二三十年来都和中国结了不解之缘,中国人对他们的名字是耳熟能详的。

起诉书这么长,读到午饭时我才读到三分之一。午饭后小睡,起身后打太极拳。4 时起再读起诉书,愈读愈使人气愤,到 6 点总算是把正文读完了。

在酒吧间去喝杯可口可乐时,遇见庭长老卫,他说:"明天是我们的'开张大吉'的日子,早点睡觉吧。"我们相顾一笑。

5月3日　星期五

今天是远东国际军事法庭正式开演的第一天,也就是我参加的这出历史性戏剧的第一幕。

法院开庭规定时间是 10 点半钟,为了避免交通拥挤和恐怕临时召开法官会议,我 9 点半钟就由饭店乘车到法院去。沿途经过倒看不出什么,不过快到陆军省的附近,行人车辆都比往日多起来了,走近法院门口,警卫比往常森严多了。进了大门,看见在广场上排列了许多车辆,其中一辆禁闭的救护室的大卡车据说就是今天大早装载 26 名战犯来的，他们8点钟已经从大森（Sugamo）监狱押解到了（今天上午还有两个要从南洋押解到东京）。

法官们入场顺序和座次早已没有问题，今天到院的时候，庭长已有书面通知，除庭长领首外，行列和座席都以美中英苏加法荷纽印菲为顺序。我们鱼贯而行，我是介于美苏之间，到了门口，总指挥口喊"静！"（Silence!），我们进门时，他又高喊"观众起立！"（Spectators rise!）我们依次步上审判台，各人站在自己的高大椅后面，全都都站齐了方才坐下。我们9个人坐定了之后，总指挥才喊"坐下！"（Be seated），在场的检察官、职员以及全体观众，才落座。

因为法庭很大，走廊很长，台子又高，法官人数不多，穿着法衣在身上行动又缓，所以这一小小节目便占了近10分钟。这时最紧张，全场电光四射，就同在太阳里的广场上一样，摄影机、照相机，不断地扫射。

庭长卫勃爵士开始读他预备好的开幕词，继之以翻译，因为照宪章，这个审判的一切都要用两种文字进行的。

在庭长读开幕词的时候，我仔细用目光扫射了一下法庭的情形。

在法官台的下一层坐的是法院秘书长、干事长、书记官和各法官的秘书。方秘书坐在靠右手的第三个位子。

面对着法官台和秘书坐的是检察官席，季南检察长坐中间，中、英、苏、澳、加、法、荷、纽、印、菲各国的陪席检察官依次围着一张长方桌子坐着。检察官席之左右也是两张大长方桌，一张坐的是被告律师，一张坐的是法院记录和翻译人员。发言放大器置于检察官席和被告律师席之间。

在这三张大方桌之后，面对着法官台的便是犯人座席，是一个比地面高出数尺的长方形的台子。26个战犯分为两行都端正地坐在那里。因为电光太强，摄影机骚扰太甚，而且法官们的举动又在万目炯炯的监视之下，我对这一大批犯人并没有每个人对照认识的余暇。虽然每个法官座上都摆了一张很清楚的犯人照片，而且这照片是依照他们的座次排列的。我只注意到坐在中央的东条，和肥圆圆脸的土肥原。在东条后面坐的是大川周明，他装有神经病，时时作想骚扰的样子，美国宪兵在他后面制止，有时还要用力把他抱住。他已有书面请求检验他的精神和身体状态。他是26名战犯中表演得最滑稽和最

专题问道

专题3 写实与宣传——"红色"作品实用性研读

引人注意的一个。其余各人都是板着面孔，佯作镇静，尤其是东条，简直一动不动，和石膏塑的人一般。

其次便是"南京大屠杀"的总凶手松井石根。我的天呀，这简直就是一个驯服的像绵羊似的老好人，看到他，我想起可怜虫。英文报上说，这位当年杀人如麻的大将，很像一个失了业或欠薪已久的银行小书记，这话再恰当没有。

我虽不暇多时辨认这26个家伙，但是他们面对着我的这一群，使我内心发生无限的愤恨，无限的感触。这些人都是侵华老手，毒害了中国几十年，我数百万数千万同胞曾死于他们的手中，所以我的愤恨便是同胞的愤恨。我今天能高居审判台上来惩罚这些元凶巨寇都是我千百万同胞的血肉换来的，我应该警惕！我应该郑重！

法庭的右方是两层的楼，楼下完全为新闻记者和摄影师所占，盟国的和日本的各分一半，共约四五百人。他们是今天工作最忙的一群。楼上是旁听的观众，也是盟国人和日本人各占一半，界限分明。不消说旁听席都是挤得满满的，但是秩序极好，因为没有票的根本不得进来，今天进来的大都有些门路，要算幸运的了。据说旁听票一星期前就定空了。

法庭的左方也是两层楼，但地方较小，大约仅能坐一二百人。这些座位是"贵宾席"。今天贵宾席上坐的都是盟国在东京的一等要人，尤其是美国陆海空的高级军官。我国只有朱公亮将军一人，由我派的罗秘书招待。他是和第八军军长、麦帅底下的红人艾其勃格将军并肩而坐，颇引人注目。麦帅自己并没有到场，据说是欢迎到远东来调查粮食的美前总统胡佛先生去了。

庭长开幕词译毕之后，季南检察官请求介绍各国的陪席检察官。明思兄是最先被介绍的。其次，法官的记录官和美籍日籍的翻译人员宣誓，由总指挥米达监督。这些节目完毕，庭长宣布休庭，等下午2时半其他两个犯人到齐，再正式朗诵起诉书。

今天是开庭的头一天，事事物物都仿佛很新奇，我也顾不得多辨认对面的一群犯人。但是我看见这一群家伙就不免义愤填胸，好像同胞的愤恨都要在我一个人的胸口内发泄似的！好在时间还早，这不过是一个开端，这些元凶巨寇既在法律的掌握之中，他们就必定逃不出正义和公道的严厉制裁。

花了两小时，才读完二十二个诉因，庭长宣告休庭，明天9时半再开。在宣布休庭的时候，那装疯的大川在东条头上打了两下，并声称"我要杀死东条"，引得哄堂大笑。

今天是机器真正开动的一天，我希望一切从此急转直下，不再延宕。想到这里，我感觉说不出的愉快！

◎ **我思我在**

1. 两则日记多次提到侵华巨寇东条英机、土肥原、松井石根、大川周明等，请你查找资料，了解其人其事，对比侵华时他们的形象与法庭审判时的形象，谈谈作者想要传递的情感。

2. 梅汝璈到达东京不久，就遇到了老友、教育部次长兼中央大学校长顾毓琇，当时顾毓琇受政府之托前来考察战后日本教育现状。两人见面时，顾毓琇将一把宝剑赠与梅汝璈。梅汝璈说："'红粉送佳人，宝剑赠壮士'，我既不是佳人，也不是壮士，不敢当，受之有愧。"但顾毓琇后来说的一番言辞，让梅汝璈慨然接受。如果你是顾毓琇，你会有一番什么言辞呢？

3. 以下法庭平面示意图是根据 5 月 3 日的这则日记手绘而成。请你组织同学根据历史场景模拟一场法庭审判。

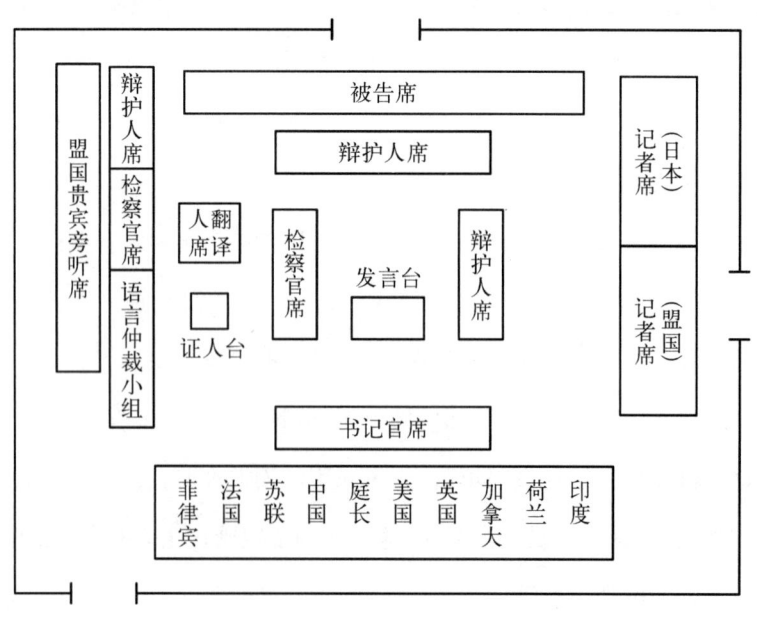

专题问道

专题3　写实与宣传——"红色"作品实用性研读

报告文学两篇

谁是最可爱的人①

魏　巍

【阅读提示】《谁是最可爱的人》是魏巍从朝鲜战场归来后所著报告文学,最先于1951年4月11日在《人民日报》刊登,影响了几代中国人。从此之后,解放军广泛地被人们亲切地称为"最可爱的人"。

在朝鲜的每一天,我都被一些事情感动着;我的思想感情的潮水,在放纵奔流着;它使我想把一切东西,都告诉给我祖国的朋友们。但我最急于告诉你们的,是我思想感情的一段重要经历,这就是:我越来越深刻地感觉到谁是我们最可爱的人!

谁是我们最可爱的人呢?……战士们,我感到他们是最可爱的人。

也许还有人心里隐隐约约地说:你说的就是那些"兵"吗?他们看来是很平凡、很简单的哩,既看不出他们有什么高明的知识,又看不出他们有丰盛细致的感情。可是,我要说,这是由于他跟我们的战士接触太少,还没有了解到我们的战士:他们的品质是那样的纯洁和高尚,他们的意志是那样的坚韧和刚强,他们的气质是那样的淳朴和谦逊,他们的胸怀是那样的美丽和宽广!

让我还是来说一段故事吧。

还是在二次战役的时候,有一支志愿军的部队向敌后猛插,去切断军隅里敌人的逃路。当他们赶到书堂站时,逃敌也恰恰赶到那里,眼看就要从汽车路上开过去。这支部队的先头连就匆匆占领了汽车路边一个很低的光光的小山岗,阻住敌人,一场壮烈的搏斗就开始了。敌人为了逃命,用了三十二架飞机、十多辆坦克和集团冲锋向这个连的阵地汹涌卷来,整个山顶的土都被打翻了,汽油弹的火焰把这个阵地烧红了。但勇士们在

---

① 选自《谁是最可爱的人》(人民文学出版社2006年版)。

红色经典

中国革命传统作品学习

这烟与火的山岗上,高喊着口号,一次又一次地把敌人打死在阵地前面。敌人的死尸像谷子似的在山前堆满了,血也把这山岗流红了。可是敌人还是要拼死争夺,好使自己的主力不致覆灭。这场激战整整持续了八个小时,最后,勇士们的子弹打光了。蜂拥上来的敌人占领了山头,把他们压到山脚。飞机掷下的汽油弹把他们的身上烧着了火。这时候,勇士们是仍然不会后退的呀,他们把枪一摔,身上帽子上呼呼地冒着火苗,向敌人扑去,把敌人抱住,让身上的火,也要把占领阵地的敌人烧死。……据这个营的营长告诉我,战后,这个连的阵地上,枪支完全摔碎了,机枪零件扔得满山都是。烈士们的尸体,保留着各种各样的姿势,有抱住敌人腰的,有抱住敌人头的,有掐住敌人脖子把敌人摁倒在地上的,和敌人倒在一起,烧在一起。还有一个战士,他手里还紧握着一个手榴弹,弹体上沾满脑浆;和他死在一起的美国鬼子,脑浆迸裂,涂了一地。另有一个战士,嘴里还衔着敌人的半块耳朵。在掩埋烈士们遗体的时候,由于他们两手扣着,把敌人抱得那样紧,分都分不开,以致把有些人的手指都掰断了。……这个连虽然伤亡很大,他们却打死了三百多敌人,更重要的,他们使得我们部队的主力赶上来,聚歼了敌人。

这就是朝鲜战场上一次最壮烈的战斗——松骨峰战斗,或者叫书堂站战斗。假若需要立纪念碑的话,让我把带火扑敌和用刺刀跟敌人拼死在一起的烈士们的名字记下吧。他们的名字是:王金传、邢玉堂、王文英、熊官全、王金侯、赵锡杰、隋金山、李玉安、丁振岱、张贵生、崔玉亮、李树国。还有一个战士,已经不可能知道他的名字了。让我们的烈士们千载万世永垂不朽吧!

这个营长向我说了以上的情形,他的声调是缓慢的,他的情感是沉重的。他说在阵地上掩埋烈士的时候,他掉了眼泪。但他接着说:"你不要以为我是为他们伤心,我是为他们骄傲!我觉得我们的战士太伟大了,太可爱了,我不能不被他们感动得掉下泪来。"

朋友们,当你听到这段英雄事迹的时候,你的感想如何呢?你不觉得我们的战士是可爱的吗?你不以我们的祖国有着这样的英雄而自豪吗?

我们的战士,对敌人这样狠,而对朝鲜人民却是那样地爱,充满国际主义的深厚热情。

在汉江北岸,我遇到一个青年战士,他今年才二十一岁,名叫马玉祥,是黑龙江青岗县人。他长着一副微黑透红的脸膛,高高的个儿,站在那儿,像秋天田野里一株红高粱那

专题问道

专题 3　写实与宣传——"红色"作品实用性研读

样淳朴可爱。不过因为他才从阵地上下来,显得稍微疲劳些。眼里的红丝还没有退净。他原来是炮兵连的。有一天夜里,他被一阵哭声惊醒了,出去一看,是一个朝鲜老妈妈坐在山岗上哭。原来她的房子被炸毁了,她在山里搭了个窝棚,窝棚又被炸毁了。回来,他马上到连部要求调到步兵连去,正好步兵连也需要人,就批准了他。我说:"在炮兵连不是一样打敌人吗?""那,不同!"他说:"离敌人越近,越觉着打得过瘾,越觉着打得解恨!"

在汉江南岸的那些日子里,有一天他从阵地上下来做饭。刚一进村,有几架敌机袭过来,打了一阵机关炮,接着就扔下了两个大燃烧弹。有几间房子着火了,火又盛,烟又大,使人不敢到跟前去。这时候,他听见烟火里有一个小孩子哇哇哭叫的声音。他马上穿过浓烟到近处一看,一个朝鲜的中年男人在院子里倒着,小孩子的哭声还在屋里。他走到屋门口,屋门口的火苗呼呼的,已经进不去人,门窗的纸已经烧着。小孩子的哭声随着那滚滚的浓烟传出来,听得真真切切。当他叙述到这里的时候,他说:"我能够不进去吗?我不能!我想,要在祖国遇见这种情形,我能够进去,那么,在朝鲜我就可以不进去吗?朝鲜人民和我们祖国的人民不是一样的吗?我就踹开门,扑了进去。呀!满屋子灰洞洞的烟,只能听见小孩哭,看不见人。我的眼也睁不开,脸烫得像刀割一般。我也不知道自己的身上着了火没有,我也不管它了,只是在地上乱摸。先摸着一个大人,拉了拉没拉动;又向大人的身后摸,才摸着小孩的腿,我就一把抓着抱起来,跳出门去。我一看小孩子,是挺好的一个小孩儿呀。他穿着小短裤儿,光着两条小腿儿,小腿儿乱蹬着,哇哇地哭。我心想:'不管你哭不哭,不救活你家大人,谁养活你哩!'这时候,火更大了,屋子里的家具什物也烧着了。我就把他往地上一放,就又从那火门里钻进去。一拉那个大人,她哼了一声,我就使劲往外拉,见她又不动了。凑近一看,见她脸上流下来的血已经把她胸前的白衣染红了,眼睛已经闭上。我知道她不行了,才赶忙跑出门外,扑灭身上的火苗,抱起这个无父无母的孩子。……"

朋友,当你听到这段事迹的时候,你的感觉又是如何呢?你不觉得我们的战士是最可爱的人吗?

谁都知道,朝鲜战场是艰苦些。但战士们是怎样想的呢?有一次,我见到一个战士,在防空洞里,吃一口炒面,就一口雪。我问他:"你不觉得苦吗?"他把正送往嘴里的一勺雪收回来,笑了笑,说:"怎么能不觉得?咱们革命军队又不是个怪物。不过咱们的光荣也就在这里。"他把小勺儿干脆放下,兴奋地说:"就拿吃雪来说吧。我在这里吃雪,正是为了我们祖国的人民不吃雪。他们可以坐在挺豁亮的屋子里,泡上一壶茶,守住个小火炉子,想吃点什么就做点什么。"他又指了指狭小潮湿的防空洞,说:"再比如蹲防空洞吧,多憋闷得慌哩。眼看着外面好好的太阳不能晒,光光的马路不能走。可是我在这里蹲防空洞,祖国的人民就可以不蹲防空洞呀,他们就可以在马路上不慌不忙地走呀。他们想骑车子也行,想走路也行,边蹓跶、边说话也行。只要能使人民得到幸福,也就是我们最大的幸福。"所以,他又把雪放到嘴里,像总结似的说:"我在这里流点血不算什么,吃这点苦又算什么哩!"我又问:"你想不想祖国呀?"他笑起来,"谁不想哩,说不想,那是假话,可是我不愿意回去。如果回去,祖国的老百姓问:'我们托付给你们的任务完成得怎么样啦?'我怎么答对呢? 我说'朝鲜半边红,半边黑',这算什么话呢?"我接着问:"你们经历了这么多危险,吃了这么多苦,你们对祖国对朝鲜有什么要求吗?"他想了一下,才回答我:"我们什么也不要。可是说心里话,——我这话可不一定恰当呀,我们是想要这么大的一个东西……"他笑着,用手指比个铜子儿大小,怕我不明白,又说:"一块'朝鲜解放纪念章',我们愿意戴在胸脯上,回到咱们的祖国去。"

朋友们,用不着多举例,你已经可以了解我们的战士是怎样一种人,这种人是什么一种品质,他们的灵魂是多么的美丽和宽广。他们是历史上、世界上第一流的战士,第一流的人! 他们是世界上一切伟大人民的优秀之花! 是我们值得骄傲的祖国之花! 我们以我们的祖国有这样的英雄而骄傲,我们以生在这个英雄的国度而自豪!

亲爱的朋友们,当你坐上早晨第一列电车走向工厂的时候,当你扛上犁耙走向田野的时候,当你喝完一杯豆浆、提着书包走向学校的时候,当你坐到办公桌前开始这一天工作的时候,当你向孩子嘴里塞着苹果的时候,当你和爱人悠闲散步的时候……朋友,你是否意识到你是在幸福之中呢? 你也许很惊讶地说:"这是很平常的呀!"可是,从朝鲜归来的人,会知道你正生活在幸福中。请你们意识到这是一种幸福吧,因为只有你意识到这一点,你才能更深刻了解我们的战士在朝鲜奋不顾身的原因。朋友! 你是这么爱我们的祖国,爱我们的伟大领袖毛主席,你一定会深深地爱我们的战士,——他们确实是我们最可爱的人!

专题问道

专题3　写实与宣传——"红色"作品实用性研读

记临死呼战的陈旅长①

邹韬奋

【阅读提示】 邹韬奋(1895—1944)现代报人、出版家、散文家。曾创立或主持多家报刊,比如《大众生活》周刊、《生活》周刊、《时事新报》等,主要著作有《韬奋漫笔》《萍踪寄语》《萍踪忆语》等。邹韬奋的散文具有浓厚的时代气息,语言较为粗犷。此文为通讯。

陈德馨旅长于九月十二日下午三时因重伤不治,逝世于汉口万国医院,记者于十三日闻讯往该院吊唁,看到他的三四岁的幼儿绕棺依恋,不禁凄然。同在前线作战,赶回照料丧事的陆军第××师参谋长白耀先先生和陆军第××军驻鄂办事处处长韩旭初先生,略谈陈旅长受伤经过及临死情形,使人想念陈旅长抗战的英勇与殉国的壮烈,哀敬与悲愤的情绪,涌上心头。

陈旅长于九月六日达到广济西南第一线,当时敌向广济至蕲春公路进攻,非突过此线不可,故关系非常重要。敌逾二千人,陈旅长所率虽有二千五百人,但因水土不服,病者达五六百人,故实际有坚守阵地待援的必要。七日周接先团长伤腿,陈旅长即亲到最前线指挥,率部冲杀,身先士卒,为敌弹所中,弹由左背穿入,经过肺部及脊髓神经,达左胸前部。陈旅长受伤后仍力战不肯退,直至友军赶到,才把他从昏迷中拖出火线。当时火线二三里内战事非常猛烈,头不能仰,由山地拖救,腹部拖伤颇剧,血流如注,而陈旅长在昏迷中临被拖下时,尚以极无力的手腕对敌放枪,狂呼杀敌,不愿退出。最后由随从尽力救护,送到汉口万国医院疗治,因肺部重伤,仅余右肺下部略能活动,且伤及脊髓神经,下身神经全断,腹部及腿部完全麻木,呼吸急迫,汗如雨下。十二日上午十一点医生宣告无望,陈旅长神志尚清,即口授遗嘱,写后由他听诵一遍,点首同意。随后即入昏迷状态,狂呼杀敌,见窗口即狂呼此处山湾须布置,拉着随侍在侧的他的夫人去守该处;见门口又呼此处不行,推他的随侧副官去守该处;此时全身已不能动,用足劲儿大声呼"拼",两手摇摆指挥,半小时后筋疲力尽,才瞑目而逝。

陈旅长河南鄢陵县人,年才三十四岁。在他是实践了他在遗嘱中所谓"现在倭寇猖獗,国难益深,凡我军人,皆宜鞠躬尽瘁,死而后已"。所以他又说"余自抗日战起,身经临

---

① 选自韬奋基金会、上海韬奋纪念馆编《韬奋全集(增补本)》第8卷(上海人民出版社2015年版)。

红色经典
中国革命传统作品学习

邑、济宁、广济诸役,大小数十战,此次最中弹伤亡,然死而无憾",但在国家失此一位青年良将,却是一件非常伤痛的事情。

陈旅长的抗战的英勇与殉国的壮烈,可说是神圣抗战发动以来,许多为国牺牲的弟兄们的象征。这些为国牺牲的前线将士,以及正在前线为国浴血作战,备尝艰苦的战士,他们全副精神所集中的只是为国家民族争生存这一件事,此外没有其他一丝一毫的私念,在后方的同胞们,应体念这种精神,绝对不许内部再有消耗自己力量的可痛的现象,也应集中全副精神为国家民族争生存这一件事而努力,只有这样才对得住一切为国牺牲的同胞。

1938年9月13日

◎ **我思我在**

1. 标题就像文章的眼睛,眉目可传情。你读懂了吗?

(1) 标题"谁是最可爱的人",三个故事分别体现了哪些"最可爱"之处?

(2) 标题"记临死呼战的陈旅长",为什么要重点着墨于"临死呼战"呢?

2. 报告文学的报告性和通讯的新闻性,都要求以真人真事作为写作对象。但报告文学的写作手法属于散文范畴,通讯属于新闻类,所以报告文学具有更明显的艺术品格。比较《谁是最可爱的人》中对马玉祥的人物刻画和《记临死呼战的陈旅长》中陈旅长的人物塑造,比较他们的异同点。

3. 我们的解放军战士的确是最可爱的人,不管是在战争年代,还是在和平年代,哪里有困难,哪里就有人民解放军。你能举出现实中这样的事例吗?

书 信 两 封

与 妻 书①

林觉民

【阅读提示】《与妻书》又名《与妻诀别书》,是清朝末年为了反清反封建争取民族解

---

① 选自《高中语文》第2册(人民教育出版社1995年版)。

专题问道

专题3 写实与宣传——"红色"作品实用性研读

放而牺牲的黄花岗七十二烈士之一的林觉民,在1911年黄花岗起义的三天前,即4月24日晚写给其妻子陈意映的诀别信,此文感人肺腑,让人忍不住掉泪。

  意映卿卿如晤,吾今以此书与汝永别矣!吾作此书时,尚是世中一人;汝看此书时,吾已成为阴间一鬼。吾作此书,泪珠和笔墨齐下,不能竟书而欲搁笔,又恐汝不察吾衷,谓吾忍舍汝而死,谓吾不知汝之不欲吾死也,故遂忍悲为汝言之。

  吾至爱汝,即此爱汝一念,使吾勇于就死也。吾自遇汝以来,常愿天下有情人都成眷属;然遍地腥云,满街狼犬,称心快意,几家能彀?司马青衫,吾不能学太上之忘情也。语云:仁者"老吾老,以及人之老;幼吾幼,以及人之幼"。吾充吾爱汝之心,助天下人爱其所爱,所以敢先汝而死,不顾汝也。汝体吾此心,于啼泣之余,亦以天下人为念,当亦乐牺牲吾身与汝身之福利,为天下人谋永福也。汝其勿悲!

  汝忆否?四五年前某夕,吾尝语曰:"与使吾先死也,无宁汝先吾而死。"汝初闻言而怒,后经吾婉解,虽不谓吾言为是,而亦无词相答。吾之意盖谓以汝之弱,必不能禁失吾之悲,吾先死留苦与汝,吾心不忍,故宁请汝先死,吾担悲也。嗟夫!谁知吾卒先汝而死乎?吾真真不能忘汝也!回忆后街之屋,入门穿廊,过前后厅,又三四折,有小厅,厅旁一室,为吾与汝双栖之所。初婚三四个月,适冬之望日前后,窗外疏梅筛月影,依稀掩映;吾与(汝)并肩携手,低低切切,何事不语?何情不诉?及今思之,空余泪痕。又回忆六七年前,吾之逃家复归也,汝泣告我:"望今后有远行,必以告妾,妾愿随君行。"吾亦既许汝矣。前十余日回家,即欲乘便以此行之事语汝,及与汝相对,又不能启口,且以汝之有身也,更恐不胜悲,故惟日日呼酒买醉。嗟夫!当时余心之悲,盖不能以寸管形容之。

  吾诚愿与汝相守以死,第以今日事势观之,天灾可以死,盗贼可以死,瓜分之日可以死,奸官污吏虐民可以死,吾辈处今日之中国,国中无地无时不可以死,到那时使吾眼睁睁看汝死,或使汝眼睁睁看我死,吾能之乎?抑汝能之乎?即可不死,而离散不相见,徒使两地眼成穿而骨化石,试问古来几曾见破镜能重圆?则较死为苦也,将奈之何?今日吾与汝幸双健。天下人之不当死而死与不愿离而离者,不可数计,钟情如我辈者,能忍之乎?此吾所以敢率性就死不顾汝也。吾今死无余憾,国事成不成自有同志者在。依新已五岁,转眼成人,汝其善抚之,使之肖我。汝腹中之物,吾疑其女也,女必像汝,吾心甚慰。

红色经典
中国革命传统作品学习

或又是男,则亦教其以父志为志,则我死后尚有二意洞在也。甚幸,甚幸!吾家后日当甚贫,贫无所苦,清静过日而已。

吾今与汝无言矣。吾居九泉之下遥闻汝哭声,当哭相和也。吾平日不信有鬼,今则又望其真有。今人又言心电感应有道,吾亦望其言是实,则吾之死,吾灵尚依依旁汝也,汝不必以无侣悲。

吾平生未尝以吾所志语汝,是吾不是处;然语之,又恐汝日日为吾担忧。吾牺牲百死而不辞,而使汝担忧,的的非吾所忍。吾爱汝至,所以为汝谋者惟恐未尽。汝幸而偶我,又何不幸而生今日之中国!吾幸而得汝,又何不幸而生今日之中国!卒不忍独善其身。嗟夫!巾短情长,所未尽者,尚有万千,汝可以模拟得之。吾今不能见汝矣!汝不能舍吾,其时时于梦中得我乎!一恸!辛未三月廿六夜四鼓,意洞手书。

家中诸母皆通文,有不解处,望请其指教,当尽吾意为幸。

给一弟的信①

杨开慧

【阅读提示】 杨开慧托孤信手稿是杨开慧1929年3月写给她堂弟杨开明的一封信。文字情真意切,如泣如诉,充满无尽的思念和忧伤。写这封信时,她已经有一年多没有丈夫的音讯了。3月7日,她在《国民日报》上看到朱德妻子萧奎联(伍若兰的化名)遇害后被挂头示众的消息,既震惊又愤怒。她对自己的前景很是忧虑,总觉得死亡如影随形。她把与毛泽东联系上的唯一希望寄托在堂弟杨开明身上。杨开明即信中所称"一弟",1926年加入中国共产党。3月,杨开慧从亲戚那里得知杨开明到上海,立即提笔给他写信。当时形势极为险恶,杨开慧收信和寄信都有被敌人发现的危险,她写好这封"遗嘱样的信",却无法寄出,只好藏匿在故居老宅的墙缝中。

一弟:

亲爱的一弟!我是一个弱者,仍然是一个弱者!好像永远不能强悍起来!我蜷伏着在世界的一个角落里,我憟慄而且寂寞!在这个情景中,我无时无刻不在寻找我的依傍,

---

① 选自郝铭鉴、胡惠强主编《革命烈士遗文大典》(上海文化出版社2001年版)。

专题问道

专题3 写实与宣传——"红色"作品实用性研读

你如【于】是乎在我的心田里就占了一个地位。此外同居在一起的仁,秀,也和你一样——你们一排站在我的心田里!我常常默祷着:"但愿这几个人莫再失散了呵!我好像已经看见了死神——唉!它那冷酷严肃的面孔!说到死,本来,我并不惧怕!而且可以说是我欢喜的事。只有我的母亲和我的小孩呵!我有点可怜他们!而且这个情绪,缠扰得我非常利【厉】害——前晚竟使我半睡半醒的闹了一晚!我决定把他们——小孩们——托付你们;经济上只要他们的叔父长存,是不至于不管他们的;而且他们的叔父,是有很深的爱对于他们的。但是倘若真个失掉一个母亲,或者更加一个父亲,那不是一个叔父的爱可以抵得住的,必须得你们各方面的爱护,方能在温暖的春天里自然地生长,而不至于受那狂风骤雨的侵袭!这一个遗嘱样的信,你见了一定会怪我是发了神筋【经】病?不知何解,我总觉得我的颈项上,好像自死神那里飞来一根毒蛇样的绳索,把我缠着;所以不能不早作预备,杞忧堪噱;书不尽意;祝你一切顺利!

◎ **我思我在**

1. "知人论世""因文求义"都是读书之法,从作者和书信的内容里你分别读出了怎样的时代?请阅读相关书目,了解中国革命的历史。
2. 这两封信都是绝笔信,你从中读出先烈们临死之前最牵挂的都是什么人什么事吗?
3. 这两封书信读来,感人肺腑。最感动你的是什么地方,与家人、同学交流。

※ **实践笃行**

抚今追昔:寻访故乡先烈旧踪,传承红色革命精神

情境创设

抚今追昔,以史为鉴。回望当年,长城内外,大江南北,共赴国难,浴血坚持,终于迎来了祖国今天的辉煌繁荣。因此我们更应铭记历史,缅怀先烈,珍爱和平,开创未来。

而生我养我的故乡,就涌现着这样一批革命先烈们:他们有的为了民族独立和国家

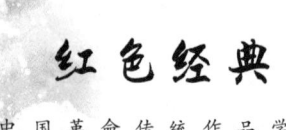

红色经典
中国革命传统作品学习

尊严献出了宝贵的生命;他们有的为了彻底埋葬旧世界,建立社会主义新中国而前赴后继,英勇作战;也有的在和平建设时期,为了祖国的繁荣富强而献出了青春和热血。

英雄就在我们身边,先烈就在我们故土。请大家策划一次寻找故乡先烈的活动,以"抚今追昔:寻访先烈旧踪,传承红色精神"为主题,怀着对伟人的敬仰之情,拜谒先烈故居,寻访昔日英雄踪迹,考察历史事件和故事,亲近英魂其人及作品,思考历史给我们的启示,爱脚下可敬的人物,爱脚下的故土,更爱我们可爱的祖国。

活动进程

1. 搜寻故乡先烈其人其事

第一步,可以到图书馆、网上查找资料,也可以通过采访、访谈等方式搜索信息,确定活动对象。第二步,查找并阅读相关人物的资料。包括人物著作、传记、评论、相关报道等,了解其人其事。第三步,采访知情人士和专家,为寻访人物旧踪和故居做准备。

2. 寻访先烈旧踪

考察先烈旧居、学习生活场所、活动轨迹等,组织活动小组参观调研。如果有专门的纪念馆、遗址旧居,可以联系讲解员专门指导。

3. 亲近先烈其人

考察结束,继续做专题研究。行万里路,读万卷书,力求对人物有全面而深刻的把握。接着活动小组交流,写报告,真正亲近其人。

4. 传承红色精神

最后,通过各种形式弘扬先烈精神,如做手抄报、举办先烈纪念展、先烈精神演讲比赛、先烈故事话剧表演等,传承红色精神,继承先辈遗志。

活动示例

走近奉化先烈巴人王任叔

1. 搜寻巴人其人其事

王任叔,又名王朝伦,笔名巴人。1901年10月19日出生于浙江奉化市大堰村。1920年毕业于浙江省第四师范,并投身新文化运动。1925年经张秋人介绍,加入中国共产党。1926年应蒋介石亲笔信邀请,去广州北伐军总司令部工作。1930年在上海发起

专题问道

专题3 写实与宣传——"红色"作品实用性研读

参加"中国左翼作家联盟"。抗日战争期间,王任叔坚守"孤岛"上海的阵地,领导文化界抗日运动,编辑出版我国第一套《鲁迅全集》,并以"巴人"为笔名,撰写大量爱国抗日的文章。1941年流亡南洋,在印尼参加领导华侨青年抗日运动,并遭日军通缉追捕。解放后就任中国驻印尼首任大使、人民文学出版社社长等职。1960年因"宣扬人性论"罪名受批判,被定为"反党分子",撤销其一切职务。次年被调至东南亚研究所从事印尼史研究。"文革"期间,他惨遭迫害,含恨在自己的家乡去世。

王任叔勤奋笔耕,一生著作达1 000余万字,卷帙浩繁,涉猎广泛。在小说、诗歌、杂文、剧本、文艺理论以及印尼史研究等各方面均有建树。已经出版的著作有80余种,对我国的文学创作和学术研究产生重大影响。

2. 寻访先烈旧踪

(1) 王任叔(巴人)故居陈列室

位于奉化市大堰镇大堰村。该室于1995年对外开放,并被列入宁波市爱国主义教育基地。

该故居建于1916年,是巴人与其表姐张福娥结婚时的新居。为二层木结构楼房,共两间一弄,占地109平方米,建筑面积170平方米,故居于2001年在各级党委、政府的重视和支持下整修,所有物品仍按原先式样摆设。现二楼东间为巴人早年卧室,西间陈列巴人像1尊,各个时期出版的巴人著作49册,有关巴人的书刊21册,有关巴人的照片28幅及巴人的手稿、遗嘱及任命书等,一楼东间为巴人晚年卧室,西间为厨房,并配备了必要的文字说明,以便前来瞻仰故居的各界人士了解巴人的生平事迹。

(2) 王任叔墓

陵墓位于大堰镇大堰村北面瓦屋山脚,王任叔1972年去世后葬于此。墓地坐北朝南,占地100平方米。1979年,墓地重修,墓碑"王任叔巴人同志之墓"由胡愈之题写。1987年,王任叔墓成为奉化市文物保护单位,2005年成为第五批浙江省文物保护单位。

(3) 亲近先烈其人

故居者,乃生于斯、长于斯、源于斯,与本人有切割不断、魂牵梦萦的住处也。巴人人生最后一年零六个月在故乡大堰村故居度过,而且含冤蒙屈,死不瞑目。直到1979年,才得以平反昭雪,被称为"无产阶级革命文化战士"。他的经历令人感慨万千,故居让人抚今追昔，流连忘返。

（4）传承红色精神

活动小组与有关部门沟通，决定在奉化市大堰镇大堰村宁波市爱国主义教育基地——王任叔（巴人）故居陈列室，成立"巴人生平志愿者讲解团"，为巴人、为家乡的宣传尽一分力，更是为继承先辈遗志，传承红色精神，追逐"中国梦"，不断前行。

学习任务

故乡先烈其人其事	寻访先烈旧踪	亲近先烈其人
传承红色精神成果集展示		

下编：中国革命传统作品专题研讨

专题 4

匕首与投枪

——鲁迅杂文专题研讨

何谓"杂文"，直到现在还没有形成统一的说法，有的说它是"一种散文体裁，不拘泥于某一种形式，偏重议论，也可以叙事"，有的说它是"一种直接、迅速反映社会事变或动向的文艺性论文"，但是说起"杂文"，我们都会一致地认为它是一种最具有革命性、最具有战斗精神的文体，因为无论是在社会剧变还是和平时期，杂文常常是鞭挞假恶丑、针砭时弊的利器；而且说起"杂文"，我们还会不约而同地想起和怀念中国现代文学史和思想史上一位伟大的先生。

他就是鲁迅先生。

杂文是先生文学创作的重要组成部分。从1918年发表第一篇《随感录》到1936年离世，先生创作且付梓的杂文集就达16本之多。写世道人心，写社会历史，写市井百态，或是谈诗论艺，先生的杂文创作兼容并蓄，无所不包。

嬉笑怒骂皆成文章，先生的杂文让我们领悟文字在风花雪月之外的一种深刻而又犀利的批判和省思的力量。然而，先生说，杂文必须"生动，泼辣，有益，而且也能移人情"，必须"是匕首，是投枪，能和读者一同杀出一条生存的血路的东西；但自然，它也能给人愉快和休息"，先生的杂文在创作艺术上也不拘一格，自成一家。先生文字论战的"死对头"梁实秋也不得不承认："鲁迅的作品，我已说过，比较精彩的是他的杂感。"

"铁肩担道义，妙手著文章"，因为杂文，先生成了文学史和思想史上的令人崇敬而又独一无二的"大先生"。

"生动，泼辣，有益，而且也能移人情"，因为先生，中国现代杂文自此走向兴起、发展和繁荣。

红色经典
中国革命传统作品学习

※ 含英咀华

灯下漫笔①

鲁迅

【阅读提示】

《灯下漫笔》写于 1924 年 4 月 29 日,最初分两次发表于 1925 年 5 月 1 日、5 月 22 日《莽原》周刊第 2 期和第 5 期,后收入杂文集《坟》。杂文的魅力就是它深深扎根于社会和生活现实。《灯下漫笔》就是从当时社会的现实以及百姓的日常生活出发,以作者钞票贬值时期折换现银时甘愿"降格以求"的心态变化为引子,自然过渡到对于社会历史的深彻思考。

《灯下漫笔》更像是一篇向旧时代宣战的檄文,洋溢着先生以杂文为匕首、为投枪的战斗精神。

一

有一时,就是民国二三年时候,北京的几个国家银行的钞票,信用日见其好了,真所谓蒸蒸日上。听说连一向执迷于现银的乡下人,也知道这既便当,又可靠,很乐意收受,行使了。至于稍明事理的人,则不必是"特殊知识阶级",也早不将沉重累坠的银元装在怀中,来自讨无谓的苦吃。想来,除了多少对于银子有特别嗜好和爱情的人物之外,所有的怕大都是钞票了罢,而且多是本国的。但可惜后来忽然受了一个不小的打击。

就是袁世凯②想做皇帝的那一年,蔡松坡③先生溜出北京,到云南去起义。这边所受

---

① 选自《鲁迅全集》第 1 卷(人民文学出版社 2005 年版)。
② 袁世凯(1859—1916),河南项城人,自 1896 年(清光绪二十二年)在天津小站训练"新建陆军"起,即成为北洋军阀的首领。后任直隶总督、军机大臣、内阁总理大臣。1911 年辛亥革命后,他利用革命领导者的软弱妥协攫取新政府的权力,于 1912 年 3 月就任中华民国临时大总统,次年 10 月任大总统。1915 年 12 月 12 日宣布恢复帝制,称"中华帝国"皇帝,翌年元旦举行登基大典,改年号为"洪宪"。蔡锷等在云南起义反对帝制,得到各省响应,袁世凯被迫于 1916 年 3 月 22 日取消帝制,6 月 6 日死于北京。
③ 蔡松坡(1882—1916),名锷,字松坡,湖南邵阳人,辛亥革命时任云南都督,1913 年被袁世凯调到北京,加以监视。1915 年 11 月他潜离北京,在昆明组织护国军。同年 12 月袁世凯宣布称帝后,他于 25 日通电宣布独立,起兵讨伐袁世凯。

专题问道

专题4　匕首与投枪——鲁迅杂文专题研讨

的影响之一,是中国和交通银行的停止兑现。① 虽然停止兑现,政府勒令商民照旧行用的威力却还有的;商民也自有商民的老本领,不说不要,却道找不出零钱。假如拿几十几百的钞票去买东西,我不知道怎样,但倘使只要买一支笔,一盒烟卷呢,难道就付给一元钞票吗? 不但不甘心,也没有这许多票。那么,换铜元,少换几个罢,又都说没有铜元。那么,到亲戚朋友那里借现钱去罢,怎么会有? 于是降格以求,不讲爱国了,要外国银行的钞票。但外国银行的钞票这时就等于现银,他如果借给你这钞票,也就借给你真的银元了。

我还记得那时我怀中还有三四十元的中交票,可是忽而变了一个穷人,几乎要绝食,很有些恐慌。俄国革命以后的藏着纸卢布的富翁的心情,恐怕也就这样的罢;至多,不过更深更大罢了。我只得探听,钞票可能折价换到现银呢? 说是没有行市。幸而终于,暗暗地有了行市了:六折几。我非常高兴,赶紧去卖了一半。后来又涨到七折了,我更非常高兴,全去换了现银,沉垫垫地坠在怀中,似乎这就是我的性命的斤两。倘在平时,钱铺子如果少给我一个铜元,我是决不答应的。

但我当一包现银塞在怀中,沉垫垫地觉得安心,喜欢的时候,却突然起了另一思想,就是:我们极容易变成奴隶,而且变了之后,还万分喜欢。

假如有一种暴力,"将人不当人",不但不当人,还不及牛马,不算什么东西;待到人们羡慕牛马,发生"乱离人,不及太平犬"②的叹息的时候,然后给与他略等于牛马的价格,有如元朝定律,打死别人的奴隶,赔一头牛,③则人们便要心悦诚服,恭颂太平的盛世。为什么呢? 因为他虽不算人,究竟已等于牛马了。

我们不必恭读《钦定二十四史》,或者入研究室,审察精神文明的高超。只要一翻孩

---

① 当时袁世凯政府财政困难,于1916年5月12日下令中国银行和交通银行(当时都是国家银行)停止其发行的纸钞的兑现。下文的"中交票",即中国银行和交通银行发行的纸钞。
② "乱离人不及太平犬",元代施惠《幽闺记》:"宁为太平犬,莫作乱世人。"
③ 关于元朝的打死别人奴隶赔一头牛的定律,多桑《蒙古史》第二卷第二章中引有元太宗窝阔台的话说:"成吉思汗法令,杀一回教徒者罚黄金四十巴里失,而杀一汉人者其偿价仅与一驴相等。"(据冯承钧译文)又元代陶宗仪《辍耕录》卷十七"奴婢"条载:"刑律,私宰牛马,杖百。殴死驱口(按指奴婢),比常人减死一等,杖一百七,所以视奴婢与马牛无异。"

子所读的《鉴略》,——还嫌烦重,则看《历代纪元编》①,就知道"三千余年古国古"②的中华,历来所闹的就不过是这一个小玩艺。但在新近编纂的所谓"历史教科书"一流东西里,却不大看得明白了,只仿佛说:咱们向来就很好的。

但实际上,中国人向来就没有争到过"人"的价格,至多不过是奴隶,到现在还如此,然而下于奴隶的时候,却是数见不鲜的。中国的百姓是中立的,战时连自己也不知道属于那一面,但又属于无论那一面。强盗来了,就属于官,当然该被杀掠;官兵既到,该是自家人了罢,但仍然要被杀掠,仿佛又属于强盗似的。这时候,百姓就希望有一个一定的主子,拿他们去做百姓,——不敢,是拿他们去做牛马,情愿自己寻草吃,只求他决定他们怎样跑。

假使真有谁能够替他们决定,定下什么奴隶规则来,自然就"皇恩浩荡"了。可惜的是往往暂时没有谁能定。举其大者,则如五胡十六国③的时候,黄巢④的时候,五代⑤时候,宋末元末时候,除了老例的服役纳粮以外,都还要受意外的灾殃。张献忠的脾气更古怪了,不服役纳粮的要杀,服役纳粮的也要杀,敌他的要杀,降他的也要杀;将奴隶规则毁得粉碎。这时候,百姓就希望来一个另外的主子,较为顾及他们的奴隶规则的,无论仍旧,或者新颁,总之是有一种规则,使他们可上奴隶的轨道。

"时日曷丧,予及汝偕亡!"⑥愤言而已,决心实行的不多见。实际上大概是群盗如麻,纷乱至极之后,就有一个较强,或较聪明,或较狡猾,或是外族的人物出来,较有秩序

---

① 《鉴略》,清代王仕云著,是旧时学塾用的初级历史读物,上起盘古,下迄明弘光。全为四言韵语。《历代纪元编》,清代李兆洛门人六承如编,分三卷,上卷纪元总载,中卷纪元甲子表,下卷纪元编韵。是中国历史的干支年表。
② "三千余年古国古",语出清代黄遵宪《出军歌》:"四千余岁古国古,是我完全土。"
③ 五胡十六国,公元304年至439年间,我国匈奴、羯、鲜卑、氐、羌等五个少数民族先后在北方和西蜀立国,计有前赵、后赵、前燕、后燕、南燕、后凉、南凉、北凉、前秦、后秦、西秦、夏、成汉,加上汉族建立的前凉、西凉、北燕,共十六国,史称"五胡十六国"。
④ 黄巢(? —884),曹州冤句(今山东曹县)人,唐末农民起义领袖。唐乾符二年(875)参加王仙芝的起义。王仙芝阵亡后,被推为领袖,破洛阳,入潼关,广明元年(880)据长安,称大齐皇帝。后因内部分裂,为沙陀国李克用所败,中和四年(884)在泰山虎狼谷被围自杀。黄巢和张献忠一样,旧史书中多有关于他们杀人的记载。
⑤ 五代,即公元907年至960年间的梁、唐、晋、汉、周五个朝代。
⑥ "时日曷丧,予及汝偕亡",语出《尚书·汤誓》。时日,指夏桀。

专 题 问 道

专题 4　匕首与投枪——鲁迅杂文专题研讨

地收拾了天下。厘定规则：怎样服役，怎样纳粮，怎样磕头，怎样颂圣。而且这规则是不像现在那样朝三暮四的。于是便"万姓胪欢"①了；用成语来说，就叫作"天下太平"。

任凭你爱排场的学者们怎样铺张，修史时候设些什么"汉族发祥时代""汉族发达时代""汉族中兴时代"的好题目，好意诚然是可感的，但措辞太绕弯子了。有更其直捷了当的说法在这里——

一，想做奴隶而不得的时代；

二，暂时做稳了奴隶的时代。

这一种循环，也就是"先儒"之所谓"一治一乱"②；那些作乱人物，从后日的"臣民"看来，是给"主子"清道辟路的，所以说："为圣天子驱除云尔。"③

现在入了那一时代，我也不了然。但看国学家的崇奉国粹，文学家的赞叹固有文明，道学家的热心复古，可见于现状都已不满了。然而我们究竟正向着那一条路走呢？百姓是一遇到莫名其妙的战争，稍富的迁进租界，妇孺则避入教堂里去了，因为那些地方都比较的"稳"，暂不至于想做奴隶而不得。总而言之，复古的，避难的，无智愚贤不肖，似乎都已神往于三百年前的太平盛世，就是"暂时做稳了奴隶的时代"了。

但我们也就都像古人一样，永久满足于"古已有之"的时代吗？都像复古家一样，不满于现在，就神往于三百年前的太平盛世吗？

自然，也不满于现在的，但是，无须反顾，因为前面还有道路在。而创造这中国历史上未曾有过的第三样时代，则是现在的青年的使命！

二

但是赞颂中国固有文明的人们多起来了，加之以外国人。我常常想，凡有来到中国的，倘能疾首蹙额而憎恶中国，我敢诚意地捧献我的感谢，因为他一定是不愿意吃中国人的肉的！

---

① "万姓胪欢"，天下歌呼欢腾之意。《汉书·礼乐志》："遍胪欢，腾天歌。"唐颜师古注："胪，陈也；腾，升也。"

② "一治一乱"，语见《孟子·滕文公（下）》："天下之生久矣，一治一乱。"

③ "为圣天子驱除云尔"，语出《汉书·王莽传赞》："圣王之驱除云尔。"颜师古注："言驱逐蠲除以待圣人也。"

红色经典

中国革命传统作品学习

　　鹤见祐辅①氏在《北京的魅力》中,记一个白人将到中国,预定的暂住时候是一年,但五年之后,还在北京,而且不想回去了。有一天,他们两人一同吃晚饭——

　　"在圆的桃花心木的食桌前坐定,川流不息地献着出海的珍味,谈话就从古董、画、政治这些开头。电灯上罩着支那式的灯罩,淡淡的光洋溢于古物罗列的屋子中。什么无产阶级呀,Proletariat②呀那些事,就像不过在什么地方刮风。"

　　"我一面陶醉在支那生活的空气中,一面深思着对于外人有着'魅力'的这东西。元人也曾征服支那,而被征服于汉人种的生活美了;满人也征服支那,而被征服于汉人种的生活美了。现在西洋人也一样,嘴里虽然说着 Democracy③ 呀,什么什么呀,而却被魅于支那人费六千年而建筑起来的生活的美。一经住过北京,就忘不掉那生活的味道。大风时候的万丈的沙尘,每三月一回的督军们的开战游戏,都不能抹去这支那生活的魅力。"

　　这些话我现在还无力否认他。我们的古圣先贤既给与我们保古守旧的格言,但同时也排好了用子女玉帛所做的奉献于征服者的大宴。中国人的耐劳,中国人的多子,都就是办酒的材料,到现在还为我们的爱国者所自诩的。西洋人初入中国时,被称为蛮夷,自不免个个蹙额,但是,现在则时机已至,到了我们将曾经献于北魏,献于金,献于元,献于清的盛宴,来献给他们的时候了。出则汽车,行则保护;虽遇清道,然而通行自由的;虽或被劫,然而必得赔偿的;孙美瑶④掳去他们站在军前,还使官兵不敢开火。何况在华屋中享用盛宴呢? 待到享受盛宴的时候,自然也就是赞颂中国固有文明的时候;但是我们的有些乐观的爱国者,也许反而欣然色喜,以为他们将要开始被中国同化了罢。古人曾以女人作苟安的城堡,美其名以自欺曰"和亲",今人还用子女玉帛为作奴的赞敬,又美其名曰"同化"。所以倘有外国的谁,到了已有赴宴的资格的现在,而还替我们诅咒中国的

---

① 鹤见祐辅(1885—1972),日本评论家。作者曾选译过他的随笔集《思想·山水·人物》,《北京的魅力》一文即见于该书。
② Proletariat,英语:无产阶级。
③ Democracy,英语:民主。
④ 孙美瑶,山东峄县(今枣庄)人,当时占领山东抱犊固的土匪头领。聚众四千余人,自称"建国自治军"。1923 年 5 月 6 日晨,他在津浦铁路临城站劫车,掳去中外旅客二百多人,是当时轰动一时的事件。同年 12 月 9 日孙被兖州镇守使张培荣诱杀。

专题问道

专题4 匕首与投枪——鲁迅杂文专题研讨

现状者,这才是真有良心的真可佩服的人!

但我们自己是早已布置妥帖了,有贵贱,有大小,有上下。自己被人凌虐,但也可以凌虐别人;自己被人吃,但也可以吃别人。一级一级的制驭着,不能动弹,也不想动弹了。因为倘一动弹,虽或有利,然而也有弊。我们且看古人的良法美意罢——

"天有十日,人有十等。下所以事上,上所以共神也。故王臣公,公臣大夫,大夫臣士,士臣皂,皂臣舆,舆臣隶,隶臣僚,僚臣仆,仆臣台①。"(《左传》昭公七年)

但是"台"没有臣,不是太苦了吗?无须担心的,有比他更卑的妻,更弱的子在。而且其子也很有希望,他日长大,升而为"台",便又有更卑更弱的妻子,供他驱使了。如此连环,各得其所,有敢非议者,其罪名曰不安分!

虽然那是古事,昭公七年离现在也太辽远了,但"复古家"尽可不必悲观的。太平的景象还在:常有兵燹,常有水旱,可有谁听到大叫唤吗?打的打,革的革,可有处士来横议吗?对国民如何专横,向外人如何柔媚,不犹是差等的遗风吗?中国固有的精神文明,其实并未为共和二字所埋没,只有满人已经退席,和先前稍不同。

因此我们在目前,还可以亲见各式各样的筵宴,有烧烤,有翅席,有便饭,有西餐。但茅檐下也有淡饭,路旁也有残羹,野上也有饿莩;有吃烧烤的身价不资的阔人,也有饿得垂死的每斤八文的孩子②(见《现代评论》二十一期)。所谓中国的文明者,其实不过是安排给阔人享用的人肉的筵宴。所谓中国者,其实不过是安排这人肉的筵宴的厨房。不知道而赞颂者是可恕的,否则,此辈当得永远的诅咒!

外国人中,不知道而赞颂者,是可恕的;占了高位,养尊处优,因此受了蛊惑,昧却灵性而赞叹者,也还可恕的。可是还有两种,其一是以中国人为劣种,只配悉照原来模样,因而故意称赞中国的旧物。其一是愿世间人各不相同以增自己旅行的兴趣,到中国看辫子,到日本看木屐,到高丽看笠子,倘若服饰一样,便索然无味了,因

---

① 王、公、大夫、士、皂、舆、隶、僚、仆、台是奴隶社会等级的名称。前四种是统治者的等级,后六种是被奴役者的等级。
② 每斤八文的孩子,1925年5月2日《现代评论》第一卷第二十一期载有仲瑚的《一个四川人的通信》,叙说当时军阀统治下四川民众的悲惨生活,其中说:"人类到了这步田地,哪里还讲得起仁民爱物的大道理,自然就闹到食起同类来了。据我晓得的:男小孩只卖八枚铜子一斤,女小孩连这个价钱也卖不了。"

红色经典
中国革命传统作品学习

而来反对亚洲的欧化。这些都可憎恶。至于罗素在西湖见轿夫含笑①,便赞美中国人,则也许别有意思罢。但是,轿夫如果能对坐轿的人不含笑,中国也早不是现在似的中国了。

这文明,不但使外国人陶醉,也早使中国一切人们无不陶醉而且至于含笑。因为古代传来而至今还在的许多差别,使人们各各分离,遂不能再感到别人的痛苦;并且因为自己各有奴使别人,吃掉别人的希望,便也就忘却自己同有被奴使被吃掉的将来。于是大小无数的人肉的筵宴,即从有文明以来一直排到现在,人们就在这会场中吃人,被吃,以凶人的愚妄的欢呼,将悲惨的弱者的呼号遮掩,更不消说女人和小儿。

这人肉的筵宴现在还排着,有许多人还想一直排下去。扫荡这些食人者,掀掉这筵席,毁坏这厨房,则是现在的青年的使命!

1925年4月29日

◎ **我思我在**

1. 讽刺是杂文艺术的重要特征,也是杂文的深刻力量。鲁迅关于"讽刺"有不少真知灼见,他说,"'讽刺'的生命是真实;不必是曾有的实事,但必须是会有的实情","它所写的事情是公然的,也是常见的",但却是"不合理,可笑,可鄙,甚而至于可恶"。他认为,杂文作家的本领,就是偏要提出这种"谁都不以为奇"的事,"而且加以精练,甚至于夸张"。请你就《灯下漫笔》结合鲁迅的上述观点谈谈杂文创作的讽刺艺术。

2. 苏联著名作家法捷耶夫和鲁迅生平尽管没有见过面,却因作品结缘。鲁迅用日语翻译过法捷耶夫的小说《毁灭》,法捷耶夫内心也对鲁迅充满了崇敬。1936年10月鲁迅逝世,时任苏联作家协会负责人的法捷耶夫还主持了一次悼念活动并推动鲁迅作品在

---

① 罗素(1872—1970),英国哲学家。1920年10月曾来中国讲学,并在各地游览。关于"轿夫含笑"事,见他所著《中国问题》一书:"我记得一个大夏天,我们几个人坐轿过山,道路崎岖难行,轿夫非常的辛苦;我们到了山顶,停十分钟,让他们休息一会。立刻他们就并排的坐下来了,抽出他们的烟袋来,谈着笑着,好像一点忧虑都没有似的。"

专题问道

专题4 匕首与投枪——鲁迅杂文专题研讨

苏联翻译出版。法捷耶夫在纪念鲁迅的文字里高度评价了鲁迅作品对于中国乃至世界文学的贡献,他说:"他的讽刺和幽默虽然具有人类共同的性格,但也带有不可模仿的民族特点。"请您主持一场鲁迅杂文读书会,围绕法捷耶夫的作品评价,结合《灯下漫笔》或其他杂文,谈谈鲁迅杂文"不可模仿的民族特点"。

无花的蔷薇之二[①]

鲁 迅

【阅读提示】

1926年3月12日,冯玉祥的国民军与奉系军阀作战期间,日本军舰掩护奉军军舰驶进天津大沽口,炮击国民军,守军死伤十余名。国民军开炮还击,将日舰逐出大沽口。事后,日本竟联合英美等八国于16日向段祺瑞政府发出最后通牒,提出撤除大沽口国防设施的无理要求。3月18日,北京爱国群众五千余人,由李大钊主持,在天安门集会抗议,并向执政府请愿要求拒绝八国通牒。集会后爱国群众去国务院示威,遭到政府卫队开枪镇压,当场打死47人,伤二百余人,死难者中有不少年轻的学生,其中就有北京女子师范大学的学生刘和珍和杨德群等。史称"三·一八惨案"。

那天鲁迅正在写《无花的蔷薇之二》,当他听闻年轻的学生被屠杀的不幸消息,无法再继续原来的写作思路,于是笔锋即转,怀着满腔的悲愤写下了该文的四至九节,控诉执政府的暴行,认为这是"民国以来最黑暗的一天"。

继《无花的蔷薇之二》之后,鲁迅接连写了《死地》与《可惨与可笑》,4月1日又抑制不住内心的悲愤,写了一篇长文《记念刘和珍君》。在一篇篇激愤的文字的背后,我们仿佛又穿过历史的云烟,看见心忧天下的先生坐于灯下奋笔疾书的身影。

[①] 选自《鲁迅全集》第3卷(人民文学出版社2005年版)。本篇最初发表于1926年3月29日《语丝》周刊第72期。

红色经典

中国革命传统作品学习

一

英国勃尔根①贵族曰:"中国学生只知阅英文报纸,而忘却孔子之教。英国之大敌,即此种极力诅咒帝国而幸灾乐祸之学生。……中国为过激党之最好活动场……。"(一九二五年六月三十日伦敦路透电)

南京通信云:"基督教城中会堂聘金大教授某神学博士讲演,中有谓孔子乃耶稣之信徒,因孔子吃睡时皆祷告上帝。当有听众……质问何所据而云然;博士语塞。时乃有教徒数人,突紧闭大门,声言'发问者,乃苏俄卢布买收来者'。当呼警捕之。……"(三月十一日《国民公报》)

苏俄的神通真是广大,竟能买收叔梁纥②,使生孔子于耶稣之前,则"忘却孔子之教"和"质问何所据而云然"者,当然都受着卢布的驱使无疑了。

二

西滢教授曰:"听说在'联合战线'中,关于我的流言特别多,并且据说我一个人每月可以领到三千元。'流言'是在口上流的,在纸上到也不大见。③"(《现代》六十五)

该教授去年是只听到关于别人的流言的,却由他在纸上发表;据说今年却听到关于

---

① 勃尔根,当时英国的印度内务部部长。这里引的是他在伦敦中央亚洲协会演说中的话(见1925年7月2日《京报》)。
② 叔梁纥:春秋时鲁国人,孔丘的父亲。按孔丘生于公元前551年,比耶稣生年早五百多年。
③ 关于《现代评论》收受津贴一事,《猛进》周刊第三十一期(1925年10月2日)曾有一篇署名蔚麟的通信,其中说:"《现代评论》因为受了段祺瑞、章士钊的几千块钱,吃着人的嘴软,拿着人的手软,对于段祺瑞、章士钊的一切胡作非为,绝不敢说半个不字。"又章川岛在《语丝》第六十八期(1926年3月1日)的一篇通信里也曾说到这津贴问题:"据说现代评论社开办时,确曾由章士钊经手弄到一千元,大概不是章士钊自己掏腰包的,来路我也不明。……然而这也许是流言,正如西滢之捧章士钊是否由于大洋,我概不确知。"这两篇通信都揭露了当时《现代评论》收受津贴的事实;对于这两篇通信,陈西滢在《现代评论》第三卷第六十五期(1926年3月6日)的《闲话》里曾经加以辩解,说他个人并未"每月领到三千元",只要有人能够证明他"领受过三百元,三十元,三元,三毛,甚而至于三个铜子",那他"就不再说话"。但对于《现代评论》收受过段祺瑞津贴的事实,则避而不答。又,这里的"联合战线"一语,最初出自《莽原》周刊第二十期(1925年9月4日)霁江致鲁迅的信中:"我今天上午着手草《联合战线》一文,致猛进社、语丝社、莽原社同人及全国的叛徒们的,目的是将三社同人及其他同志联合起来,印行一种刊物,注全力进攻我们本阶级的恶势力的代表:一系反动派的章士钊的《甲寅》,一系与反动派朋比为奸的《现代评论》。"

专题问道

专题4 匕首与投枪——鲁迅杂文专题研讨

自己的流言了,也由他在纸上发表。"一个人每月可以领到三千元",实在特别荒唐,可见关于自己的"流言"都不可信。但我以为关于别人的似乎倒是近理者居多。

三

据说"孤桐先生"下台之后,他的什么《甲寅》居然渐渐的有了活气了。可见官是做不得的①。

然而他又做了临时执政府秘书长了,不知《甲寅》可仍然还有活气?如果还有,官也还是做得的……

四

已不是写什么"无花的蔷薇"的时候了。

虽然写的多是刺,也还要些和平的心。

现在,听说北京城中,已经施行了大杀戮了②。当我写出上面这些无聊的文字的时候,正是许多青年受弹饮刃的时候。呜呼,人和人的魂灵,是不相通的。

五

中华民国十五年三月十八日,段祺瑞政府使卫兵用步枪大刀,在国务院门前包围虐杀徒手请愿,意在援助外交之青年男女,至数百人之多。还要下令,诬之曰"暴徒"!

如此残虐险狠的行为,不但在禽兽中所未曾见,便是在人类中也极少有的,除却俄皇

---

① 这是陈西滢的话。
② 指"三·一八"惨案。1926年3月,在冯玉祥国民军与奉系军阀张作霖、李景林等作战期间,日本帝国主义者因见奉军战事失利,便公开出面援助,于12日以军舰两艘驶进大沽口,炮击国民军守军,国民军亦开炮还击,于是日本便向段祺瑞政府提出抗议,并联合英、美、法、意、荷、比、西等国,借口维护《辛丑条约》,于3月16日以八国名义提出最后通牒,要求停止津沽间的军事行动和撤除防务等,并限于四十八小时以内答复,否则,"关系各国海军当局,决采所认为必要之手段"。北京各界民众为反对日本帝国主义这种侵犯中国主权的行为,于3月18日在天安门集会抗议,会后结队赴段祺瑞执政府请愿;不料在国务院门前,卫队竟开枪射击,并用大刀铁棍追打砍杀,当场和事后因重伤而死者四十七人,伤者一百五十余人,造成了帝国主义和封建军阀互相勾结屠杀中国民众的大惨案。

尼古拉二世使可萨克兵击杀民众的事①,仅有一点相像。

六

中国只任虎狼侵食,谁也不管。管的只有几个年青的学生,他们本应该安心读书的,而时局漂摇得他们安心不下。假如当局者稍有良心,应如何反躬自责,激发一点天良?

然而竟将他们虐杀了!

七

假如这样的青年一杀就完,要知道屠杀者也决不是胜利者。

中国要和爱国者的灭亡一同灭亡。屠杀者虽然因为积有金资,可以比较长久地养育子孙,然而必至的结果是一定要到的。"子孙绳绳"②又何足喜呢?灭亡自然较迟,但他们要住最不适于居住的不毛之地,要做最深的矿洞的矿工,要操最下贱的生业……

八

如果中国还不至于灭亡,则已往的史实示教过我们,将来的事便要大出于屠杀者的意料之外——

这不是一件事的结束,是一件事的开头。

墨写的谎说,决掩不住血写的事实。

血债必须用同物偿还。拖欠得愈久,就要付更大的利息!

九

以上都是空话。笔写的,有什么相干?

---

① 1905年1月22日(俄历一月九日),彼得堡工人因反对开除工人和要求改善生活,带着眷属到冬宫请愿;俄皇尼古拉二世却命令士兵开枪。结果,有一千多人被击毙,两千多人受伤。这天是星期日,史称"流血的星期日"。

② "子孙绳绳":语出《诗经·大雅·抑》:"子孙绳绳,万民靡不承。"绳绳,相承不绝的样子。

专题问道

专题 4　匕首与投枪——鲁迅杂文专题研讨

实弹打出来的却是青年的血。血不但不掩于墨写的谎语,不醉于墨写的挽歌;威力也压它不住,因为它已经骗不过,打不死了。

三月十八日,民国以来最黑暗的一天,写。

◎ **我思我在**

1. 让我们诵读鲁迅写于"三·一八"惨案后的那些悼念和沉思的文字,字里行间,充满义愤和沉重,却又满怀对于青年、对于国家以及对于民族的深情。

墨写的谎说,决掩不住血写的事实。

——《无花的蔷薇之二》

实弹打出来的却是青年的血。血不但不掩于墨写的谎语,不醉于墨写的挽歌;威力也压它不住,因为它已经骗不过,打不死了。

——《无花的蔷薇之二》

会觉得死尸的沉重,不愿抱持的民族里,先烈的"死"是后人的"生"的唯一的灵药,但倘在不再觉得沉重的民族里,却不过是压得一同沦灭的东西。

——《死地》

死地确乎已在前面。为中国计,觉悟的青年应该不肯轻死了罢。

——《死地》

真的猛士,敢于直面惨淡的人生,敢于正视淋漓的鲜血。不在沉默中爆发,就在沉默中灭亡。苟活者在淡红的血色中,会依稀看见微茫的希望;真的猛士,将更奋然而前行。

——《记念刘和珍君》

2. "三·一八"惨案发生,举国震惊。尤其是当时知识界,持不同政见或不同学术立场的,均义愤填膺,撰文声讨政府罪恶行径或悼念死难烈士,除鲁迅外,著名的还有梁启超、蒋梦麟、傅斯年、周作人、林语堂、朱自清、闻一多、王世杰、邵飘萍、刘半农、赵元任等。中国当代研究民国历史的著名学者傅国涌认为:"这个时代的知识分子即使和俄罗斯最优秀的知识分子们相比也并不逊色,在他们身上我们看到了知识分子最可贵的那些品质,他们是民族的脊梁,是我们心中永远不倒的长城,是'真的猛士'。"请你结合历史事件,谈谈对"真的猛士"的理解。

红色经典
中国革命传统作品学习

辱骂和恐吓决不是战斗[1]
——致《文学月报》编辑的一封信

鲁 迅

【阅读提示】 在中国现代文学史上,出现过很多知名的文学组织,如文学研究会、创造社、语丝社、新月社、"左联"等。其中的"左联"就是中国左翼作家联盟的简称,是中国共产党于20世纪30年代在上海领导创建的一个革命文学组织,目的是与中国国民党争取宣传阵地,吸引广大民众支持其思想。鲁迅是"左联"的旗帜人物。

"左联"培养了一支坚强的革命文艺大军,为抗日战争时期、解放战争时期甚至新中国成立后的人民文艺事业准备了一批骨干人才,推动了为人民大众服务的革命文艺的极大发展。但"左联"也曾受当时党内"左"倾路线的影响,在发展的同时走过一段政治上激进盲动、文艺上公式化概念化的弯路。

《辱骂和恐吓决不是战斗》写于1932年,原是写给"左联"成员、《文学月报》主编周起应的信。写信的缘由是这样的:"左联"成员芸生在《文学月报》上发表了一首讽刺诗《汉奸的供状》,其中诗句简单粗暴,如"放屁,俞你的妈,你祖宗托洛茨基的话"、"当心,你的脑袋一下就要变做剖开的西瓜",等等。字里行间充满辱骂和恐吓的意味,让鲁迅深感不安和失望,他认为这不是左翼作家应该有的态度,辱骂和恐吓不是真正的革命。

起应[2]兄:

前天收到《文学月报》第四期,看了一下。我所觉得不足的,并非因为它不及别种杂志的五花八门,乃是总还不能比先前充实。但这回提出了几位新的作家来,是极好的,作品的好坏我且不论,最近几年的刊物上,倘不是姓名曾经排印过了的作家,就很有不能登

---

[1] 选自《鲁迅全集》第四卷(人民文学出版社2005年版)。本篇最初发表于1932年12月15日《文学月报》第一卷第五、六号合刊。

[2] 起应,即周扬(1908—1989),湖南益阳人,文艺理论家,"左联"领导成员之一。当时主编《文学月报》。

专 题 问 道

专题4　匕首与投枪——鲁迅杂文专题研讨

载的趋势,这么下去,新的作者要没有发表作品的机会了。现在打破了这局面,虽然不过是一种月刊的一期,但究竟也扫去一些沉闷,所以我以为是一种好事情。但是,我对于芸生先生的一篇诗①,却非常失望。

这诗,一目了然,是看了前一期的别德纳衣的讽刺诗②而作的。然而我们来比一比罢,别德纳衣的诗虽然自认为"恶毒",但其中最甚的也不过是笑骂。这诗怎么样? 有辱骂,有恐吓,还有无聊的攻击:其实是大可以不必作的。

例如罢,开首就是对于姓的开玩笑③。一个作者自取的别名,自然可以窥见他的思想,譬如"铁血""病鹃"之类,固不妨由此开一点小玩笑。但姓氏籍贯,却不能决定本人的功罪,因为这是从上代传下来的,不能由他自主。我说这话还在四年之前,当时曾有人评我为"封建余孽",其实是捧住了这样的题材,欣欣然自以为得计者,倒是十分"封建"的。不过这种风气,近几年颇少见了,不料现在竟又复活起来,这确不能不说是一个退步。

尤其不堪的是结末的辱骂。现在有些作品,往往并非必要而偏在对话里写上许多骂语去,好像以为非此便不是无产者作品,骂詈愈多,就愈是无产者作品似的。其实好的工农之中,并不随口骂人的多得很。作者不应该将上海流氓的行为,涂在他们身上的。即使有喜欢骂人的无产者,也只是一种坏脾气,作者应该由文艺加以纠正,万不可再来展开,使将来的无阶级社会中,一言不合,便祖宗三代的闹得不可开交。况且即是笔战,就也如别的兵战或拳斗一样,不妨伺隙乘虚,以一击制敌人的死命,如果一味鼓噪,已是《三国志演义》式战法。至于骂一句爹娘,扬长而去,还自以为胜利,那简直是"阿Q"式的战法了。

接着又是什么"剖西瓜"④之类的恐吓,这也是极不对的,我想。无产者的革命,乃是为了自己的解放和消灭阶级,并非因为要杀人,即使是正面的敌人,倘不死于战场,就有大众的裁判,决不是一个诗人所能提笔判定生死的。现在虽然很有什么"杀人放火"的传

---

① 芸生,原名邱九如,浙江宁波人。他的诗《汉奸的供状》,载《文学月报》第一卷第四期(1932年11月),意在讽刺自称"自由人"的胡秋原的反动言论,但是其中有鲁迅在本文中所指出的严重缺点和错误。
② 别德纳衣的讽刺诗,指讽刺托洛茨基的长诗《没工夫唾骂》(瞿秋白译,载1932年10月《文学月报》第一卷第三期)。
③ 对于姓的开玩笑,原诗开头是:"现在我来写汉奸的供状。据说他也姓胡,可不叫立夫"。按胡立夫是1932年"一·二八"日军侵占上海闸北时的汉奸,任敌伪"上海北市人民地方维持会"会长。
④ "剖西瓜",原诗中有这样的话:"当心,你的脑袋一下就要变做剖开的西瓜!"

红色经典
中国革命传统作品学习

闻,但这只是一种诬陷。中国的报纸上看不出实话,然而只要一看别国的例子也就可以恍然:德国的无产阶级革命①(虽然没有成功),并没有乱杀人;俄国不是连皇帝的宫殿都没有烧掉吗?而我们的作者,却将革命的工农用笔涂成一个吓人的鬼脸,由我看来,真是卤莽之极了。

自然,中国历来的文坛上,常见的是诬陷,造谣,恐吓,辱骂,翻一翻大部的历史,就往往可以遇见这样的文章,直到现在,还在应用,而且更加厉害。但我想,这一份遗产,还是都让给叭儿狗文艺家去承受罢,我们的作者倘不竭力的抛弃了它,是会和他们成为"一丘之貉"的。

不过我并非主张要对敌人陪笑脸,三鞠躬。我只是说,战斗的作者应该注重于"论争";倘在诗人,则因为情不可遏而愤怒,而笑骂,自然也无不可。但必须止于嘲笑,止于热骂,而且要"喜笑怒骂,皆成文章"②,使敌人因此受伤或致死,而自己并无卑劣的行为,观者也不以为污秽,这才是战斗的作者的本领。

刚才想到了以上的一些,便写出寄上,也许于编辑上可供参考。总之,我是极希望此后的《文学月报》上不再有那样的作品的。专此布达,并问好。

鲁迅。十二月十日。

◎ 我思我在

1. 如果以"辱骂和恐吓是不是战斗"为辩题在班级里组织一场辩论会,如果你是正方或反方的辩手,请写一篇三分钟的一辩陈词。

2. 美国著名记者艾格尼丝·史沫特莱曾于1928年底来华,在中国一待就是12年。抗战初、中期,她亲眼看见日本对中国侵略,向世界发出了正义的声音。史沫特莱非常敬重鲁迅,评价其为"作为一个作家,作为一个执笔的战斗者,他是天才,但这天才太执拗了"。请你结合艾格尼丝·史沫特莱的评价,以鲁迅的这篇杂文为例,谈谈鲁迅的"执拗"。

---

① 德国的无产阶级革命,即德国十一月革命。1918年至1919年德国无产阶级、农民和人民大众在一定程度上用无产阶级革命的手段和形式进行的资产阶级民主革命。它推翻了霍亨索伦王朝,宣布建立社会主义共和国。随后,在社会民主党政府的血腥镇压下失败。

② "喜笑怒骂,皆成文章",语出宋代黄庭坚《东坡先生真赞》。喜,原作嬉。

专题问道

专题4　匕首与投枪——鲁迅杂文专题研讨

※ 实践笃行

寻找鲁迅
——跟着作品去寻访鲁迅先生生活过的地方

卡尔维诺在《为什么读经典》中曾说过:"一部经典作品是这样一部作品,它不断在它周围制造批评话语的尘云,却也总是把那些微粒抖掉。"

鲁迅先生的作品,作为经典,也有时会遇到这样的争议。有人认为不要高估鲁迅,有人认为要捍卫鲁迅,甚至语文教材里增删鲁迅文章也会引发社会上的很多猜想。其实,所有这些,对于鲁迅来说,都是伪话题。

因为鲁迅早就在《死》一文里对自己的身后事提到了这么几点:"赶快收殓,埋掉,拉倒。不要做任何关于纪念的事情。忘记我,管自己生活。——倘不,那就真是糊涂虫。……让他们怨恨去,我也一个都不宽恕。"

对于我们阅读者来讲,面对经典,无须道听途说,无须陷在别人的争议中轻易否定或盲目神化一个人,重要的是,用自己最真诚的阅读和寻访静静地走进鲁迅的作品和内心世界,读懂他,并有所传承。如果不真正读懂他的作品,读懂他的灵魂,如果他的精神不能转化成我们现世的精神,那么,对于鲁迅的阅读和纪念都将是文字中的游戏和纸面上的阔论,都是多余。

今天,就让我们一起出发,跟着鲁迅先生的作品去寻访先生在大地上的足迹,去探寻他深广的内心世界。

这个实践笃行的活动,可以在假期中的某几天,选择和鲁迅先生有关的纪念地寻访;也可以用一生,循着作品,去寻访先生人生历程中那些重要的地方。

第一站:绍兴

很多名家的创作都深深扎根于故乡,比如绍兴之于鲁迅,北京之于老舍,湘西之于沈从文,高密之于莫言。

红色经典
中国革命传统作品学习

1881年9月25日,鲁迅出生于浙江绍兴城内东昌坊新台门周家,在绍兴度过了他的童年与少年时期。1898年4月,鲁迅入南京水师学堂学习,后转入江南陆师学堂附设矿务铁路学堂学开矿。1902年3月,鲁迅公费赴日留学,留学期间,开始关注人性以及国民性问题;曾入仙台医学专门学校学医,有一次课间观"日俄战争教育片",深受刺激,弃医从文。1909年8月,鲁迅归国,曾在绍兴中学堂担任教员兼监学。这时期,鲁迅写了个人的第一篇小说《怀旧》。1912年,鲁迅应民国临时政府教育总长蔡元培的邀请,赴教育部任职,自此离开故乡。鲁迅以后的时光主要在北京、厦门、广州和上海等城市度过。

关于故乡绍兴的文字或相关作品背景,更多的是出现在鲁迅离乡后创作的作品里。"老屋离我愈远了;故乡的山水也都渐渐远离了我,但我却并不感到怎样的留恋。我只觉得我四面有看不见的高墙,将我隔成孤身,使我非常气闷;那西瓜地上的银项圈的小英雄的影像,我本来十分清楚,现在却忽地模糊了,又使我非常的悲哀。"这是鲁迅《故乡》里的片段,鲁迅以一种复杂的心绪和隐晦的文笔表达了对故乡的爱和忧伤。还有很多文字,我们都可以读到鲁迅故乡绍兴的影子,或美丽,或忧伤,或深沉。

如果我们去绍兴旅行和寻访鲁迅,喜欢阅读鲁迅作品的你,除了绍兴鲁迅纪念馆、鲁迅故居之外,是否还能根据鲁迅作品提供的线索,为我们再推荐几个相关的景点?

推荐景点	相关作品篇名	推 荐 理 由
例如:百草园与三味书屋	例如:《从百草园到三味书屋》	例如:那碧绿菜畦、光滑石井栏、高大皂荚树、紫红桑椹的景致,那美女蛇的吓人故事,那私塾读书生活里的调皮捣蛋和琅琅书声,仿佛不只是先生的回忆文字,而是我们所有人的共同记忆。

第二站:北京

北京可以说是鲁迅的第二个故乡。自1912—1926年间,鲁迅在北京生活了14个年头,是他除绍兴外生活得最久的一座城市。鲁迅对北京的感情很深,在给好友杨霁云的信

专题问道

专题4 匕首与投枪——鲁迅杂文专题研讨

中也说道:"中国乡村和小城市,现在恐无可去之处,我还是喜欢北京,单是那一个图书馆,就可以给我许多便利。"在去世前几个月,他在给读者的回信中还提起自己很喜欢北京。

北京是中国新文化运动的发源地。鲁迅在北京的时间,正好赶上了新文化运动的蓬勃发展时期,并成为中国新文化运动的一位健将。在北京,很多地方留下了鲁迅的足迹,除鲁迅故居外,还有绍兴会馆、北京女子师范大学(现北京师范大学)、北京大学,还有鲁迅特别喜欢逛的琉璃厂。在北京,鲁迅迎来了创作的一个高潮。

如绍兴会馆,鲁迅刚到北京的时候就住在那儿,约住了七年多,这是鲁迅生命中一段非常沉寂的时光,也是鲁迅思想的蛰伏期。但也在这段时间,鲁迅写下了一部分著名的作品,如《狂人日记》《孔乙己》《药》以及《一件小事》等。

如北京女子师范大学,原址在现北京鲁迅中学所在地,原建筑保存完好。1926年3月18日,"三·一八"惨案发生时,在北京女子师范大学教书的鲁迅听闻自己的学生被杀戮时,悲愤地写下了一系列悼念和控诉的文字,如《记念刘和珍君》《无花的蔷薇之二》《死地》《可惨与可笑》《空谈》等。

今天,如果你和同学一起去寻访鲁迅曾经教过书的北京女子师范大学,你会如何结合当时的历史以及鲁迅的作品,向同学作一番介绍呢?

寻访目的地	目的地介绍词
北京女子师范大学	

第三站:厦门

1926年8月,鲁迅接受林语堂的邀请,南下赴厦门大学教书,尽管在厦大度过的时间只有一百三十四天,但鲁迅在担任"中国文学史""小说史"课程教学的同时,还创作了《铸剑》《奔月》《从百草园到三味书屋》等十几万字的作品。而且,鲁迅在厦大的教学,唤起了学生对文学的热爱,不少爱好文学的学生由此创办了大学生文学社团,并出版了文艺刊物《波艇》和《鼓浪》。

红色经典

中国革命传统作品学习

如果你有机会去厦门大学寻访,会看到林荫深处的鲁迅先生雕像,会看到集美楼里创建的鲁迅纪念馆,还会在历史建筑群空间里慢行的时候,更真实地感悟到鲁迅镌刻在文字里的那种心境。比如,鲁迅在《三闲集·怎么写》一文中曾回忆自己在厦大的一段心境,这段文字的风格为鲁迅杂文中不多见:

"白天还有馆员,钉书匠,阅书的学生,夜九时后,一切星散,一所很大的洋楼里,除我以外,没有别人。我沉静下去了。寂静浓到如酒,令人微醺。望后窗外骨立的乱山中许多白点,是丛冢;一粒深黄色火,是南普陀寺的琉璃灯。前面则海天微茫,黑絮一般的夜色简直似乎要扑到心坎里。我靠了石栏远眺,听得自己的心音,四远还仿佛有无量悲哀,苦恼,零落,死灭,都杂入这寂静中,使它变成药酒,加色,加味,加香。这时,我曾经想要写,但是不能写,无从写。"

你能为鲁迅的这段文字写几句读后感吗?

第四站:广州

1927年1月18日到9月27日,鲁迅先生在广州停留的时间也不长,在广州,鲁迅编辑了旧作《野草》和《朝花夕拾》,创作了《故事新编》中的《铸剑》,还写了一系列杂文,辑成《而已集》。

鲁迅在广州期间,应邀到黄埔军校作了题为"革命时代的文学"的演讲,赢得了黄埔军校师生的极大欢迎。

演讲是一种非常重要的表达能力,假如你来到黄埔军校参观,来到鲁迅当年演讲过的校本部礼堂,让你扮演当时的鲁迅,来一番即兴演讲,体验当时历史现场,你会如何表现呢?

革命时代的文学[①]

——四月八日在黄埔军官学校[②]讲

今天要讲几句的话是就将这"革命时代的文学"算作题目。这学校是邀过我好几次

[①] 选自《鲁迅全集》第三卷(人民文学出版社2005年版)。本篇记录稿最初发表于1927年6月12日广州黄埔军官学校出版的《黄埔生活》周刊第四期。
[②] 黄埔军官学校,孙中山在国民党改组后所创立的陆军军官学校,校址在广州黄埔,1924年6月正式开学。在1927年4月12日蒋介石发动反共政变以前,它是国共合作的学校,周恩来、叶剑英、恽代英、萧楚女等许多共产党人都曾在该校担任过负责工作和教学工作。

专题问道

专题4 匕首与投枪——鲁迅杂文专题研讨

了,我总是推宕着没有来。为什么呢？因为我想,诸君的所以来邀我,大约是因为我曾经做过几篇小说,是文学家,要从我这里听文学。其实我并不是的,并不懂什么。我首先正经学习的是开矿,叫我讲掘煤,也许比讲文学要好一些。自然,因为自己的嗜好,文学书是也时常看看的,不过并无心得,能说出于诸君有用的东西来。加以这几年,自己在北京所得的经验,对于一向所知道的前人所讲的文学的议论,都渐渐的怀疑起来。那是开枪打杀学生的时候①罢,文禁也严厉了,我想：文学文学,是最不中用的,没有力量的人讲的；有实力的人并不开口,就杀人,被压迫的人讲几句话,写几个字,就要被杀；即使幸而不被杀,但天天呐喊,叫苦,鸣不平,而有实力的人仍然压迫,虐待,杀戮,没有方法对付他们,这文学于人们又有什么益处呢？

在自然界里也这样,鹰的捕雀,不声不响的是鹰,吱吱叫喊的是雀；猫的捕鼠,不声不响的是猫,吱吱叫喊的是老鼠；结果,还是只会开口的被不开口的吃掉。文学家弄得好,做几篇文章,也许能够称誉于当时,或者得到多少年的虚名罢,——譬如一个烈士的追悼会开过之后,烈士的事情早已不提了,大家倒传诵着谁的挽联做得好：这实在是一件很稳当的买卖。

但在这革命地方的文学家,恐怕总喜欢说文学和革命是大有关系的,例如可以用这来宣传,鼓吹,煽动,促进革命和完成革命。不过我想,这样的文章是无力的,因为好的文艺作品,向来多是不受别人命令,不顾利害,自然而然地从心中流露的东西；如果先挂起一个题目,做起文章来,那又何异于八股②,在文学中并无价值,更说不到能否感动人了。为革命起见,要有"革命人","革命文学"倒无须急急,革命人做出东西来,才是革命文学。所以,我想：革命,倒是与文章有关系的。革命时代的文学和平时的文学不同,革命来了,文学就变换色彩。但大革命可以变换文学的色彩,小革命却不,因为不算什么革命,所以不能变换文学的色彩。在此地是听惯了"革命"了,江苏浙江谈到革命二字,听的人都很害怕,讲的人也很危险。其实"革命"是并不稀奇的,惟其有了它,社会才会改革,人

---

① 指"三·一八"惨案。
② 八股,明清科举考试制度所规定的一种公式化文体。它用"四书""五经"中文句命题,每篇由破题、承题、起讲、入手、起股、中股、后股、束股八个部分构成。后四部分是主体,每一部分有两股相比偶的文字,合共八股,所以叫八股文。

红色经典
中国革命传统作品学习

类才会进步,能从原虫到人类,从野蛮到文明,就因为没有一刻不在革命。生物学家告诉我们:"人类和猴子是没有大两样的,人类和猴子是表兄弟。"但为什么人类成了人,猴子终于是猴子呢?这就因为猴子不肯变化——它爱用四只脚走路。也许曾有一个猴子站起来,试用两脚走路的罢,但许多猴子就说:"我们底祖先一向是爬的,不许你站!"咬死了。它们不但不肯站起来,并且不肯讲话,因为它守旧。人类就不然,他终于站起,讲话,结果是他胜利了。现在也还没有完。所以革命是并不稀奇的,凡是至今还未灭亡的民族,还都天天在努力革命,虽然往往不过是小革命。

大革命与文学有什么影响呢?大约可以分开三个时候来说:

(一)大革命之前,所有的文学,大抵是对于种种社会状态,觉得不平,觉得痛苦,就叫苦,鸣不平,在世界文学中关于这类的文学颇不少。但这些叫苦鸣不平的文学对于革命没有什么影响,因为叫苦鸣不平,并无力量,压迫你们的人仍然不理,老鼠虽然吱吱地叫,尽管叫出很好的文学,而猫儿吃起它来,还是不客气。所以仅仅有叫苦鸣不平的文学时,这个民族还没有希望,因为止于叫苦和鸣不平。例如人们打官司,失败的方面到了分发冤单的时候,对手就知道他没有力量再打官司,事情已经了结了;所以叫苦鸣不平的文学等于喊冤,压迫者对此倒觉得放心。有些民族因为叫苦无用,连苦也不叫了,他们便成为沉默的民族,渐渐更加衰颓下去,埃及,阿拉伯,波斯,印度就都没有什么声音了!至于富有反抗性,蕴有力量的民族,因为叫苦没用,他便觉悟起来,由哀音而变为怒吼。怒吼的文学一出现,反抗就快到了;他们已经很愤怒,所以与革命爆发时代接近的文学每每带有愤怒之音;他要反抗,他要复仇。苏俄革命将起时,即有些这类的文学。但也有例外,如波兰,虽然早有复仇的文学①,然而他的恢复,是靠着欧洲大战的。

(二)到了大革命的时代,文学没有了,没有声音了,因为大家受革命潮流的鼓荡,大家由呼喊而转入行动,大家忙着革命,没有闲空谈文学了。还有一层,是那时民生凋敝,一心寻面包吃尚且来不及,哪里有心思谈文学呢?守旧的人因为受革命潮流的打击,气得发昏,也不能再唱所谓他们底文学了。有人说:"文学是穷苦的时候做的",其实未必,

---

① 复仇的文学,指19世纪上半期波兰爱国诗人密茨凯维支、斯洛伐支奇等人的作品。当时波兰处于俄、奥、普三国瓜分之下,第一次世界大战后于1918年11月恢复独立。

专题问道

专题4 匕首与投枪——鲁迅杂文专题研讨

穷苦的时候必定没有文学作品的,我在北京时,一穷,就到处借钱,不写一个字,到薪俸发放时,才坐下来做文章。忙的时候也必定没有文学作品,挑担的人必要把担子放下,才能做文章;拉车的人也必要把车子放下,才能做文章。大革命时代忙得很,同时又穷得很,这一部分人和那一部分人斗争,非先行变换现代社会底状态不可,没有时间也没有心思做文章;所以大革命时代的文学便只好暂归沉寂了。

(三)等到大革命成功后,社会底状态缓和了,大家底生活有余裕了,这时候就又产生文学。这时候底文学有二:一种文学是赞扬革命,称颂革命,——讴歌革命,因为进步的文学家想到社会改变,社会向前走,对于旧社会的破坏和新社会的建设,都觉得有意义,一方面对于旧制度的崩坏很高兴,一方面对于新的建设来讴歌。另有一种文学是吊旧社会的灭亡——挽歌——也是革命后会有的文学。有些的人以为这是"反革命的文学",我想,倒也无须加以这么大的罪名。革命虽然进行,但社会上旧人物还很多,决不能一时变成新人物,他们的脑中满藏着旧思想旧东西;环境渐变,影响到他们自身的一切,于是回想旧时的舒服,便对于旧社会眷念不已,恋恋不舍,因而讲出很古的话,陈旧的话,形成这样的文学。这种文学都是悲哀的调子,表示他心里不舒服,一方面看见新的建设胜利了,一方面看见旧的制度灭亡了,所以唱起挽歌来。但是怀旧,唱挽歌,就表示已经革命了,如果没有革命,旧人物正得势,是不会唱挽歌的。

不过中国没有这两种文学——对旧制度挽歌,对新制度讴歌;因为中国革命还没有成功,正是青黄不接,忙于革命的时候。不过旧文学仍然很多,报纸上的文章,几乎全是旧式。我想,这足见中国革命对于社会没有多大的改变,对于守旧的人没有多大的影响,所以旧人仍能超然物外。广东报纸所讲的文学,都是旧的,新的很少,也可以证明广东社会没有受革命影响;没有对新的讴歌,也没有对旧的挽歌,广东仍然是十年前底广东。不但如此,并且也没有叫苦,没有鸣不平;止看见工会参加游行,但这是政府允许的,不是因压迫而反抗的,也不过是奉旨革命。中国社会没有改变,所以没有怀旧的哀词,也没有崭新的进行曲,只在苏俄却已产生了这两种文学。他们的旧文学家逃亡外国,所作的文学,多是吊亡挽旧的哀词;新文学则正在努力向前走,伟大的作品虽然还没有,但是新作品已不少,他们已经离开怒吼时期而过渡到讴歌的时期了。赞美建设是革命进行以后的影响,再往后去的情形怎样,现在不得而知,但推想起来,大约是平民文学罢,因为平民的世

红色经典

中国革命传统作品学习

界,是革命的结果。

现在中国自然没有平民文学,世界上也还没有平民文学,所有的文学,歌呀,诗呀,大抵是给上等人看的;他们吃饱了,睡在躺椅上,捧着看。一个才子出门遇见一个佳人,两个人很要好,有一个不才子从中捣乱,生出差迟来,但终于团圆了。这样地看看,多么舒服。或者讲上等人怎样有趣和快乐,下等人怎样可笑。前几年《新青年》①载过几篇小说,描写罪人在寒地里的生活,大学教授看了就不高兴,因为他们不喜欢看这样的下流人。如果诗歌描写车夫,就是下流诗歌;一出戏里,有犯罪的事情,就是下流戏。他们的戏里的脚色,止有才子佳人,才子中状元,佳人封一品夫人,在才子佳人本身很欢喜,他们看了也很欢喜,下等人没奈何,也只好替他们一同欢喜欢喜。在现在,有人以平民——工人农民——为材料,做小说做诗,我们也称之为平民文学,其实这不是平民文学,因为平民还没有开口。这是另外的人从旁看见平民的生活,假托平民底口吻而说的。眼前的文人有些虽然穷,但总比工人农民富足些,这才能有钱去读书,才能有文章;一看好像是平民所说的,其实不是;这不是真的平民小说。平民所唱的山歌野曲,现在也有人写下来,以为是平民之音了,因为是老百姓所唱。但他们间接受古书的影响很大,他们对于乡下的绅士有田三千亩,佩服得不了,每每拿绅士的思想,做自己的思想,绅士们惯吟五言诗,七言诗;因此他们所唱的山歌野曲,大半也是五言或七言。这是就格律而言,还有构思取意,也是很陈腐的,不能称是真正的平民文学。现在中国底小说和诗实在比不上别国,无可奈何,只好称之曰文学;谈不到革命时代的文学,更谈不到平民文学。现在的文学家都是读书人,如果工人农民不解放,工人农民的思想,仍然是读书人的思想,必待工人农民得到真正的解放,然后才有真正的平民文学。有些人说:"中国已有平民文学",其实这是不对的。

诸君是实际的战争者,是革命的战士,我以为现在还是不要佩服文学的好。学文学对于战争,没有益处,最好不过作一篇战歌,或者写得美的,便可于战余休憩时看看,倒也有趣。要讲得堂皇点,则譬如种柳树,待到柳树长大,浓荫蔽日,农夫耕作到正午,或者可

---

① 《新青年》,下文所说的大学教授,指吴宓(1894—1978),陕西人,早年留学英美,曾任清华大学国学研究系主任,时任东南大学教授。作者在《二心集·上海文艺之一瞥》中说:"那时吴宓先生就曾经发表过文章,说是真不懂为什么有些人竟喜欢描写下流社会。"

专题问道

专题4 匕首与投枪——鲁迅杂文专题研讨

以坐在柳树底下吃饭,休息休息。中国现在的社会情状,止有实地的革命战争,一首诗吓不走孙传芳①,一炮就把孙传芳轰走了。自然也有人以为文学于革命是有伟力的,但我个人总觉得怀疑,文学总是一种余裕的产物,可以表示一民族的文化,倒是真的。

人大概是不满于自己目前所做的事的,我一向只会做几篇文章,自己也做得厌了,而捏枪的诸君,却又要听讲文学。我呢,自然倒愿意听听大炮的声音,仿佛觉得大炮的声音或者比文学的声音要好听得多似的。我的演说只有这样多,感谢诸君听完的厚意!

第五站:上海

上海是鲁迅最后的归宿。当时上海作为远东第一大城市,也作为继北京之后的新文化中心,给从离开广州来到上海的鲁迅极大的感触。初到上海的鲁迅也曾感慨道:"来此十天,略不小心,确有落伍之惧。"上海市民社会以及国际商埠的文化和生活丰富性不断深化着鲁迅对于社会以及国民性的思考,到了上海的鲁迅创作也由此发生了转向,从小说主要转向了杂文,鲁迅一生撰写的17部杂文集其中12部就完成于上海。知名学者郜元宝认为,鲁迅在上海的生活成就了"杂文鲁迅"。

因此,除了深入阅读鲁迅的杂文作品,如果能去上海寻访鲁迅的生活地和纪念地,也许能让我们更真实地理解"杂文鲁迅",理解历史上这位"大先生"宽广深厚的内心世界。

卡尔维诺还说过:"经典作品是这样一些书,我们越是道听途说,以为我们懂了,当我们实际读它们,我们就越觉得它们独特、意想不到和新颖。"随着我们阅读的深入,随着我们一程又一程的寻访,我们是否也越来越深刻地感受鲁迅先生作品的独特、意想不到和新颖呢?

最后,让我们把一路阅读和寻访的感受整理成一篇完整的寻访笔记吧!

---

① 孙传芳军队的主力于1926年冬在江西南昌、九江一带为国民革命军击溃。

专题 5

一代天骄
——毛泽东诗词专题研讨

诗言志。对于普通文人，无情不成诗；对于投身革命的伟人，无志不成诗。所以柳亚子看完《沁园春·雪》后高度评价毛泽东："才华信美多娇，看千古词人共折腰。"毛泽东的诗植根于悠久的文化传统，融入自己的创造性才思，充分表达自己的志向，又将自己的创造融入其中。他崇李白而轻杜甫，性豁达而少忧郁，喜豪放而少婉约。

毛泽东喜欢写诗，但一生事务繁忙，在诗歌创作方面投入精力有限，因此，他的诗有特色而不求全面，寄感慨而不求精雕，故他的作品多有不合平仄处。但这些作品，有的地方属气势所至，无须细谨。毛泽东"有闲"时也会细琢，如"金沙水拍悬崖暖"，后改成"金沙水拍云崖暖"，"悬"和"云"，一字之别，生动立现，即为显例。

岁月艰难诗词翻。在革命起伏、戎马倥偬的年岁里，毛泽东还常以诗叙志、以诗言情，哪怕偶有所作，也不同凡响。但是，无论是"在马背上哼成的"具有乐观情怀的篇章，还是在"心情沉郁"时写下的忧思之作，诗中总能读出浩大雄伟、奋斗不息、敢于拼搏的坚毅精神。

前人栽树后人乘凉。有毛泽东这样的伟人留下的光辉诗篇，我们当静下心来认真学习，在读—品—悟等活动中，汲取作者的革命乐观主义精神，领会并学习作者现实主义和浪漫主义相结合的艺术表现手法。

※ 含英咀华

西江月·井冈山[①]

山下旌旗在望，山头鼓角相闻。敌军围困万千重，我自岿然不动。

[①] 选自徐涛编《毛泽东诗词全编》（湖北教育出版社1993年版）。

专 题 问 道

专题5　一代天骄——毛泽东诗词专题研讨

　　早已森严壁垒，更加众志成城。黄洋界上炮声隆，报道敌军宵遁。

1928年秋

◎ **我思我在**

1. 你从哪些地方看出了怎样的战斗状况？
2. 你从哪些词句看出毛泽东对这场战斗所持的心态？
3. 请你阅读下列陈毅写的跋语，结合你所掌握的历史知识，举出以少胜多的战例至少三个。

"录毛主席所作井冈山词，寄调西江月。此词作于一九二八年夏。当时我军主力赴湘南，敌军企图袭取井冈山。毛主席亲率一个营将敌击退。此词表现出我军以少胜众，不可震撼的英雄气概。是役井冈山根据地赖以保全，有扭转战局的作用。读此词令人增长志气，可视敌军为土芥。我认为新中国人民应有此气概，而且已经有此气概。真可喜可贺。至此词选调之当，遣词之工，描绘之切，乃其余事。例如在战争中尝有炮声雷鸣，而敌已开始逃跑，此敌之起身炮也，此我之送行炮也，不可不知。一九六零年春日，陈毅题记。"

七律·人民解放军占领南京[①]

【阅读提示】

　　1949年4月20日，国民党拒绝在和平协定上签字。当夜，解放军在东起江苏江阴、西迄江西湖口的千里长江上，分三路强行渡江。23日晚，东路陈毅的第三野战军占领南京。

　　　　钟山风雨起苍黄，百万雄师过大江。
　　　　虎踞龙盘今胜昔，天翻地覆慨而慷。

[①] 选自徐涛编《毛泽东诗词全编》（湖北教育出版社1993年版）。

红色经典

中国革命传统作品学习

宜将剩勇追穷寇,不可沽名学霸王。

天若有情天亦老,人间正道是沧桑。

◎ **我思我在**

1. 假如元旦文艺汇演要朗诵这首诗,而你是主持人,你会如何介绍这首诗?请写50字左右的介绍词。

2. 如果你是说书人,面对听众,你将以怎样的口气、用什么语言去解说"宜将剩勇追穷寇,不可沽名学霸王"这句话?

3. 有小学生拿着这首诗来问你,"天若有情天亦老"是不是作者说错了——"天"怎么会"老",你会怎么回答?

采桑子·重阳[①]

【阅读提示】

此词作于1929年重阳节。这年5、6月间,红四军攻占龙岩,蒋介石组织兵力会剿红军,红四军主力配合当地游击战争,9月21日,攻占上杭,击败敌人的会剿。此时毛泽东已经离开红四军的领导岗位,他深入上杭、永定的农村,一面养病,一面领导地方土地革命斗争。这年的重阳节毛泽东来到上杭,这时的闽西山区,黄色的野菊花竞相开放,毛泽东面对怒放的野菊花,触景生情,吟成此词。

人生易老天难老,岁岁重阳,今又重阳,战地黄花分外香。

一年一度秋风劲,不似春光,胜似春光,寥廓江天万里霜。

1929年10月

---

① 选自徐涛编《毛泽东诗词全编》(湖北教育出版社1993年版)。

专题问道

专题5 一代天骄——毛泽东诗词专题研讨

◎ **我思我在**

1. 假如选修课本中有同样题材的两首诗要你从感情角度进行比较,你会怎么说?

附另一首重阳诗

重阳席上赋白菊

白居易

满园花菊郁金黄,中有孤丛色似霜。

还似今朝歌酒席,白头翁入少年场。

2. 课前三分钟诗词点评活动轮到你点评《采桑子·重阳》,你会从哪个角度点评?

3. 仔细默读《采桑子·重阳》的上片和下片,你能发觉它们在写作上有什么共同点吗?

七律·长征①

红军不怕远征难,万水千山只等闲。

五岭逶迤腾细浪,乌蒙磅礴走泥丸。

金沙水拍云崖暖,大渡桥横铁索寒。

更喜岷山千里雪,三军过后尽开颜。

◎ **我思我在**

1. 如果你是导演,要分别从风景和红军角度选拍镜头,你会选哪几个特写镜头?请各给镜头拟一个题目;若有兴趣,可选一个镜头描写一段文字(100字以内)。

2. 请你面向同学点评颈联中相反的两个词(要求顾及战争和作者的感情两方面)。

3. 作为毛泽东诗中流传最早、流传最广的一首诗,你能就诗中涉及的地点画一张红军长征行程图吗?

---

① 选自徐涛编《毛泽东诗词全编》(湖北教育出版社1993年版)。

红色经典
中国革命传统作品学习

※ 实践笃行

数风流人物,还看今朝

毛泽东同志诞辰120周年前夕,学校要举办"一代天骄:毛泽东诗词专题研讨活动",假如你是学生会文化部部长,想分几个小组落实这一欣赏活动,请了几位文学爱好者设计了各组的活动方案。请你在下面的活动方案中,选择一个组,参加这次"一代天骄:毛泽东诗词专题研讨活动"。

◎**诵读组:诵以咏怀**

1. 活动说明

诗词,是文学浩空中的一轮明月,它以优雅的清辉渗入人的心灵,提升人的精神境界。诗词虽篇幅短小,但内容丰富;虽讲求音律,但画面明晰。让我们一起走进毛泽东诗词的世界,徜徉于音乐的海洋,尽情感受毛泽东诗词无穷的魅力吧!

2. 活动过程

选词:每班可自选吟诵篇目;

配乐:选择背景音乐供小组内讨论,必要时请教语文老师和音乐老师;

方式:确定诵读方式——集体还是多人合作诵读(比如男声女声等),抑或是单独朗诵?

训练:邀请老师指导并在课余反复演练;看看诵一首诗要多少时间,上报节目组;

制作:将所诵诗歌录成视频,交给教学处,由教学处统一组织评比;

评比:语音清晰准确、抑扬顿挫、情感丰富、表情达意;仪表得体大方,具有感染力;全部脱稿,若在脱稿的基础上能配上适当的肢体动作者,酌情加分;所配音乐与诗词节奏、韵律、旋律等相适应;还要考虑着装与诵读主题的契合度。

◎**吟唱组:谐诗之律**

1. 活动说明

孔子曾有言:"兴于诗,立于礼,成于乐。"也就是说音乐能够抒怀、感发、审美、养德。

专 题 问 道

专题5 一代天骄——毛泽东诗词专题研讨

所以这一板块要求竞赛选手能够将毛泽东诗词与音乐相融合,举行吟唱比赛。

2. 活动过程

过程:选曲——排练——预演——制作——修改——推广

请参照歌曲《长征》,在下列诗词中选一首谱一个曲子,尝试演唱。

备选曲目:《沁园春·长沙》《水调歌头》《如梦令》等。

要求:1. 备选曲目中选一首或另选古诗词自己编曲。

2. 联系音乐老师,一起给它谱曲。

3. 试着吟唱,并修改曲子,要求指定一个领唱、一个指挥,其他人按既定要求唱。

4. 录成音频,将它挂在校园网上,请其他同学和老师听并提出建议。

5. 最终定稿,面向社会推广。

红色经典
中国革命传统作品学习

◎书法组：独领风骚

1. 活动说明

毛泽东的诗词绝大多数是用毛笔书写的。毛泽东手书古诗词，在书法境界上已臻出神入化。从百幅真迹来看，毛泽东的书法和诗意极为融洽，浑然一体，豪迈、苍凉、委婉、激越，风雨雷电、水流花开、天地肝胆、大泽龙蛇，博大的心胸，纯美的诗情，毛泽东凭手中的长锋狼毫笔，在尺幅间、时空中，留下了人间正道、男儿意气、云水襟怀和审美理想。可以说，毛泽东的书法在60、70年代，已达到了巅峰。有人形容其有"二王"之秀逸，孙过庭之俊美，张旭之狂韵，怀素之放肆，苏黄之雄厚……形成了著名的"毛体"。

2. 活动过程

过程：收集——布展——临摹——鉴赏

（1）请你收集毛泽东历年的书法作品，在学校的宣传窗里布置一个专栏，并在每一幅作品的下面或旁边配上20字的欣赏理由专门展示，供师生观赏。

（2）如果要你从以下书法作品中选一幅让你的小组成员临摹，你会选哪一幅，请写出50字的鉴赏理由。

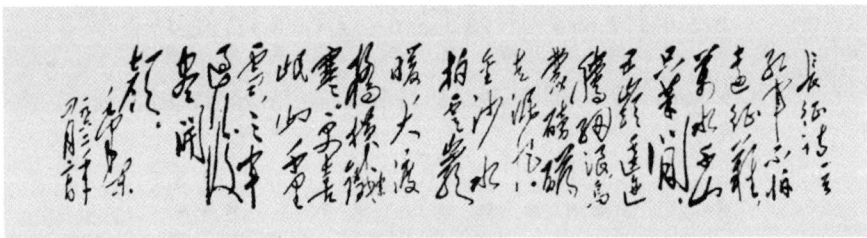

《七律·长征》

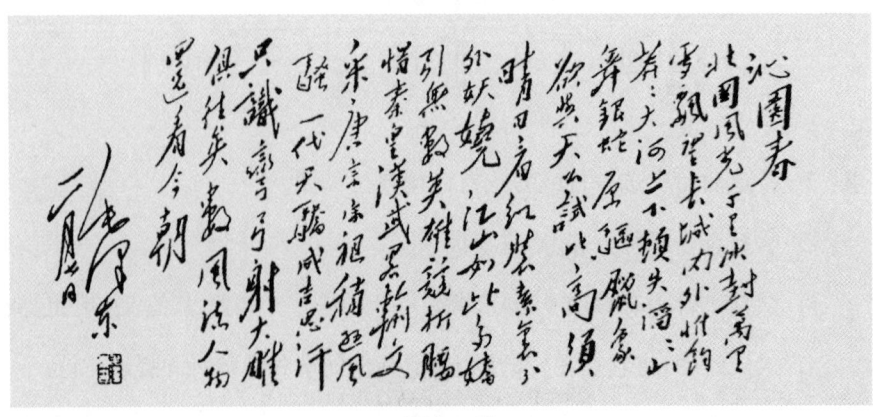

《沁园春·雪》

专题问道

专题5 一代天骄——毛泽东诗词专题研讨

3. 请你临摹以上书法,并将所摹作品拍成照片,上传至学校网站。

4. 学校要举行毛泽东诗词书法比赛,你准备选哪幅参赛?请写出你最得意的字体,将作品交给学校展出。

◎**专家组:权威阐释**

1. 活动说明

毛泽东被视为现代世界历史中最重要的人物之一,《时代》杂志也将他评为20世纪最具影响100人之一。他本人的传奇经历就是一部新中国革命史和建设史,他的诗作跨越大半个世纪,他的诗作气势雄浑,想象瑰丽。

俗话说,诗言志,歌咏言。诗歌反映了毛泽东所处的社会环境,体现了他对时局的思考,结合该历史环境下的作品,也可以让我们揣摩他的心路历程。

2. 活动过程

过程:确定鉴赏点—学习文艺评论的写作—开设小讲座。

1. 请你利用书籍、网络等资源,根据不同的标准给毛泽东在解放前的诗分类,结合你的审美观,从下列提示确定一个鉴赏点,并为它拟一个标题。

提示:内容(包括战争、爱情、土改等)、题材、写作手法、节奏或旋律、感情、思想,等等。

2. 尝试学写文艺评论

(1) 提供知识支架:如何写好文艺评论。

(2) 初步尝试写作:请你找出毛泽东诗词中关于"山、水、人"的诗句,总结这些景色的特点,并分析这些特点与毛泽东性格的关系。

(可参考文章杨春富《毛泽东诗词中的山·水·人》《党史研究资料》2003年第2期)

3. 每人自主选择一个鉴赏点进行写作,并将它制作成PPT,给同学作微型讲座。

*4. 毛泽东一向豪情万丈,可是铁血男儿也有柔情的一面,请你各选一首词(尽量不与上面提到的重复)进行对比,说说毛泽东在什么情况下会柔情万种。

提示:毛泽东表达对爱妻杨开慧眷恋和思念之情的《虞美人·枕上》:"堆来枕上愁何状,江海翻波浪。夜长天色总难明,无奈披衣起坐薄寒中。晓来百念皆灰烬,倦极身无凭。一钩残月向西流,对此不抛眼泪也无由。"

《蝶恋花·答李淑一》:"我失骄杨君失柳,杨柳轻飏直上重霄九。问讯吴刚何所有?吴刚捧出桂花酒。寂寞嫦娥舒广袖,万里长空且为忠魂舞。忽报人间曾伏虎,泪飞顿作倾盆雨。"

5. 请你仔细阅读毛泽东诗词,根据历史知识,说说某句诗作的由来。

◎评价组

请你给本次"毛泽东诗词专题活动"作评价,在前四行中分别以 A、B、C、D 表示优秀、良好、合格和不合格,将相关结果填入下表;后面的几行请你用文字表示。

组别 评价内容	诵读组	吟唱组	书法组	专家组
紧扣活动主题				
活动内容扎实				
参加人员表现				
活动效果反响				
活动亮点				
值得商榷处				
改进建议				

专题 6

红色舞台

——"红色"经典剧本专题研讨

从嘉兴南湖的红色启航,到井冈山上的星火燎原;从抗日战争的滚滚硝烟,到三大战役的赫赫战绩;从五星红旗的冉冉升起,到"一五"计划的成功实现;从改革开放的时代创举,到神舟飞船的遨游云端……

一段段岁月,风云激荡光辉诗篇;一部部影视,热血淬炼红色经典;一首首插曲,强音凝铸民族灵魂。

青春奏响壮烈的凯歌,热血铸就革命的经典。那一幕幕话剧、歌剧、舞剧甚至样板戏,那一部部红色电影、电视剧,经久不息,成为特殊年代留给我们的舞台经典。红色舞台,将带你回到火热年代,和你一道重温红色经典,揭密经典背后不为人知的尘封人事。

热血不会消亡,记忆不会被遗忘!我们学习这一专题,并不是影视欣赏课或戏剧表演课。本专题通过"含英咀华"和"实践笃行",分别从"舞台上的革命"和"荧屏上的革命",了解红色经典原著怎样将政治性与艺术性完美结合,以普通人喜闻乐见的表现形式,严谨的艺术追求,优美的曲调和经典的人物形象,成为中华艺术宝库中的无价之宝,任时光荏苒,魅力不减,深深地影响着一代又一代的中国人。在这个专题的学习中,希望你能聚焦语文课程,在了解戏剧影视基本元素的基础上,探究经典文学文本在原型改造、人物塑造、主题表达、艺术手法的选择上的精到之处,从而明确文学艺术是瑰宝,政治需要艺术地表达,才能起到更好的宣传教育作用,扩大影响力。

少年强则国强。我们要接过民族精神的光辉旗帜,适应时代发展的需求,锐意改革,自强不息,真正把爱国之志变成报国之行。今天为振兴中华而勤奋学习,明天为创造祖国辉煌的未来贡献自己的力量!

只要把火星子丢上去,那就是熊熊烈火。

红色经典

中国革命传统作品学习

※ 含英咀华

白毛女①

延安鲁迅艺术学院集体创作,贺敬之 丁毅执笔

【阅读提示】

歌剧《白毛女》的原版是一个典型的民间传奇。故事讲的是在晋察冀边区某地,有一个浑身毛发皆白的"仙姑",经常在村头的奶奶庙"显灵"——把人们送到奶奶庙的供品吃得一干二净。当地老百姓因此心惊胆战,每逢初一、十五都定时到奶奶庙烧香上供,乞求"白毛仙姑"保佑一方平安。抗战爆发后,八路军来到这里,一位八路军区干部不信邪,经过跟踪调查,终于弄清事情原委,这"白毛仙姑"原本是一个农家少女,因长得好看,被恶霸地主逼死爷爷,强抢回家。后来恶霸地主又厌弃了她,另娶新欢,还图谋害死她。在别人的帮助下她逃了出来,逃进山洞。由于终日不见阳光,又吃不到盐,所以毛发皆白,只能靠吃奶奶庙中的供品勉强度日。八路军区干部非常同情她的遭遇,把她解救了出来,从此她回到了人间,获得了新生。

《白毛女》上演后,引起强烈反响。"每次演出都是满村空巷,扶老携幼,屋顶上是人,墙头上是人,树杈上是人,草垛上是人。凄凉的情节、悲壮的音乐激动着全场的观众,有的泪流满面,有的掩面呜咽,一团一团的怒火压在胸间。"这是丁玲笔下人们看《白毛女》的情景。甚至多次发生解放军战士欲开枪击毙舞台上的"黄世仁"的险情。更有意味的是,该剧在维也纳演出谢幕时,有人上台给演员献花,竟有一老太太大声高喊:"不要献花给他(黄世仁的扮演者陈强)!"可见这一剧目竟然使众多观众陷入"迷狂"状态。即使在当今时代,歌剧、舞剧、电影版的《白毛女》演出或播放时,仍然会吸引众多观众瞩目,据说上海芭蕾舞剧团演出的芭蕾舞剧《白毛女》已达1 400多场,几乎演遍了整个世界。

---

① 选自《白毛女》(浙江教育出版社2015年版)。

专 题 问 道

专题6 红色舞台——"红色"经典剧本专题研讨

〔1933年冬。

〔河北省某县杨格庄,村前平原,村后大山。

第一场

〔除夕。天降大雪。

〔佃户杨白劳之女喜儿手拿玉茭子面在风雪中上。

(音乐奏第一曲)

喜　儿　(唱第二曲)

  北风吹,雪花飘,

  雪花飘飘年来到。

  爹出门去躲账整七天,

  三十晚上还没回还。

  大婶子给了玉茭子面,

  我等我的爹爹回家过年。(推门进屋)

〔屋中穷苦简陋,内有一灶,旁有灶神,柴禾及盆罐散放在角落里,锅台上放一油灯。

喜　儿：呵,今儿年三十啦,家家都蒸黄米糕,包饺子,烧香,贴门神……过年啦。爹出门去躲账,七八天啦还没回来,家里过年的东西什么也没有。刚才我到大婶家去,她给了我一些玉茭子面,我把它捏成饼子等爹回来好吃。

〔舀水,和面,做窝窝。

(音乐奏第三曲)

〔屋外,风把门吹开。喜儿跑去看,无人。

呵,是风把门吹开了。

(唱第四曲)

  风卷雪花在门外,

  风打着门来门自开;

  我盼爹爹快回家,

  一脚踏进门里来,

  一脚踏进门里来。

红色经典
中国革命传统作品学习

（白）爹出去的时候是挑着豆腐担子出去的，要是卖了豆腐赚下几个钱，称回二斤白面来，今年过年还能吃上一顿饺子哪。

（唱第五曲）

  我盼爹爹心中急，

  等爹回来心欢喜，

  爹爹带回白面来，

  欢欢喜喜过个年，

  欢欢喜喜过个年！（继续做饼子）

〔杨白劳身上落了一层雪，背着豆腐担子，披着盖豆腐的布，跟跟跄跄地上。

（音乐奏第六曲）

杨白劳　（唱第七曲）

  十里风雪一片白，

  躲账七天回家来；

  指望着熬过这一关，

  挨冻受饿，我也能忍耐。

（一面畏缩地看看四周，一面打门。白）喜儿，开门！

喜　儿　（开门，惊喜）爹！你回来啦？

杨白劳　嗯。（以手急止喜儿不要大声）

喜　儿　（给爹打身上的雪）爹，外面的雪下得真大，看你身上落了这么厚一层……

杨白劳　（急切地）喜儿，爹问你，爹出去这几天，少东家打发人来要账了没有？

喜　儿　二十五那天，穆仁智来过一回。

杨白劳　（一惊）怎么？他来过一回！他说什么来着？

喜　儿　爹，他没说什么，看见爹不在家就回去了。

杨白劳　后来呢？

喜　儿　后来再没有来过。

杨白劳　（半信半疑）真的？

喜　儿　真的，爹。

专题问道

专题6　红色舞台——"红"经典剧本专题研讨

杨白劳　（还是不大相信）呵？

喜　儿　谁还哄你呢，爹，是真的！

杨白劳　（放下心来）唉，这就好了，喜儿，你听听外面风刮得这么厉害！……

喜　儿　雪也下得那么大！

杨白劳　天也黑了。

喜　儿　道儿也难走，爹！

杨白劳　我看穆仁智这回不会来啦。咱欠东家这一石五斗租子，还有那还不清的驴打滚的账，这回总算又躲过去啦。

喜　儿　（欢喜地）又躲过去啦，爹！

杨白劳　喜儿，抓把柴禾叫爹烤烤火。

（音乐奏第八曲）

杨白劳　怎么，这么冷的天，你一个人又上山去打柴了？

喜　儿　这是我和大春哥一块儿去的。

杨白劳　（喜悦地）唔唔……（转身看锅台）怎么这点儿玉茭子面还没吃完？

喜　儿　早就吃完了，这是刚才王大婶给的。（抓柴禾点燃）爹！你饿了吧？

杨白劳　（烤火）爹饿了，饿了……

喜　儿　饼子捏好了，我去蒸去。

杨白劳　等一等，喜儿，你看这是什么？（从怀中掏出一个口袋）

喜　儿　（惊喜地抢过来）什么，是白面？

杨白劳　是白面！

（唱第九曲）

　　卖豆腐赚下了几个钱，

　　集上称回了二斤面，

　　怕叫东家看见了，

　　揣在怀里四五天。

喜　儿　（唱第十曲）

　　卖豆腐赚下了几个钱，

红色经典
中国革命传统作品学习

爹爹称回来二斤面，

带回家来包饺子，

欢欢喜喜过个年，

哎！过呀过个年！

（白）爹，我去喊王大婶过来包饺子。

杨白劳　（止喜儿）喜儿，再等会儿，你看这又是什么？

喜　儿　什么，爹？

杨白劳（从怀里掏出一小纸包，包了很多层，一层一层剥开，原来是红头绳，边剥边唱第十一曲）

人家的闺女有花戴，

爹爹钱少不能买，

扯上了二尺红头绳，

给我喜儿扎起来！

哎，扎起来！

〔喜儿跪在杨白劳膝前，杨白劳给喜儿扎头绳。

喜　儿　（唱第十二曲）

人家的闺女有花戴，

我爹钱少不能买，

扯回来二尺红头绳，

给我扎起来。

哎！扎呀扎起来！（起立）

杨白劳　哈哈，喜儿，转过来叫爹看看，（喜儿转身）好，一会儿叫你王大婶和你大春哥也过来看看。（喜儿羞涩又撒娇地一扭身）唔，爹还请了两张门神来，把它贴上吧。（取门神）

喜　儿　门神？

杨白劳　把它贴上吧。

〔二人贴门神。

喜　儿　哎。

专 题 问 道

专题6　红色舞台——"红色"经典剧本专题研讨

（唱第十三曲）

　　门神门神骑红马，

杨白劳　（唱）

　　贴在门上守住家；

喜　儿　（唱）

　　门神门神扛大刀，

杨白劳　（唱）

　　大鬼小鬼进不来。

杨白劳
喜　儿　（唱）

　　哎！进呀进不来！

杨白劳　对，叫大鬼小鬼进不来。

喜　儿　叫那要账的穆仁智也进不来！

杨白劳　好孩子，这回该叫咱们过个平安年啦。

〔两人关门。

〔王大婶上。

（音乐奏第十四曲）

王大婶　今儿大春从集上称回二斤面来，我去看看他杨大伯回来了没有，要是回来了，喊他们爷儿俩过来包饺子。（到杨白劳门口一看）呵，准是他杨大伯回来了，看这门神都贴上啦！（打门）喜儿，开门！

喜　儿　谁呀？

王大婶　你大婶子嘛！

〔喜儿开门，王大婶进门。

喜　儿　大婶子，你看我爹回来啦。

王大婶　他大伯，你多会儿回来的？

杨白劳　才回来一袋烟的工夫。

喜　儿　大婶，我爹回来还称回二斤白面来，我才说喊你过来包饺子，你可就先来

红色经典
中国革命传统作品学习

了,你看!你看!

王大婶　好孩子,你大春哥也称回二斤白面,二升米还换了一斤肉,我是喊你爷儿俩过去包饺子的。

喜　儿　就在这儿包吧!

王大婶　还是过去包吧!

喜　儿　就在这儿包嘛,大婶子。

王大婶　还是过去包吧!

杨白劳　咳,就在这儿包嘛。

王大婶　看你们这爷儿俩!这还能让到外人去吗?(转身悄声对杨白劳)他杨大伯……过了这个年,喜儿和大春都大了一岁了,我还等着你的信儿呢!

杨白劳　(怕喜儿听见,又要让喜儿听见)她大婶,你先不要着急,等过了这个年,只要遇上个好年月,咱就准给孩子们办,咳……

喜　儿　(故作不知,打断话头)大婶过来和面嘛!

杨白劳　唔,唔,快和面去吧,快和面去吧!

王大婶　(笑)哈哈哈……和面,和面……(去和面)

〔穆仁智上,手提红灯,上有"积善堂黄"四字。

穆仁智　(唱第十五曲)

　　讨租讨租,

　　要账要账,

　　走了东庄走西庄,

　　我有四件宝贝身边藏:

　　一支香来一支枪,

　　一个拐子一个筐——

　　见了东家就烧香,

　　见了佃户就放枪,

　　能拐就拐,

　　能诳就诳。

专 题 问 道

专题6 红色舞台——"红色"经典剧本专题研讨

（白）今儿晚上，我们少东家叫我到佃户杨白劳家里去给他办一件事——一件心事，一件不叫人知道的事……（到门边打门）老杨，开门！

杨白劳　谁呵？

穆仁智　我，穆仁智。

众　　　呵？（一惊）

〔王大婶和喜儿急把面盆等物藏起。

穆仁智　老杨，快开门呵！

〔杨白劳无法，只得开门。穆仁智进来，众哑然。

穆仁智　（持灯照屋内一圈，喜儿躲在王大婶背后）老杨……（异乎寻常地和气）预备好过年了吧？

杨白劳　咳，穆先生，还没动烟火呢。

穆仁智　唔。老杨，麻烦你一下，我们少东家请你去一趟，有事商量商量。

杨白劳　呵！（惊）这，这，穆先生，我打不起租子，还不起账呵！

穆仁智　哎，不是，这回少东家叫你去，一不打租，二不要账，有要紧的事跟你商量。今儿年三十啦，少东家心里高兴，有话好说，有事好办。走一趟吧！

杨白劳　（哀求地）我……穆先生……

穆仁智　（指门）没有什么，走一趟。

〔杨白劳只好走。

喜　儿　（急切地）爹，你……

穆仁智　（用灯照喜儿，轻薄地）唔，是喜儿，不要紧，呀！……少东家给你买花儿戴，叫你爹给带回来……（对杨白劳）老杨，咱们走吧。

王大婶　（把豆腐包给杨白劳披上）他大伯，你把这个披上把，外面雪又下大了……你到了那里，跟少东家好好说说，他总不能不让咱过这个年呵！

穆仁智　是呀！（推杨白劳出门）

〔杨白劳走出，又回头。

喜　儿　爹……

（音乐奏第十六曲）

红色经典
中国革命传统作品学习

杨白劳　咳……她大婶，我去了，一会儿就回来……

穆仁智　快走吧。（推杨白劳走下）

喜　儿　大婶，我爹……（欲哭）

王大婶　（安慰地）你爹一会儿就回来啦。走，先到大婶家和面去吧！

（挽喜儿下）

◎ **我思我在**

1. 了解了《白毛女》的前世，通过阅读，你能发现剧本为《白毛女》的今生做了哪些改编吗？请思考一下，剧本为何要做这些改变。

2. 你能说说节选的剧中佃农杨白劳、女儿喜儿、杨家紧邻王大婶、狗腿子穆仁智的人物性格吗？

3. 歌剧《白毛女》作为"革命文艺"，其要表达的主题是什么呢？在这样的时代，歌剧的演出想达到什么效果？能具体谈谈吗？

4. 1945年诞生的《白毛女》是中国的第一部歌剧，这一艺术样式是在西方歌剧的影响下产生的，这种艺术形式不是"民间的""大众的"，按一般的常理和规律，这样的艺术形式应该是"曲高和寡"的"阳春白雪"，解放区的民众多是文化水平较低甚至是目不识丁的"下里巴人"，他们如何欣赏得了这一剧目呢？从一个莫须有的传说到永不消逝的经典，充分达到宣传教育功效，歌剧《白毛女》是怎样做到的？小组合作，探讨分析一下吧。

霓虹灯下的哨兵[①]

沈西蒙、漠雁、吕兴臣集体创作，沈西蒙执笔

【阅读提示】

《霓虹灯下的哨兵》原型来自一个普通连队的事迹。1947年8月6日在山东莱阳城西水头沟小园村，华东军区特务团把几十名胶东农民子弟兵编在一起组成了该团四大队

[①] 节选自刘厚生、胡可、徐晓钟主编，中国话剧艺术研究会编《中国话剧百年剧作选》第11卷（中国对外翻译出版公司2007年版）。

专题问道

专题6 红色舞台——"红色"经典剧本专题研讨

辎重连。该连自1949年6月进驻上海南京路执勤后又被编为三营八连。面对国民党反动残余"腐蚀拉拢加破坏暗杀"的阴谋,八连战士在看不见硝烟的战场上锤炼出了"拒腐蚀,永不沾"的革命意志。此后,沈西蒙以此为原型,执笔写出了话剧剧本《南京路进行曲》。此后在前线话剧团的排演中被正式定名为《霓虹灯下的哨兵》。1962年底该剧公演后,八连作为"两个务必"、发扬艰苦奋斗精神的一面旗帜,立即引起轰动。

【第三场】

当晚。

部队驻地。

〔只见一幢洋房,院落幽静。

〔背景中霓虹灯光仍隐隐显显,乐声恼人。

〔黑影中,赵大大在蒙头睡觉。

〔路华打着电筒走来,手电光落在赵大大床头。鲁大成跟上。

路　华　谁?大大吗?赵大大!

〔赵大大不作声。

路　华　睡觉不把鞋脱了,也不把被盖好啊?(动手为他盖被、脱鞋)

赵大大　(突然坐起)指导员,我睡不着!

路　华　(开灯)你,怎么啦?(摸赵大大上额)不舒服?手有些凉,是不是病了?

鲁大成　我叫卫生员去。

赵大大　(激动)指导员……

路　华　怎么?出什么事了?赵大大,你尽管说。

赵大大　让我到前方去吧!到有仗打的地方去。南京路我不想待!

路　华　为什么?

赵大大　(不服气的口吻)我……脸黑!

鲁大成　脸黑?脸黑就不能站岗,不能当家做主人了?你这算个什么问题?(走出,到窗口又探出头来)脸黑怎么的?脸黑说明你行军打仗太阳晒的,说明你健康,光荣!(下)

红色经典

中国革命传统作品学习

路　华　大大,在战场上,你向来是挺胸前进的,到南京路反倒垂头丧气了?

赵大大　我有气!你看看这地方,你听听这声音,简直乱七八糟!资产阶级说我脸黑,我不在乎,脸黑我就不革命了?别说他看不惯我,我还看不惯他呢!没有我这黑脸,他能解放?可是领导上也嫌我脸黑!

路　华　谁说你脸黑?

赵大大　排长,说我是大炮筒子,童阿男这个上海兵我不会带。刚才他和女学生去上馆子,我反对,可是排长他反批评我脑子里少根弦!

路　华　嘎!怪不得童阿男这么晚还没回来,是他批准的。

赵大大　(点头)今天晚上游园大会,连部规定我带班,可排长说他要亲自出马,说:"你黑不溜秋地靠边站站吧。"

路　华　连部今晚不是准他假了吗?不准他去!

赵大大　他说有政治任务,讲故事。

　　　　〔通信员上。

通信员　指导员,你的房子腾出来了,也打扫好了。

路　华　床呢?

通信员　都安置好了,是老班长亲自动手的。指导员,你房让了,床也让了,你自己怎么办?

路　华　哪儿都可以。今晚把我的铺就统到这儿来。赵大大,怎么样?今晚我们俩做伴儿,欢迎吗?对了,小鬼,我们把三排长的被子抱过去。回头你再去找找童阿男。看见三排长叫他回来休息。

　　　　〔路华和通信员把陈喜的被子、洗脸用具抱走。

路　华　赵大大,等着啊,我一会就来啊!(下)

　　　　〔陈喜唱着小调回来,掏出一双花花袜子,解绑腿。

赵大大　(跃起)别唱了好吧!再唱,脑壳都要炸了!

陈　喜　(笑笑)你这个人啊,脑袋瓜子就这么古板,怪不得上海人见你就有点怕。(又唱起来)

赵大大　(耐住性子)排长,我,我有话想和你拉拉。

陈　喜　有话改天再拉吧!

专题问道

专题6 红色舞台——"红色"经典剧本专题研讨

赵大大　不成,我憋不住了,要冒了!我对你有意见!

陈　喜　你呀,部队到了南京路,就算你的意见多,什么事总不顺眼,这还行吗?

赵大大　指导员说了,今晚要你在家休息,我去带岗。

陈　喜　行吗?这种场合,算了,还是靠边站站吧!唔?

赵大大　什么?(立刻叠被子,打背包)

陈　喜　打背包干啥?

赵大大　上前方!

陈　喜　谁批准的?

赵大大　报告已经送给连部了。

〔陈喜听了心不在焉,走向内室。

〔院子里传来敲门声。

陈　喜　(在内室)谁?赵大大,去看看。

〔大大放下背包,出门一看是阿香,十分诧异。

赵大大　阿香?……

阿　香　阿男在吗?

赵大大　他还没回来。

阿　香　那,我走了。

赵大大　什么事?和我说一样。要不等他回来,叫他去看你。

阿　香　来不及了,同志,钱,你拿回去吧。

赵大大　为什么?

阿　香　我用不着了。

赵大大　(一把抓住她)到底出了什么事?你说吧!

阿　香　此地不是说话的地方,你能出来一下吗?

赵大大　你先走一步,我随后就到。

〔阿香出院子,赵大大回宿舍背枪,随去。陈喜拎着一双老布袜子出来。

陈　喜　唉!再见了。

〔布袜扔出窗外。洪满堂走过院子,捡起袜子,扔进屋里。

红色经典
中国革命传统作品学习

陈　喜　（见袜）怎么，还不愿走？好，靠边站站吧！

〔袜子扔至角落，拿过小镜子梳头。

〔春妮上，双手捂住陈喜眼睛。

陈　喜　谁？一定是春妮！松手，松手嘛！别打打闹闹的，给部队见了多难看！瞧，有人来了。

〔春妮夺下陈喜手上的梳子，藏在一边。

陈　喜　给我，快给我！你还这么淘气，看你还跑！（追）

春　妮　坐好，不准动！

〔陈喜无奈，端正坐下。

春　妮　（走近）喜子，今天是什么日子？忘了？两年前，就是今天，我们在干吗？

陈　喜　干吗？我在干民兵，你在闹支前。

春　妮　还有，想想看？

陈　喜　忘了。

春　妮　（刮了陈喜一下鼻子）真该打！洪大婶把你送到我家里干什么？

陈　喜　（似乎记起来）唔，我们今天成的亲。

春　妮　（甜蜜回忆）那天晚上，我们俩也是面对面坐着，没有一句话，可心里感到多么高兴。第三天，天刚蒙蒙亮，我就送你参加了部队。自那以后，心就跟着你走了……你倒好，一过江，信也不写了……

陈　喜　人家忙嘛。

春　妮　再忙，写信的时间总有的，托人带个口信也好呀！这颗心，跟着你担了多少惊怕！（过分激动，泪珠滚出）

陈　喜　你看你，别这样，叫人家看见！

春　妮　我高兴。喜子，今晚你一定要去上岗吗？

陈　喜　要去，这是任务。

春　妮　不能带我去看看？

陈　喜　你？我一个解放军，身边带着个妇女，拖拖拉拉的，像话吗？

春　妮　（觉得陈喜讲的字字有道理）别怪我，喜子。见了你，一步都不愿离开。好，你去

专题问道

专题6 红色舞台——"红色"经典剧本专题研讨

吧,我在家等你。喏,把这两个鸡子揣着,饿了好垫垫饥。(将鸡蛋往他新军衣口袋中塞)

陈　喜　(忙躲闪已来不及了)你看,你看,把新军装给弄脏了。(将两个鸡蛋掏出扔在桌上)

春　妮　(忙用绣花手绢给他揩拭军衣)看!干净了吧?

陈　喜　(闻闻手)糟糕,手上也有味了!

〔春妮用手绢替他揩手。

春　妮　哟,别那么娇贵了!好了吧?(给陈喜手绢)把它带着。

陈　喜　算了,够腥的了。(将手绢丢一边)

春　妮　好,都怪我!(瞅他一眼)

〔游园会里的乐声阵阵传来。

陈　喜　糟糕!(急不可待)

春　妮　(见陈喜衬衣破了袖子)看,我不在眼前,就不知道照看自己。来,缝两针。

陈　喜　算了,没时间了。

春　妮　几针就行了。(捡起他床上的绣花针线包)这还是我给你的针线包?一直带在身边?

〔陈喜点点头,春妮满意地看他一眼,替他缝袖子。

陈　喜　春妮。

春　妮　嗯?

陈　喜　你出来一直没有回过家?

春　妮　没。

陈　喜　你不想妈妈?

春　妮　想。

陈　喜　你打算什么时候回去?

春　妮　你叫我什么时候回去,就什么时候回去。一切听你的。

陈　喜　情况你都看见了,紧张得很,恐怕我没时间陪你玩。

春　妮　我都想过了。看你工作忙,本想看看你就走,可又好像有许多话要说。

陈　喜　什么话?说吧。

红色经典
中国革命传统作品学习

春　妮　守着你，又好像没有什么话好说。（笑了）

陈　喜　春妮，我看你明天就走吧，好不好？

春　妮　你这话是真的？

陈　喜　真的。部队刚进城，我怕别人有意见。等安定下来，我回家看你。

春　妮　喜子，你，你……

陈　喜　就这样，好吧！

〔游园会乐声在催促。

陈　喜　不行，我要走了。（站起来）

春　妮　你等等。（跟着站起来）

陈　喜　来不及了！（一把将线扯断）

春　妮　（提着断了的线和针，黯然）你……陈喜！

陈　喜　（停步，回头）春妮，怎么啦？我句句都是好话，我不能上哪都把你带在身边，特别在大庭广众面前。不回去，你就在屋里待着，可别上街，好吗？瞧你，别生气了。我就回来！（招招手）回头见！（下）

春　妮　陈喜！……（捂脸扑到陈喜床上）

〔路华抱着一床军用被子回来，见状，沉重起来。捡起鸡蛋、手绢，走到春妮跟前。

路　华　怎么？春妮……

春　妮　（抬头）没啥。

路　华　两口子吵嘴了？是不是他欺负人？

〔沉默片刻。老班长走过院子，停立。

春　妮　怪我不好，不该来打搅他。

路　华　（解说）陈喜这个同志性子犟，好顶撞人，倘若他有不是的地方，别在意他。他的心对你还是好的。

春　妮　（将针线交给路华）你看，他把线扯断了！

路　华　（愕然）什么……断了？是真的？他人哪？

春　妮　到游园会去了。

路　华　（起来）我找他去。

专 题 问 道

专题6　红色舞台——"红色"经典剧本专题研讨

春　妮　指导员,不要去,别妨碍他工作。

路　华　(回头)万万没想到。春妮,别难过。

春　妮　我不难过,我担心他……指导员,你和他很要好,在你给我的信里经常表扬他,你告诉我,你很喜欢他,他聪明、能干、战斗勇敢、做事伶俐,而且还是个好党员。这些我都相信,我春妮但愿他,别辜负党对他的培养。

路　华　春妮,你也是个好党员。我老实告诉你,陈喜的情况我们本来有些了解,在他思想深处隐藏着虚荣、爱面子的毛病。但不知来得这么凶,露得这么快……

春　妮　好了,指导员,(把针线包交给路华)这,交给你。

路　华　(接针线包)要走？你不能走。你走了,比打我骂我还狠！春妮,你不能走！

　　〔春妮忍住泪,咬着下唇,低着头向外走去,洪满堂手持旱烟管走来,春妮见他,又走回。他们三人低头不语,只听得老班长的旱烟管滋拉作响。

　　〔鲁大成怒气冲冲上。

鲁大成　老路,刚才我到各班去转了一圈,一二排情况不错,你看,一排的决心书,二排的保证书。三排可倒好,赵大大打了个报告,要求离开南京路！还有童阿男,跟个女学生去吃馆子,到现在还没回来！这些兵,这……都是些什么兵！

洪满堂　这儿还有个好样的呢！

鲁大成　什么？(费解)

洪满堂　陈喜嫌春妮跟不上趟了！

鲁大成　啊？

洪满堂　(捡起老布袜)瞧,甩啦！

鲁大成　好哇！(接过布袜)香风吹进骨髓里了！(把布袜装进兜里)他人呢？(走)

路　华　连长,别走,我们三个人都在这儿,马上开个支委会。

鲁大成　完全同意。我的意见,先把陈喜找回来整他一顿。通信员,通信员！

路　华　连长,整一顿,怕解决不了问题吧？

鲁大成　任务这么紧,凭他胡闹下去,三排非趴在南京路上不可！(对路华)这些人早整一顿早好了,都是叫你惯的！

洪满堂　连长！

红色经典
中国革命传统作品学习

春　　妮　同志们，都怪我春妮不好，叫你们大家不和睦。（走）

路　　华　春妮。

春　　妮　（回头）我看清楚了，这里工作很重要，像在前线打仗一样。我这次回去，一定高高兴兴地工作，一定像过去一样来支援你们打胜仗。（奔下）

〔沉默。

洪满堂　就让她这样走了？他们用小米把我们养大，用小车把我们送过长江，送到南京路上，就让她含着眼泪回去了？乡亲们知道了会怎么样？……怎么都不吭气啦？耷拉着脑袋干啥？不然向上级打个报告，要求把我们这伙人撤下来吧……

鲁大成　什么什么？！撤退？你开什么玩笑！（激奋起来）我当班长的时候，你就是个老兵，我们这个连的底细，你还不清楚？你说，我们什么仗没打过？什么炮弹没挨过？什么阵地没守过？撤退？不错！原先叫我们站马路，我思想没扭过弯来，可是，既然来了，钉子就钉在这个阵地上了！有党和上级领导，打不退这股资产阶级香风我就不姓鲁！

洪满堂　对啦，这我就放心啦！

〔童阿男越墙进院子，见室内有人说话，站住谛听。

鲁大成　我的意见，要打退这股香风，先把童阿男遣散回家，不然部队有危险，说不定陈喜就是给上海兵带坏的！

路　　华　上海兵绝大多数是很好的，他们给部队带来新鲜血液，个别有缺点是难免的。

洪满堂　怎么说人家是个新兵，又是个孩子，还是苦人家出身。

鲁大成　苦人家出身，不错。可是他身上沾染了南京路上的旧习气，不然他为什么跟这些资产阶级女学生一块儿混？趁早送走，免得影响大家！

洪满堂　送走阿男，我反对！我的意见，先把陈喜找回来好好整一顿！

路　　华　遣散回家，整一顿，我都不能同意。童阿男是我们的基本群众，他不被我们争取改造，就要被资产阶级争取改造，我们不能团结教育好童阿男，说明我们在南京路上缺乏思想力量。打思想仗，不能简单化。好在问题刚刚露头，防微杜渐不算晚。咱们按照毛主席的指示做，发扬三查三整精神，借借东风，从阶级教育着手，来个敌前练兵，怎么样？我看马上行动起来，老洪去劝劝春妮，连长去找陈

专 题 问 道

专题6 红色舞台——"红色"经典剧本专题研讨

喜,我去找童阿男,嗯?

鲁大成　好吧!

洪满堂

〔通信员上。

通信员　报告,童阿男没找到!(悄悄走近鲁大成)连长!赵大大叫一个大辫子给拖走了!

鲁大成　你胡扯什么!他会干这种事?

通信员　真的。不信,你去看。

鲁大成　乱了套了,带我走!(走进院子,见一个黑影)谁?

童阿男　报告,童阿男!

鲁大成　你不错呀!肯回来!(耐住性子)好了,进屋吧,伙房给你留着饭。

童阿男　(解释)一位女同学有困难要我帮忙,叫我陪她吃晚饭,把她送进游园会,我又不好推辞!

鲁大成　不好推辞就不推辞了?你现在穿上军装了,懂不懂?穿上军装就是中国人民解放军,解放军就要懂得三大纪律、八项注意,不然就不能打胜仗……

童阿男　连长,何必大惊小怪呢!我不过到国际饭店吃吃而已!

鲁大成　嗬!好大口气,到国际饭店吃吃,还"而已"?国际饭店是咱们去的地方吗?

童阿男　为什么去不得?解放了,平等了,有钱人去得,为什么我去不得?

鲁大成　(被问得一时难以回答)嗬,了不起!还一大套呢!你是来革命的还是来和人家比享受的?

童阿男　革命——当然啦!(嘟哝地)连国际饭店都不能去啦?!

鲁大成　好吧,你去得。国际饭店、咖啡馆、跳舞厅,你都去得,你去吧!你呀,好好想想吧,这样下去怎么配穿这套军装!(与通信员下)

童阿男　(愕然)怎么,不要我了?开除了?(进屋,遇见路华)指导员,我走了。

路　华　你往哪去?

童阿男　解放了,哪儿都可以去,哪儿都一样革命。(感情地)你需要我的时候,打个招呼,我还会回来。再见!

路　华　站住!回来!

红色经典
中国革命传统作品学习

童阿男　唔,对了。(将搭在肩上的军装送到路华跟前)你的交情我是不会忘记的。(说完悄悄走去)

路　华　(愕然)阿男,你回来!老洪,把这套军装保存好。(冲至门口)童阿男!……(下)

洪满堂　这,这说走就走啦!

——幕落

◎ 我思我在

1. 藏匿在上海的国民党特务曾扬言:上海是个大染缸,共产党进来是红的,出去是黑的。剧中身为"好八连"的官兵们,在"十里洋场"的霓虹灯下是否动摇过?你能说说节选的剧中排长陈喜、战士赵大大、新战士童阿男的人物性格吗?

2. 话剧《霓虹灯下的哨兵》作为"红色戏剧",要表达的主题是什么呢?话剧的演出想达到什么效果?你能谈谈吗?

3. 《霓虹灯下的哨兵》在京演出成功后,国防部在上海隆重举行命名大会,授予八连"南京路上好八连"光荣称号。"好八连"这个名字,就此响彻祖国的大江南北。毛泽东挥毫写下《八连颂》,毛泽东一生只作诗赞颂过一个连队,那就是"南京路上好八连"。直到今天,在上海人的心目中,八连就是"为人民服务"的代名词。从一个普通连队的事迹到永不消逝的经典,充分达到宣传教育功效,话剧《霓虹灯下的哨兵》是怎样做到的?小组合作,探讨分析一下吧。

放下你的鞭子[①]

陈鲤庭　执笔

【阅读提示】

1931年,日寇发动了"九·一八"事变,由于国民党政府奉行不抵抗政策,东北三省

[①] 选自傅谨主编、陆炜编选《中国话剧百年典藏·作品卷》第3卷(1930—1937)(人民文学出版社2017年版)。

专题问道

专题6 红色舞台——"红色"经典剧本专题研讨

很快相继沦陷,大批东北人被迫逃进了关内。1937年,抗日战争全面爆发,抗日的烈火燃遍了全国。广大民众都发动和组织起来,进行一场全民族的抗战。

在这历史的关键时刻,街头剧《放下你的鞭子》应运而生。它不管在哪里演出,无不激起观众对日寇的极大仇恨,不知有多少热血青年就是因为看了这个街头剧深受感染和教育而毅然奔向了抗日的战场。在抗日战争中,《放下你的鞭子》这样的街头剧,成了团结民众、发动民众、鼓舞民众奋起抗战的有力武器。

人物:卖艺汉——五六十岁

香姐——十七八岁

青年工人——二十岁左右

小伙计——十四五岁

观众甲、乙

其他观众

时间:下午五点以后

地点:郊外广场或舞台

〔开幕时锣鼓声震天,卖艺汉在中央敲锣,小伙计敲鼓,香姐站在一边。一会儿锣鼓声停,卖艺汉说江湖白:

小小刀儿转圆圆,(敲一下锣鼓,以下每句说完时均同此)

五湖四海皆朋友,

南边收了南边去,

北边收了北边游。

南北两边皆不收,

黄河两岸度春秋。

不是咱家夸海口,

赛过乡间两条牛。

光说不练,(小伙计应:嘴把戏)

光练不说,(小伙计应:傻把戏)

红色经典
中国革命传统作品学习

说着练着,(小伙计应:真把戏)

伙计打家伙。(锣鼓声一片)

汉子　开了场子,就叫我这姑娘来唱支小调吧。我的姑娘是我去年从苏州买来的,长得标致,穿得漂亮,手能耍十八套武艺,嘴能唱南腔北调。现在先叫她来唱一个吧!(高声)香姑娘!(女应:嗳)过来、过来、来,唱一支小调儿,让帮场子的老爷先生们开开心腔儿,嗯——唱个什么呢?嗯——唱支新派的小调《毛毛雨》吧。我来拉琴。

〔香姐唱完一曲,观众叫好声不绝。

汉子　不算好,不算好,好的还在后面呐。我姑娘聪明伶俐,自从把她带到了上海来以后,她马上把这些新派的小调什么《毛毛雨》呀,《妹妹我爱你》呀,都学得顶呱呱的了。不过话又得说回来了,如今正是国难当头,还尽唱这些个怪肉麻的调调儿真有些不对劲儿。现在咱们大中华民国给东洋小子欺侮得可怜,老百姓又逼得连一句气话都不给讲。咱们虽然是走江湖的,可总也有一点儿爱国的心眼儿,除非他奶奶的小舅子昧了天良去当汉奸。所以我就把亲眼看见的事情编支小调来唱唱,叫做《九·一八》小调,听得懂,容易学,希望老爷先生小哥儿小娘儿们,把这些小调儿放在嘴边上,没事就拿出来唱唱,也算咱们把东洋鬼子欺侮我们的种种不是记在心头上的。好了,闲话少说,唱起来吧!(汉子再拉完过门,女不接着唱,故作不理状)唱呀!怎么?忘了吗?好,从头来、从头来。(汉子再拉过门,女仍不唱)唱呀,干吗不唱?(女转过头去,汉子如有所悟,向观众)哦,我知道了。这俏头呀皮得很,又想买点花呀,小手巾儿呀,打扮打扮,嗯,敢请老爷先生们先赏几个子吧。(观众掷钱)谢谢。(作揖,小伙计帮忙拾钱、作揖)谢谢。东边先生们来十个子儿吧。(东边观众掷钱)还有三个,三个。(东边观众掷钱)西边先生们也来十个子儿吧。(西边观众掷钱)还有四个,二个,一个。多谢多谢。(向香姐)香姑娘呀,瞧,老爷先生们多够捧你的场子呀,钱不少啦,唱吧!(汉子拉《九·一八》小调)

香姐　(唱)高粱叶子青又青,九月十八来了日本兵……(唱完二段,唱第三段高音时忽然咳嗽,观众骚动)

甲　嗓子不够,怎么没唱完就停了?

专 题 问 道

专题6　红色舞台——"红色"经典剧本专题研讨

乙　　走吧,骗钱的玩意儿,没有什么好看。

〔观众纷纷欲走。

汉子　诸位,别走别走,看得好,多舍几个子儿;看得不好,老腿站稳。有钱的帮钱场,没钱的帮人场,古话说得好:在家靠父母,出外靠朋友,大家都得帮点儿忙呀!这丫头唱得不好,是的,唱得不好,咱们就让她来个别的玩意儿吧,包管诸位先生满意!(装作滑稽的样子向香姐)香姑娘呀!刚才唱得好好的,怎么断了气了呢?

香姐　(少顿,故作媚态)瞎说,人断了气还能做玩意儿吗?提不起劲儿来呀!

汉子　(向观众)诸位听见吗?我大姑娘说:(学腔)"提不起劲儿来呀!"哈哈哈哈,这算什么话?怕老爷先生们不赏钱吗!唉,姑娘,咱们要饭吃,老爷先生们要看戏,做得不好,挣不到钱,来来,现在也别唱啦,来几个鹞子翻身的把戏,向老爷先生们讨一个情。(汉子在一边打锣,香姐勉强支起身体,一转身,倒在地上,汉子暴躁,持鞭子走向女,一下)来呀!

〔女无声,汉子连续用鞭子抽打。观众愤愤不平。

甲　　他妈的,手段真辣!

青工　岂有此理!

汉子　(少顿,睁视)来呀!(又一鞭)

青工　鞭子放下来!(挺身欲前,为左右两人所阻)

汉子　请你少管闲事。(怒)

青工　我偏要管!(一跃上台)快放下!

汉子　是我的姑娘。用不着谁来管。

青工　我们都是一样穷苦的人,用不着谁来欺侮谁。

汉子　在这世界上,谁能养活她,谁就有权利使用她。朋友,你年纪轻轻,还不懂得这个道理哩!

青工　这是你拿鞭子打人的道理吗?在这世界上不应该有这种人吃人的道理!

汉子　什么?"不应该","人吃人",我可顾不到这许多。(汉子又举鞭子欲打)

青工　放下你的鞭子!

红色经典

中国革命传统作品学习

汉子　办不到!

〔观众乱叫:"打呀,打这不讲理的老头子!"

青工　我偏要你办到。

〔两人扭在一起,打了起来,鞭子掉在地上,青工叉住汉子的喉,推倒在木箱上。观众叫好。

青工　你说,你还敢用鞭子打人吗?

甲　叫他说,再敢用鞭子打他的姑娘吗?

〔汉子不应,直瞪着两眼发痴,惊泣着的香姐走近青工。

香姐　好先生,请你放了他吧!

青工　这畜生,我非教训他一顿不可。

香姐　请放了他吧,这不是他的错。

青工　不是他的错!这样狠毒地用鞭子打你!

香姐　(悲伤)是的。

青工　他把你当作畜生看待,你还替他说好话。

香姐　不是说好话。

青工　(放开手)这怎么讲?姑娘,我说,究竟是怎么一回事呢?可以让我们探听一个仔细吗?(稍顿)他为了挣钱,把你买了来?

香姐　不,他是我的爸爸。

青工　是你的爸爸?怪了,世界上哪有这样狠毒的爸爸,用鞭子打他的女儿。

香姐　这是我可以原谅他的。

青工　你可以原谅他?为什么?

香姐　他也是没有法子呀!肚子逼着他这样干的。

青工　肚子逼着他这样干的?

香姐　是的,咱们有两整天没有吃一个饱啦。

青工　为着肚子饿,就鞭打自己的女儿,这不是人干的。

香姐　先生呀!没有挨过饿的人,是任怎么样也不会懂得挨饿是怎么一回事的。你知道,饿得慌的当儿,那种疯也似的心情哪!

专题问道

专题6 红色舞台——"红色"经典剧本专题研讨

青工　唔。

香姐　我小时候,简直不懂得有饥饿这回事,那时候我多么爱那些小猫儿呀!小白兔呀!有一次隔壁的王麻子错把我养的那只小白兔打死了,我就哭了一整天,人家都说我这小姑娘的心眼儿好。

甲　这小姑娘的心眼儿,可真不错。

香姐　可是这一年来,在我饿得慌的当儿,我一见人家养着的小猫、小白兔,我就恨不得生吞活剥地吃了下去。

乙　这可了不得,你从前那种好心肠呢?

香姐　没有饭吃的时候,还顾到什么好心肠呢?这种心境,没有挨过饿的人是不会懂的……先生,这种生活我们已经过了五年了。

青工　没有饭吃,真是可怕!可是谁叫你们弄到这般田地呢?

香姐　谁?谁叫我们弄到这——这般田地?

青工　是呀,谁叫你们弄到这般田地的哩!

香姐　东洋鬼子呀,可恨的东洋鬼子,夺了我们的家乡,抢了我们靠着活命的田地。最可恨的,我的妈也被他们杀死了。(掩面哭)

青工　那么你们是什么地方人呢?你们是从关外逃来的吗?

香姐　是的,我们的家就在沈阳,先生,你们不记得"九·一八"吗?(回忆)噢,说起来已经六年了!就是六年前的今天,日本兵开到沈阳,那儿十几万的中国兵说是受了什么不准抵抗的命令,都撤退了,于是就留着我们成千上万的老百姓在那儿受苦。

青工　(气愤地)他妈的!(转过气来)后来你们怎么样呢?

香姐　后来我们每家还捐了三块钱,他们说送点钱给东洋人,他们就不会来糟蹋我们了。其实你就连全部家产交给他们,还是要你的命。我们觉得日子实在过不下去了,父女两人就逃到乡下去。可是后来,他们连乡下也住下了大兵,把乡下人欺侮得简直不能过日子,于是就逃的逃,不愿意逃走的,就大家合伙儿干了义勇军。这样一来,乡下可更没有太平日子过了,我们也想着,这样子活下去,有什么意思呢?我们也投了义勇军和这些小鬼子拼了吧。可是我们俩老的太老,小的太小,怎么

红色经典
中国革命传统作品学习

中用呢?

青工　你们就这样逃到南边来,靠着玩把戏过日子吗?

香姐　不,那时候我们哪儿有钱到上海来呢?我们想也许躲一躲,等那些鬼子兵走了,我们可以回去过日子的。谁知道我们逃到关里,他们又跟到关里。我们空着两只手,又没有亲戚朋友,叫我们到哪儿去找饭吃?幸亏咱们家乡唱小曲子玩把戏是谁也懂得一点儿的,父女两人就到处流浪,卖艺过活。可是在这年头儿,闲着看把戏的人也少,加之我又不内行,拼着命也挣不到一个饱,这样漂流了五年,也就没法使起劲儿来讨观众们的欢心了。可怜的爸爸,为饥饿所迫,时常暴躁使气。可是在从前,他是我慈爱的爸爸呀!我一点怨恨他的心也没有,因为我懂得挨饿是怎么回事,我感到他的痛苦比鞭子打在我的身上更难过。

青工　真是,听了你的话也觉得很伤心。(自悔鲁莽)这样说,我是错打了人了。

汉子　(破声而发狂似的打自己的头)你没有错,你打得对。

青工　打得对?

汉子　你打得对,我不是人,我不应该打一个可怜的女孩子,而且她还是我自己的女儿呢!对的,不提起来,我几乎忘了:我曾经是她的亲爸爸;我曾经爱过她当作宝贝似的。唉,真要命,我疯啦,怎么的,怎么,我怎么会下这样的毒手鞭打我自己的女儿呢?我疯啦,是我亲手抚养长大的,也跟我一样受苦的女儿!怎么,怎么我刚才一点也没有想到呢?好,你打得好,我实在不是人,我现在才感觉到伤心悔恨了。

(双手掩面而哭)

香姐　爸爸!

汉子　香姐呀!我的好女儿!

香姐　别伤心吧,爸爸!

汉子　你能原谅我吗?

香姐　我原谅你的。爸爸是没有办法,为了要吃饭。

汉子　是的,为了要吃饭。咱们饿了两天啦!我对不起你,我不能像个父亲的样子照顾你,抚养你,可怜的女儿呀!

专 题 问 道

专题6　红色舞台——"红色"经典剧本专题研讨

香姐　爸爸也是可怜的。

汉子　你瞧,像咱们地主张三爷,他们家里有的是钱,什么大小姐、二小姐,还有他妈的三小姐,从小就穿得好,吃得好,娇生惯养,长大了起来,又送到上海什么洋学堂里去念书。其实念什么书,天天弹洋琴,唱洋歌,什么116375啦,还要跳洋把戏啦,嘻嘻哈哈的。我想,我假使能够也替我的独生女儿香姐积点钱,让她像小姐们一样的快乐享福的。

香姐　我不会忘了爸爸对我的好意。

汉子　是的,我曾经想积一点钱,让我们的生活过得好一点,要我的女儿也像小姐们一样的去念书快活;可是这般可恨的东洋兵弄得我们家破人亡,性命都几度保不住了。

香姐　爸爸的苦处我是知道的。

汉子　(痛苦地)最可怜的是你的妈,她活着没有过一天好日子,连死也死得那么可怜……

香姐　(哭泣着)爸爸,爸爸。

汉子　而且我现在还发了疯,把你当作畜生,打你骂你,想从你的身上榨出咱们的饭来!天哪,怎样的,谁使我疯的呢?

香姐　爸爸,这是因为我们没有了家乡,没有饭吃呀!饿肚子不单是摧残了我的身体,连我们的心也都染黑了。

汉子　好女儿,你说得对,没有家乡,没有饭吃,才使我疯的,咱们两个都是可怜的。(深思)咱们要做人,要像人的样子活下去,可是马上给我们饭吃呀!有家不能回去,没有田耕,没有工做,像野狗似的,叫我们怎么做人呢?

青工　那你去怨恨谁呢?

汉子　人家都说这是我的命不好。我的命不好?也许是的。

青工　命!不要相信什么命!谁给我这个命的?

汉子　天哪!

青工　天,你现在还在怨恨天吗?天是空的。你刚才不是说过吗?把你们从家乡赶了出来,弄得你们有田不能去种的是谁?使你们家破人亡,挨冷受饿的是谁?——这

红色经典
中国革命传统作品学习

都是人干出来的。

甲　对呀，阿根说得对。

青工　我告诉你们，使你们挨冷受苦，无家可归的是日本帝国主义，是不抵抗的卖国汉奸！

观众　不错，打倒日本帝国主义！打倒卖国汉奸！

汉子　先生的话固然不错，可是叫我们怎么办呢！

青工　怎么办？是的，咱们穷人一碰到什么意外，就像你们一样的不知道怎么办了。穷朋友，咱们"不打不相识"，现在既然在这儿碰头了，咱们就得一伙儿去，向压迫我们，剥削我们的人算账去——这才有我们的生路！

汉子　孩子，记着，要打倒那些吃人的东西，才有生活。

香姐　是的，我们要像人的样子活下去！

汉子
香姐　可是叫我们拿什么去打倒他们呢？

青工　你要打倒他们，（拾起鞭子）你应该用你这个武器，我们是有我们的武器的，就是空着两只手，拳头也是我们的武器呀！

汉子　这有什么用？人家有的是飞机大炮呀！

青工　只要大家能齐心，团结起来，这力量比什么都大。

观众　对呀！大家联合起来，一齐去打倒我们的仇人！

青工　你看，这都是我们的伙伴儿，等一等我们请你们上馆子里去吃点心，我们还有很多的话要和你讲哩！（对观众）现在我们大伙先来帮帮这位朋友的忙。（自己先摸出一把铜子儿，丢在铜锣里，观众也丢钱）

汉子　慢着，慢着，今天小子承你们先生的好意，打得我清醒了过来，告诉我团结大众的力量去找我们的生路，小子真是感激不尽哩！还要再花你们的钱吗？笑话，笑话。好吧，今天我真痛快极了，我们大家来乐一乐吧！凭我这几根老骨头，玩几套玩意儿向各位献献丑，算是报答诸位老大哥的好意！（向伙计）伙计，打家伙！

——锣鼓声中幕闭

专题问道

专题6 红色舞台——"红色"经典剧本专题研讨

◎ **我思我在**

1. 这个短剧塑造了一个怎样的香姐呢？卖艺汉子和青工又是怎样的人物呢？

2. 一位此剧亲历者说："我初受《放下你的鞭子》的强烈感染和冲击，是50多年前，当时我正青春年华。我忘不了它的撼人心魄的力量。……我们根本不知道这是一出戏，始终以为是刚刚发生的一幕真人实事。无不心潮澎湃，义愤填膺！"此剧的演出达到了什么效果？"放下你的鞭子"的含义是什么？为什么以"放下你的鞭子"为题？

3. 从对受众有一定文化要求的"阳春白雪"的歌德长篇小说《威廉·迈斯特》到能为广大民众追捧痴迷的经典话剧，《放下你的鞭子》是怎样做到的？小组合作，探讨分析一下吧。

※ 实践笃行

荧屏上的革命

——"红色"经典影视的文学原著之旅

情景创设

同学们，影视带给人们一场场视听的饕餮盛宴，传播生命的快乐、精神的诉求和悲苦中的希望。

那一部部红色电影、电视剧，尽管时过境迁，当年的金戈铁马已经渐渐远离我们的视线，但是中华儿女在党的领导下那一幕幕可歌可泣的斗争诗篇都深深地刻在我们的骨子里，无数战士把自己留在战场，无数英魂守卫着祖国的边疆。

让我们开启一段"红色"经典影视的文学原著之旅吧！在旅途中，意气风发、激扬文字，做一回朗读者、歌唱者、表演者，怀着感慨和感激的心情，回到那个慷慨激昂的年代。沉淀下来，做一回研究者，研习和探究文学原著中英雄人物的表现形式，找到更好的文学人物塑造方式。

红色经典

中国革命传统作品学习

活动准备

1. 明历史：铭记是更好前行的助力

① 了解新中国解放前后历史。

② 到图书馆借阅"红色"经典相关书籍，推荐：

梁仁编著《简明中国革命史》，中共中央党校出版社 1996 年版；

韩会凡编著《建国大业》，中华工商联合出版社 2014 年版；

刘嘉陵著《记忆鲜红：关于红色戏剧、红色电影和文艺宣传队的往事》，中国青年出版社 2002 年版。

2. 忆电影：陪伴是最长情的告白

① 沧海拾遗：细数伴随你成长的"红色"经典电影。

② 经典放送：请用一句话推荐你看过的一部"红色"电影。

3. 观原著：阅读是穿越迷雾的曙光

① 阅读一部"红色"经典电影的原著文本。

② 摘录电影原著里的经典语录。

活动过程

一、影视与文学

中国现当代文学是电影创作的宝库，无论是文学价值、思想价值、审美价值，甚至娱乐价值、商业价值，都值得我们重视。

文学与影视，是两种截然不同的艺术样式。它们经常各自闪耀而又星光互照、互相成就。电影史上不乏这样的经典：《阳光灿烂的日子》有王朔的小说《动物凶猛》打底，《太阳照常升起》挣脱不了叶弥的《天鹅绒》，《让子弹飞》改编自马识途的小说《夜谭十记》……

而"红色"经典影视及文学文本普遍影响了一代又一代人，它们并没有随着时间的推移被人们遗忘，"红色经典"以经典的方式触及、思考和表达了人类精神探索的伟大历程，渗透着人类、民族和个人生存与命运的深层关系。

专 题 问 道

专题6 红色舞台——"红色"经典剧本专题研讨

你了解下面这些"红色"影视所对应的文学文本吗？它们的作者是谁呢？又是在怎样的背景下创作的呢？请查阅资料，多方了解，完成下面的表格。

红色影视名称	原著及作者	历史背景
1.《红旗谱》		
2.《烈火中永生》		
3.《林海雪原》		
4.《青春之歌》		
5.《铁道游击队》		
6.《闪闪的红星》		
7.《红日》		
8.《集结号》		
9.《风声》		
10.《战狼2》		
11.《亮剑》		
12.《激情燃烧的岁月》		

二、经典诵读

在阿拉曼英联邦士兵墓地上有这样一条墓志铭：对于世界你是一名战士，但是对于我，你是整个世界。

在那些战火纷飞的年代，很多场合可能是一个猝不及防的告别，带给战友的是一种悲痛，带给家人的，将会是一辈子的创伤。

尽管如此，为了人民的幸福，为了心中的信念，革命战士还是前赴后继，义无反顾地踏上红色的征程！

诸多"红色"经典影视追忆了那段慷慨激昂的光辉岁月，让我们沿着这段征程，去阅读、去记录、去朗诵吧！

1. 阅读经典，按如下表格，完成摘记

作者	
书名	
成书年代	

红色经典
中国革命传统作品学习

(续表)

拍摄成的电影名称	
取材背景	
主要人物	
主要内容	
经典段落 (请注明此语段出现的场合场景)	

2. 做一回朗读者

"等着我吧——我会回来的！只是要你苦苦地等待，等到那愁煞人的阴雨，勾起你的忧伤满怀，等到那酷暑难挨，等到别人不再把亲人盼望……"在央视2017年4月2日晚播出的《朗读者》中，演员张国强和在非洲马里壮烈牺牲的维和英雄申亮亮的战友们，一起为申亮亮的母亲朗诵了一首由苏联诗人西蒙诺夫创作的写给战士及其家人的颂歌《等着我吧》。全场热泪盈眶。

让我们以上面的经典阅读为基础，举行一个"红色"经典影视原著朗读大会。请你以个人成长、情感体验、背景故事与传世佳作相结合的方式，选用精美的文字，富有情感地读出文字背后的价值。

三、歌声嘹亮

一段段岁月，风云激荡光辉诗篇；一部部电影，热血淬炼红色经典；一首首插曲，强音凝铸民族灵魂。

欢迎你在这样的夜晚相聚一堂，共同参与"光辉岁月·我们的电影——'红色'经典电影月光歌会"。

1. 电影歌曲连连看

以下歌曲分别是哪部电影中的乐曲，请用线条关联。

1.《义勇军进行曲》	A.《铁道游击队》
2.《英雄赞歌》	B.《地道战》
3.《绒花》	C.《闪闪的红星》

专题问道

专题6 红色舞台——"红色"经典剧本专题研讨

(续表)

4.《我的祖国》	D.《上甘岭》
5.《红星照我去战斗》	E.《风云儿女》
6.《毛主席的话儿记心上》	F.《小花》
7.《洪湖水浪打浪》	G.《海外赤子》
8.《我爱你中国》	H.《冰山上的来客》
9.《怀念战友》	I.《洪湖赤卫队》
10.《弹起我心爱的土琵琶》	J.《英雄儿女》

2. 我爱记歌词

电影主题曲或插曲是电影的有机组成部分,歌词在突出影片的抒情性、戏剧性和气氛方面起着不可忽视的作用。请你以四人小组为单位,组成一个团队走上台,认真听播放的音乐,在戛然而止之处补上歌词。看看哪组能成为歌词小达人。

3. 做一回歌唱者

优秀的主题曲能起到宣传电影的作用,许多年以后,人们或许已不记得这部电影,主题曲却让人难忘。在哼起主题曲时,电影又在脑海里重放。今天让我们在月光下歌声嘹亮!请欣赏各班的"红色"经典电影歌曲大合唱。

四、自编自导

近期热播的电视剧《欢乐颂》《亲爱的翻译官》、网络剧《余罪》《老九门》均改编自同名网络小说,带动了影视行业新一轮的文学改编热潮。看了"红色"经典影视的文学原著,你有没有想做一回编剧的冲动呢?又有没有想过把演员瘾呢?我们将举行一个校园文学剧表演活动,心动不如行动,让我们行动起来吧。

1. 选一段精彩片段,做一回编剧,进行改编。(字数控制在2 000字以内)

2. 做一回表演者,校园文学剧。(时间控制在10分钟以内)

五、研究探索

在早期的"红色"影视文学中,好人往往就是光芒万丈,集所有优秀品质于一身。而坏蛋往往就是十恶不赦,令人发指。

而在冯小刚导演的《集结号》中,我们看到的战士不再英勇无敌,也看不到那些符号化的革命英雄主义场面。镜头从对准将军改为描写普通士兵,英雄也"怕死",不会主动请战,牺牲时更不会高喊口号撞枪子儿……

导演冯小刚在接受采访时表示,《集结号》也会凸显英雄主义,但不是传统的扁平型人物表现形式。冯导希望通过这部影片至少讲清楚一件事情,"怕死是人类的本性,但在这种本能下,主角谷子地又做出勇敢的举动,这个反差,对比出来才是真正的英雄"。

六、做一回研究者

文学代表一个民族的艺术和智慧。在文学作品中,你更认同哪种英雄人物呢?是高大全的扁平化人物还是有喜有忧有血有肉的立体化英雄?做一回研究者,好好思考探究,写一篇短评,说说你的理由吧!

活动自检

自检项目	学习任务细目	分值	自评
1. 活动准备	明历史:到图书馆借阅相关书籍,了解新中国的光辉奋斗史。	3分	
	忆电影:细数伴随你成长的红色经典电影,并用一句话推荐一部。	3分	
	观原著:重温经典。	5分	
2. 影视与文学	请写出红色影视对应的文学文本及作者和历史背景(每部电影2分)	24分	
3. 经典诵读	阅读经典,完成摘记	5分	
	做一回朗读者	5分	
4. 歌声嘹亮	电影歌曲连连看(1分1对)	10分	
	我爱记歌词	5分	
	做一回歌唱者	5分	
5. 自编自导	改编一段精彩片段,做一回编剧	10分	
	做一回表演者	10分	
6. 研究探索	做一回研究者	15分	

专题 7

大地的歌吟

——"白洋淀派"小说专题研讨

有一处所在,风光秀丽,物产丰富,燕赵豪俊,人才辈出。有一方水域,春芦壁翠,夏荷妍红,秋稻飘香,冬冰似玉。这就是冀中平原的水上明珠——白洋淀。

一方水土养一方人,白洋淀的诗情画意滋养着人的文学心扉,冀中儿女的刚毅柔情濡染着人的灵魂。有一群人愿意成为诗人,把一切好听好看的字都浸在自己的心血里,像杜鹃似的啼出对乡土的爱恋。他们的文字饱蘸着华北的泥土气息,融合着水乡独有的朴素清新、明丽柔美情调,一如白洋淀的风景明媚如画。

大地的气息在一群华北人的笔墨间流动,就生发成一份独特的歌吟,那些故事是"诗中的小说,小说中的诗",洋溢着浓郁的浪漫主义。水美荷香润新绿,"白洋淀派"在文学大河中浴水而生。

来吧,年轻的朋友!让我们在文字中潜行,说说清新秀美而富有意蕴的华北风物画,读读刚健自然而质朴深情的冀中话语,写写白洋淀人或明净或沉重的幽微内心,感受领略一个新时代群体的异样风貌。让我们登高远眺,剖析中华儿女内心的悖痛变幻,体味那群诗意作家的激情与梦想,梳理一个流派在文学大河中的诞生和发展。

行走在字里行间,就走进了那一方山水,那一种生活,那一份文学情韵。带一颗沉静欣赏的心,开始我们的研读之旅。

红色经典

中国革命传统作品学习

※ 含英咀华

嘱　咐①

孙　犁

【阅读提示】

孙犁笔下的故事，总是场面描写和细节刻画细腻生动，人物言行质朴，心灵美好，与环境的明净清丽相映成趣。其作品往往现实主义中融入浪漫主义情调，有着淡雅疏朗的诗情画意与朴素清新的泥土气息，奠定了"白洋淀派"的基本风格。

人物心理是小说《嘱咐》的主要内容，你可以跟随文字，感受水生离乡八年后回家时的复杂心理，还有夫妻重逢时女人喜悲交集的情态。小说不仅运用心理概述、内心独白等直接描写手段，还通过环境衬托、动作表现、神态显示等途径侧面展现人物内心的波动，因而故事显得层次鲜明而曲折有致，情境生动，意蕴丰富。

　　水生斜背着一件日本皮大衣，偷过了平汉路，天刚大亮。家乡的平原景色，八年不见，并不生疏。这正是腊月天气，从平地上望过去，一直望到放射红光的太阳那里，他深深地吸了一口气。把身子一挺，十几天行军的疲劳完全跑净，脚下轻飘飘的，眼有些晕，身子要飘起来。这八年，他走的多半是山路，他走过各式各样的山路：五台附近的高山，黄河两岸的陡山，延安和塞北的大土圪瘩山。哪里有敌人就到哪里去，枪背在肩上、拿在手里八年了。

　　水生是一个好战士，现在已经是一个副教导员。可是不瞒人说，八年里他也常常想到家，特别是在休息时间，这种想念，很使一个战士苦恼。这样的时候，他就拿起书来或是到操场去，或是到菜园子里去，借游戏、劳动和学习，好把这些事情忘掉。

　　他也曾有过一种热望，能有个机会再打到平原上去，到家看看就好了。

---

① 选自冯健男编选《荷花淀派小说选》（人民文学出版社 2011 年版）。

专题问道

专题7　大地的歌吟——"白洋淀派"小说专题研讨

现在机会来了,他请了假,绕道家里看一下。因为地理熟,一过铁路他就不再把敌人放在心上。他悠闲地走着,四面八方观看着,为的是饱看一下八年不见的平原风景。铁路旁边并排的炮楼,有的已经拆毁,破墙上洒落了一片鸟粪。铁路两旁的柳树黄了叶子,随着铁轨伸展到远远的北方。一列火车正从那里慢慢地滚过来,惨叫,吐着白雾。

一时,强烈的战斗要求和八年的战斗景象涌到心里来。他笑了一笑,想,现在应该把这些事情暂时地忘记,集中精神看一看家乡的风土人情吧。他信步走着,想享受享受一个人在特别兴奋时候的愉快心情。他看看麦地,又看看天,看看周围那像深蓝淡墨涂成的村庄图画。这里离他的家不过九十里路,一天的路程。今天晚上,就可以到家了。

不久,他觉得这种感情有些做作。心里面并不那么激动。幼小的时候,离开家半月十天,当黄昏的时候走近了自己的村庄,望见自己家里烟囱上冒起的袅袅的轻烟,心里就醉了。现在虽然对自己的家乡还是这样爱好、崇拜,但是那样的一种感情没有了。

经过的村庄街道都很熟悉。这些村庄经过八年战争,满身创伤,许多被敌人烧毁的房子,还没有重新盖起来。村边的炮楼全拆了,砖瓦还堆在那里,有的就近利用起来,垒了个厕所。在形式上,村庄没有发展,没有添新的庄院和房屋。许多高房,大的祠堂,全拆毁修了炮楼,幼时记忆里的几块大坟地,高大的杨树和柏树,也砍伐光了,坟墓曝露出来,显得特别荒凉。但是村庄的血液,人民的心却壮大发展了。一种平原上特有的勃勃生气,更是强烈扑人。

水生的家在白洋淀边上。太阳平西的时候,他走上了通到他家去的那条大堤,这里离他的村庄十五里路。

堤坡已经破坏,两岸成荫的柳树砍伐了,堤里面现在还满是水。水生从一条小道上穿过,地势一变化,使他不能正确地估计村庄的方向。

太阳落到西边远远的树林里去了,远处的村庄迅速地变化着颜色。水生望着树林的疏密,辨别自己的村庄,家近了,就进家了,家对他不是吸引,却是一阵心烦意乱。他想起许多事。父亲确实的年岁忘记了,是不是还活着？父亲很早就是有痰喘的病。还有自己女人,正在青春,一别八年,分离时她肚子里正有一个小孩子。房子烧了吗？

不是什么悲喜交加的情绪,这是一种沉重的压迫,对战士的心的很大的消耗。他在

红色经典
中国革命传统作品学习

心里驱逐这种思想感情,他走得很慢,他决定坐在这里,抽袋烟休息休息。

他坐下来打火抽烟,田野里没有一个人,风有些冷了,他打开大衣披在身上。他从积满泥水和腐草的水洼望过去,微微地可以看见白洋淀的边缘。

黄昏时候,他走到了自己的村边,他家就住在村边上。他看见房屋并没烧,街里很安静,这正是人们吃完晚饭,准备上门的时候了。

他在门口遇见了自己的女人。她正在那里悄悄地关闭那外面的梢门。水生热情地叫了一声:

"你!"

女人一怔,睁开大眼睛,咧开嘴笑了笑,就转过身子去抽抽搭搭地哭了。水生看见她脚上那白布封鞋,就知道父亲准是不在了。两个人在那里站了一会。还是水生把门掩好说:"不要哭了,家去吧!"他在前面走,女人在后面跟,走到院里,女人紧走两步赶在前面,到屋里去点灯。水生在院里停了停。他听着女人忙乱地打火,灯光闪在窗户上了,女人喊:"进来吧!还做客吗?"

女人正在叫唤着一个孩子,他走进屋里,女人从炕上拖起一个孩子来,含着两眼泪水笑着说:

"来,这就是你爹,一天价看见人家有爹,自己没爹,这不现在回来了。"说着已经不成声音。水生说:

"来!我抱抱。"

老婆把孩子送到他怀里,他接过来,八九岁的女孩子竟有这么重。那孩子从睡梦里醒来,好奇地看着这个生人,这个"八路"。女人转身拾掇着炕上的纺车线子等东西。

水生抱了孩子一会,说:

"还睡去吧。"

女人安排着孩子睡下,盖上被子,孩子却圆睁着两眼,再也睡不着。水生在屋里转着,在那扑满灰尘的迎门橱上的大镜子里照看自己。

女人要端着灯到外间屋里去烧水做饭,望着水生说:

"从哪里回来?"

"远了,你不知道的地方。"

专题问道

专题7 大地的歌吟——"白洋淀派"小说专题研讨

"今天走了多少里?"

"九十。"

"不累吗?还在地下蹓跶?"

水生靠在炕头上。外面起了风,风吹着院里那棵小槐树,月光射到窗纸上来。水生觉得这屋里是很暖和的,在黑影里问那孩子:

"你叫什么?"

"小平。"

"几岁了?"

女人在外边拉着风箱说:

"别告诉他,他不记的吗?"

孩子回答说:

"八岁。"

"想我吗?"

"想你。想你,你不来。"孩子笑着说。

女人在外边也笑了。说:

"真的!你也想过家吗?"

水生说:

"想过。"

"在什么时候?"

"闲着的时候。"

"什么时候闲着?……"

"打过仗以后,行军歇下来,开荒休息的时候。"

"你这几年不容易呀?"

"嗯,自然你们也不容易。"水生说。

"嗯?我容易,"她有些气愤地说着,把饭端上来,放在炕上。"爹是顶不容易的一个人,他不能看见你回来……"她坐在一边看着水生吃饭,看不见他吃饭的样子八年了。水生想起父亲,胡乱吃了一点,就放下了。

红色经典

中国革命传统作品学习

"怎么?"她笑着问,"不如你们那小米饭好吃?"

水生没答话。他拾掇了出去。

回来,插好了隔扇门。院子里那挤在窝里的鸡们,有时转动扑腾。孩子睡着了,睡得是那么安静,那呼吸就像泉水在春天的阳光里冒起的小水泡,愉快地升起,又幸福地降落。女人爬到孩子身边去,她一直呆望着孩子的脸。她好像从来没有见过这个孩子,孩子好像是从别人家借来,好像不是她生出,不是她在那潮湿闷热的高粱地,在那残酷的"扫荡"里奔跑喘息,丢鞋甩袜抱养大的,她好像不曾在这孩子身上寄托了一切,并且在孩子的身上祝福了孩子的爹:"那走得远远的人,早一天胜利回来吧!一家团聚。"好像她并没有常常在深深的夜晚醒来,向着那不懂事的孩子,诉说着翻来覆去的题目:

"你爹哩,他到哪里去了?打鬼子去了……他拿着大枪骑着大马……就要回来了,把宝贝放在马上……多好啊!"

现在,丈夫像从天上掉下来一样。她好像是想起了过去的一切,还编排那准备了好几年的话,要向现在已经坐到她身边的丈夫诉说了。

水生看着她。离别了八年,她好像并没有老多少。她今年二十九岁了,头发虽然乱些,可还是那么黑。脸孔苍白了一些,可是那两只眼睛里的光,还是那么强烈。

他望着她身上那自纺自织的棉衣和屋里的陈设。不论是人的身上,人的心里,都表现出是叫一种深藏的志气支撑,闯过了无数艰难的关口。

"还不睡吗?"过了一会,水生问。

"你困你睡吧,我睡不着。"女人慢慢地说。

"我也不困。"水生把大衣盖在身上,"我是有点冷。"

女人看着他那日本皮大衣,笑着问:

"说真的,这八九年,你想起过我吗?"

"不是说过了吗?想过。"

"怎么想法?"她逼着问。

"临过平汉路的那天夜里,我宿在一家小店,小店里有个鱼贩子是咱们乡亲。我买了一包小鱼下饭,吃着那鱼,就想起了你。"

"胡说。还有吗?"

专题问道

专题7　大地的歌吟——"白洋淀派"小说专题研讨

"没有了。你知道我是出门打仗去了,不是专门想你去了。"

"我们可常常想你,黑夜白日。"她支着身子坐起来,"你能猜一猜我们想你的那段苦情吗?"

"猜不出来。"水生笑了笑。

"我们想你,我们可没有想叫你回来。那时候,日本人就在咱村边。可是在黑夜,一觉醒了,我就想:你如果能像天上的星星,在我眼前晃一晃就好了。可是能够吗?"

从窗户上那块小小的玻璃上结起来冰花,夜深了,大街的高房上有人高声广播:

"民兵自卫队注意!明天,鸡叫三遍集合。带好武器,和一天的干粮!"

那声音转动着,向四面八方有力地传送。在这样降落霜雪严寒的夜里,一只粗大的喇叭在热情地呼喊。

"他们要到哪里去?"水生照战争习惯,机警地直起身子来问。

"准是到胜芳。这两天,那里很紧!"女人一边细心听,一边小声地说。

"他们知道我们来了。"

"你们来了?你要上哪里去?"

"我们是调来保卫冀中平原,打退进攻的敌人的!"

"你能在家住几天?"

"就是这一晚上。我是请假绕道来看望你。"

"为什么不早些说?"

"还没顾着啊!"

<u>女人呆了。她低下头去,又无力地仄在炕上。</u>过了半天,她说:

"那么就赶快休息休息吧,明天我撑着冰床子去送你。"

鸡叫三遍,女人就先起来给水生做了饭吃。这是一个大雾天,地上堆满了霜雪。女人把孩子叫醒,穿得暖暖的,背上冰床,锁了梢门,送丈夫上路。出了村,她要丈夫到爹的坟上去看看。水生说等以后回来再说,女人不肯。她说:

"你去看看,爹一辈子为了我们。八年,你只在家里待了一个晚上。爹叫你出去打仗了,是他一个老年人照顾了咱们全家。这是什么太平日子呀?整天价东逃西窜。因为你不在家,爹对我们娘俩,照顾得惟恐不到。只怕一差二错,对不起在外抗日的儿子。每逢

红色经典
中国革命传统作品学习

夜里一有风声，他老人家就先在院里把我叫醒，说：水生家起来吧，给孩子穿上衣裳。不管是风里雨里，多么冷，多么热，他老人家背着孩子逃跑，累得痰喘咳嗽。是这个苦日子，遭难的日子，担惊受怕的日子，把他老人家累死。还有那年大饥荒……"

在河边，他们放下冰床。水生坐上去，抱着孩子，用大衣给她包好脚。女人站在床子后尾，撑起了竿。女人是撑冰床的好手，她逗着孩子说：

"看你爹没出息，当了八年八路军，还得叫我撑冰床子送他！"她轻轻地跳下冰床子后尾，像一只雨后的蜻蜓爬上草叶。轻轻用竿子向后一点，冰床子前进了。大雾笼罩着水淀，只有眼前几丈远的冰道可以望见。河两岸残留的芦苇上的霜花飒飒飘落，人的衣服上立时变成银白色。她用一块长的黑布紧紧把头发包住，冰床像飞一样前进，好像离开了冰面行走。她的围巾的两头飘到后面去，风正从她的前面吹来。她连撑几竿，然后直起身子来向水生一笑。她的脸冻得通红，嘴里却冒着热气。小小的冰床像离开了强弩的箭，摧起的冰屑，在它前面打起团团的旋花。前面有一条窄窄的水沟，水在冰缝里汩汩地流，她只说了一声"小心"，两脚轻轻地一用劲，冰床就像受了惊的小蛇一样，抬起头来，窜过去了。

水生警告她说：

"你慢一些，疯了？"

女人擦一擦脸上的冰雪和汗，笑着说：

"同志，我们送你到战场上去呀，你倒说慢一些！"

"擦破了鼻子就不闹了。"

"不会。这是从小玩熟了的东西，今天更不会。在这八年里面，你知道我用这床子，送过多少次八路军？"

冰床在霜雾里，在冰上飞行。

"你把我送到丁家坞，"水生说，"到那里，我就可以找到队伍了。"

女人没有言语。她呆望着丈夫。停了一会，才说：

"你给孩子再盖一盖，你看她的手露着。"她轻轻地喘了两口气。又说："你知道，我现在心里很乱。八年我才见到你，你只在家里待了不到多半夜的工夫。我为什么撑得这么快？为什么着急把你送到战场上去？我是想，你快快去，快快打走了进攻我们的敌人，你

专题问道

专题7 大地的歌吟——"白洋淀派"小说专题研讨

才能快快地回来,和我见面。

"你知道,我们,我们这些留在家里当媳妇的,最盼望胜利。我们在地洞里,在高粱地里等着这一天。这一天来了,我们那高兴,是不能和别人说的。

"进攻胜芳的敌人,是坐飞机来的;他们躺在后方,和妻子团聚了八九年。他们来了,可把我们的幸福打破了,他们打破了我们的心。他们造的罪孽是多么重!一定要把他们完全消灭!"

冰床跑进水淀中央,这里是没有边际的冰场。太阳从冰面上升出来,冲开了雾,形成一条红色的胡同,扑到这里来照在冰床上。女人说:

"爹活着的时候常说,水生出去是打开一条活路,打开了这条活路,我们就得活,不然我们就活不了。八年,他老人家焦愁死了。国民党反动派又要和日本一样,想来把我们活着的人完全逼死!

"你应该记着爹的话,向上长进,不要为别的事情分心,好好打仗。八年过去了,时间不算不长。只要你还在前方,我等你到死!"

在被大雾笼罩、杨柳树环绕的丁家坞村边,水生下了冰床。他望着呆呆站在冰上的女人说:

"你们也到村里去暖和暖和吧。"

女人忍住眼泪,笑着说:

"快去你的吧!我们不冷。记着,好好打仗,快回来,我们等着你的胜利消息。"

1946年河间

◎ **我思我在**

1. 水生离家八年,回家路上情绪变化过程是怎样的?这暗示着怎样的时代现实?

2. 小说中的"女人"是怎样的一个女性?请仔细揣摩文中人物的心理,替作者写一段100字左右的心理活动。

3. "为什么着急把你送到战场上去?我是想,你快快去,快快打走了进攻我们的敌人,你才能快快地回来,和我见面"这段话,有人认为切合人物心理,有人认为违背人物情感。你的看法呢?

红色经典
中国革命传统作品学习

中 秋 节[①]

刘绍棠

【阅读提示】

《中秋节》写的是 20 世纪 50 年代集体合作入社时期的农村故事。你对这段历史也许有些陌生，但小说情节简单明晰，人物心理和环境描写颇见匠心，充溢着诗情画意。新老两代人，面对新时代潮流表现的热情和犹疑之间，形成了鲜明的对比和必然的冲突。故事矛盾集中，涉及中国农民思想意识最深处的脉动，有浓重的历史感和反思意识。

刘绍棠的作品被誉为"新中国田园牧歌"，既有荷花淀派的柔媚清丽，又有燕赵文化的阳刚劲健，是独具风采的大运河乡土文学。

中秋节夜，月亮从东南天角不声不响地爬上来，一下子把运河滩全照白了。

银杏从屋里一跳，跳出门槛，朝北屋里喊道："娘！我到外边玩去了，您给等门哪！"

北屋，富贵奶奶跟老伴儿正叽叽喳喳地说话，银杏这一叫，她突然一惊，定了定神，忙应道："别回来太晚了！"

银杏早已经跑出院外，在月光下，她端详了一下自己身上绿底儿小白点的新褂子，按了按辫子上的桂花，害羞地笑了。

富贵奶奶脸贴着玻璃往外看了看，院里满地是月光，没有了女儿的影子。她吁了一口气，说："这丫头片子好容易走了，要让她知道，又是一顿吵。"

"我得走了！"富贵老头从炕沿上坐起来。

"一定要埋得深深的！"富贵奶奶神情紧张地嘱咐，"不然秋后拖拉机一犁地，就给耕出来了。"

富贵老头没言语，把屋角落那刻着字的石柱子，装进口袋里，背起就走。

[①] 选自冯健男编选《荷花淀派小说选》（人民文学出版社 2011 年版）。

专题问道

专题7 大地的歌吟——"白洋淀派"小说专题研讨

"你站住!"富贵奶奶出溜下炕,追出来,又一再叮咛,"打村后背静小道儿走,别咳嗽,脚步放轻,处处是眼。"

富贵老头也不答话,闷着头出去了。

银杏到了河滩,在一块漫长的柳丛地旁坐下,这是农业社的防风林。背后,运河的波涛响着匀适声调,银杏沉浸在说不出的兴奋里了。

她们家入社了,是昨天夜里批准的。今天清晨她去饮牲口,春宝告诉了她,她红着脸,长长地吐了口气,就急忙牵着牲口回家去了。

可是她爹的脸色却很阴沉,她想她爹一定是后悔了;这使她非常生气,为什么这么三心二意呢!

她想起写申请书的那晚上,全家都坐在院里,只有小侄儿在嫂子的怀里睡着了。她伏在小桌上,桌上放个小黑油灯,全家推她当记录,爹摆弄着老绿玉石嘴烟袋,声音低哑地,说一句停一停,等大家默默地点点头,然后才允许她写在纸上,最后,全家还都按了指印。

一整天,银杏都噘着嘴,想找碴儿顶她爹几句,可是她爹一言不发,钻进那布满蜘蛛网的土棚子里,收拾那该送进社里的家具,整晌都没出来。

等到她爹把那匹灰兔儿马也牵到社里,她才一块石头落了地,心里凉爽起来,于是她想起晚上到河滩去等春宝,胸膛里就像流着一股清凉清凉的泉水,坐不安立不安。

一只孤独的夜鸟,在运河上寒栗地叫了两声,把银杏惊醒了,月亮躲进薄云里,河滩上很暗,没一点响动。

她想自己一定是等得很久了,春宝为什么还不来呢?她很急躁,想走,又不敢走;不走,一个人孤孤单单。又等了一会儿,春宝仍然没来,她想,春宝也许开什么会去了,于是她站起身,到渡口告诉管船老张,要是春宝来了,就说银杏等了半天不见人来,走了。

从管船老张那小棚里出来,她急急地往回走,突然,她看见在不远的地方,有一个像野鸟一样轻巧的人,弯着腰,在月色下行走。

她看出是春宝。

"喂!"她低声叫。

那人直起腰,凝了凝神,走过来。

红色经典

中国革命传统作品学习

　　银杏严厉地质问道:"你为什么这么晚才来?"

　　春宝摆摆手,压低声说:"别出声,看长寿老头。"

　　"我不看!"银杏生气了。

　　"看吧,好看着哩!"春宝拉着她,躲进柳丛里。

　　不远处,长寿老头抡着大镐,咳哟咳哟地刨着地,一挺身,把上身的夹袄脱了下来,扔在地上,照手心啐了口唾沫,又换了铁锹,吭哧吭哧地掘起来。

　　银杏看得眼都定住了,害怕地问春宝:"他干什么呢?"

　　春宝轻轻地笑了出来,说:"春天他入社的时候,偷偷埋了个石头界碑,眼下要扒出来,明白不明白?"

　　银杏再看去,长寿老头从地里拔出个白东西,吃力地放在地面上,就坐在一旁吸起烟,火亮一蹿一跳的,却看不见长寿老头的脸。

　　正在这时,大道上一个蹒跚的影子走来了,银杏眼尖,她拉了一下春宝,低声说:"我爹!"

　　富贵老头在路旁坐下,用袄袖擦着脸,呼呼地喘气。

　　"谁?"长寿老头熄灭了烟,惊吓得从地上跳起来。

　　"你是谁?"富贵老头反问道,那低闷的声音里也带着意想不到的吃惊。

　　"我是长寿。"

　　长寿老头走上前来,小心地问道:"你干什么来了?"

　　富贵老头翻着眼皮,也问道:"你干什么来了?"

　　长寿老头眨巴眨巴眼,看清富贵老头身后的口袋,他笑着说:"给管船老张送节礼去?来,我先打个秋风,尝头口儿。"

　　富贵老头没了法了,也不拦他,也不看他,长寿老头伸手一摸,硬邦邦,冰凉凉的,是块长石头。

　　"哈!"长寿老头响亮地笑了,"你这是干什么? 是刨出的界石,还是去埋界碑啊?"

　　银杏一听,断定她爹是埋界石的,不由得气得眼都瞪圆了,就要闯出去跟她爹吵。春宝一把拉住她,说:"再等等! 不许跟你爹顶嘴。"银杏被春宝强制住,胸脯一起一伏,嘴一张一合的。

专题问道

专题 7　大地的歌吟——"白洋淀派"小说专题研讨

　　长寿老头燃起一袋烟,递给富贵老头,"抽袋烟,歇口气,今晚天气真凉爽啊!"

　　富贵老头低着脑袋,不搭理。

　　"老家伙!别怕见不得人,跟你说真的吧。"长寿老头狡黠地眨着眼,"我今年春天也埋了,今天趁着夜深人静又把它扒出来。"

　　富贵老头突然抬起头,盯住长寿老头,问道:"你为什么扒出来?"

　　长寿老头爽快地说:"这是一块心病啊!社里人一说自私,你就脸红,一说跟社里两条心,你就心跳,真是受洋罪。再说咱们跟拖拉机站订了合同,秋后拖拉机一犁地,真要给耕出来,这张老脸怎么见人?"

　　"哪……"富贵老头结结巴巴地,"啊……是呀!"

　　"别埋了,埋了过年还得刨出来。"长寿老头流露出老资格的神气,"我比你早走了一步,就先明白个道理,农业社是铁桶江山!"

　　"说得对!长寿爷爷。"春宝从柳丛里跳出来。

　　"谁?"长寿老头一声尖叫,吓出一身冷汗。

　　春宝顽皮地嘿嘿笑了。

　　"春宝,好小子!"长寿老头仍然止不住心跳。

　　富贵老头愣住了,赶忙闷闷地低下头去。

　　银杏三步两步抢上来,指着她爹:"您怎这么不怕丢脸!"

　　长寿老头不高兴了,沉下脸,教训银杏:"别骂你爹吧!上年纪的人,就要比你们小孩子想得多。"

　　"自私,落后,哼……"银杏气得直哆嗦。

　　春宝笑着说:"银杏,咱们给扛回去吧!"

　　银杏不动,从眼眶里冒出眼泪来。

　　春宝劝道:"给扛回去吧,反正是不埋了。"

　　银杏不情愿地走到她爹身旁,富贵老头虎起脸,吼道:"不用你!"

　　长寿老头也拦住春宝,"你俩玩去吧,我们怎么扛来的,还让我们怎么扛回去。不过有一宗得嘱咐你们俩,不许满处乱说,这不是什么光彩事!"

　　春宝笑道:"您放心,我们一定保密,您刨了半天也够累的了,还是我们扛吧!"

红色经典
中国革命传统作品学习

长寿老头一拍大腿,大笑道:"你也别抢了,我也懒得扛了,干脆扔他娘的大河里!"

说着,他弯腰扛起石界碑,大步流星地走向河边。富贵老头正拿不定主意,冷不防银杏从后面一下子夺了过去,奔向河边去了。

运河里,响亮地扑通一声,这界碑就随着浪声沉入河底去,银杏高声笑了。

1954年6月

◎ 我思我在

1. 小说中的景物描写富有意蕴,你发现了哪几处?请任选一处点评,并说说文中景物描写的作用。

2. 有人说,如果删去长寿老头的故事而直接写富贵老头,小说会显得矛盾更集中,人物形象更鲜明。你怎么看?

3. 银杏和富贵老头是完全不同的两类人物形象,你觉得在文学上哪一类更有意义,为什么?

水乡散记[①]

韩映山

【阅读提示】

真的时代体验、美的风景发现、善的人性追求成就了韩映山。他是"荷花淀"里一位迟来的真诚歌者,喜欢描写日常生活,喜欢在平凡的普通人身上发掘真善美。在韩映山小说的人物世界里,善良淳朴的老人和热情活泼的青年构成了一组组优美的人性风景画,"劳动"则是他表现优美、健康人性的重要方式。

走近韩映山,亲近文字中那纯美的风景与淳朴的人性,感受人物言行中传统美德与时代风貌的自然融合,品读清丽优美环境中的丰富意蕴。赤子童心,他奉献给我们的是

---

① 选自冯健男编选《荷花淀派小说选》(人民文学出版社2011年版)。

专 题 问 道

专题7 大地的歌吟——"白洋淀派"小说专题研讨

人间的一番真实天堂。

晚秋的月亮是最清朗的。尤其是在静静的淀水上面,更显得它明媚光彩。

月的柔光在水皮上漂荡,金黄黄地映成一条胡同,那里边有白色的云影和一个圆圆的风圈。

快到村岸时,便看见一片黑压压的渔网,晾在架子上。微风吹过来鱼腥气味。从网右侧,划出一只小船。划船的是个上年纪的人。我还没看清他的脸庞,船上的人就抢先说:"这不是? 这就是老豪啊!"同行的那人小声告诉我:"我们这一道上,讲叨的就是他啊。'闻名不如见面',就是这么个干巴瘦的老头。你看在高阳文化馆里画的那个老头像他吗?"

经他一提,我脑子里又闪过贴在文化馆门口的那张画来:一位老人,在水上正领导着人们打网,日光把他的脸晒成酱赤色。他光着背,紧张地招呼着人们快快撒网,一条条的大鱼扑上来了。他那兴奋劲头,表现得非常突出……

"你见了我爷爷就认识了!"坐在我身旁的小姑娘荷荷也对我说:"他那长相好认,黑瘦、长巴脸、两个黑眼,亮闪闪的。眼珠常常凸凸地转,那是看鱼养成的习惯。"她们还告诉我说,他从成社以来,就把拿鱼的手艺儿全贡献出来了。这么宽旷的大水,他能看出哪儿鱼多,他那拿鱼的法子,更是锦囊妙计。他成了全社的台柱子。听这样一说,我就更加注意起这位老人来。

他和船上的人搭了句话,就一个人默默地围着网看起来,翻翻这,扯扯那,一边咕噜着:"好家伙,这么大的窟窿! 多大的鱼不跑掉? 咳! 这是谁? 使网就像吃网!"

不用问,他是在细心地检查这些网哩。用了一天的网,说不清哪儿就会有漏洞。跑了鱼,这不能不是社里的损失呵!

上了岸,我就住在荷荷家。

荷荷的娘抱着一缕破好的苇眉子,从场院里回来。

"晚上还织?"

"不!"荷荷的娘轻声笑了:"晚上把这眉子润上,明天才织;晚上得织网,在灯下。"

荷荷蹦跳着跑来,红领巾拂着她的嘴角。手里拿块红高粱饼,饼里夹着葱叶和小鱼,吃得挺香甜的。

"走!"她拉着我的手,"熟饭了,有小鱼,你不是愿意吃吗?"

"大丫头子了,还是孩子气,学稳重点!"荷荷的娘说,一边就走入西厢房。

吃了饭,荷荷领我到一间低得碰头的小屋去。她临走对我眨巴着眼说:"你先睡吧!我爷爷半夜才回来,你甭等他,他事可多哩。刚才社长老会叔叫他去分棉衣——就是赈济来的那个……"不说完,就又做个鬼脸,隔着门帘缝儿说:"你看书,是不?我不打搅,我也有事儿,得帮娘织网哩!"说完,脚步像敲小鼓一样"咚咚"地跑了。

这是一间小跨屋。屋子被大水冲倒又盖起来了。屋檐上的苇缨子的黑影,投在有月光的窗纸上,在微微地摇动。我点上灯,整个小屋便笼罩了昏黄的光。北墙上,挂着一张旋网。网上还沾着一两个干巴小鱼。小鱼头钻在网花外头,凸着小黑眼儿,还想挣扎逃掉。在网下面,放着一双打鱼穿的皮靴子。炕上铺着羊皮褥子,我坐在上面,觉着鼓膨膨的,掀开一看,原来是个小旧本子,上面还写了满幅的字。"噢,还学习!"我心中赞佩。

"嫂子!"忽然院外传来一个响亮的声音,"把梭子给我。大伯非要把网补上不行。分棉衣专等他哩!"边说边进屋去了。"大伙都说他是'公德老'——让他去挑头一件。可他说,'网不补上明天就误了下河,分衣不着急,让别人先分吧!剩下的我再要。'叫我来拿梭子,他还等哩!穿个小夹袄,多冷!"

"天晚了,还看见补哇?"荷荷娘说,"要不,我去!"

"甭!"进来的那人说,"他说在月亮地里能看见。你知道,他那是有名的'千里眼',一丈深的水能看见鱼浮!"

"那就快去!"荷荷娘带笑地催促,"给你,再拿点饽饽,老人这时候还没吃饭。一天就光为'你们'社里的事了……"没说完就忍不住笑起来,"社长,你说不是吗?"

"那是'实打实'的话。"社长说,"你不知道我们下钩拿鱼的事呢!大伯白天忙一天,黑价也不困。我们年轻的可抵不住劲儿了,都困得打瞌睡,他给说笑话,也不行,都睡熟了,后来叫铃铛吵醒了。一看,大伯在水里正捉着一条一人高的大鱼呢——捉鱼捞钱,咱社全仗着他哩。……"

"快别说了!他等急了。"荷荷插嘴说,"叫我爷爷在船上挨冻,你倒跑到屋里取暖,像个社长吗?"

专题问道

专题7 大地的歌吟——"白洋淀派"小说专题研讨

"喝！你这个小社员,学'大人吃瓜'呀！"社长逗趣,"白天上学,晚上学织网,五更搂树叶,这个勤俭劲儿真比不了。跟你娘才像一个模子脱出来的呢！好,我走了。"一阵脚步声远了。

我不由得走出来,看了看荷荷她们织网。荷荷娘告诉我：他们社跟别社挑了战。全社分了工。男的打鱼、织布；女的编席、织网。信用社贷给一批款,让专门搞副业救灾。

很晚很晚——我睡了以后,一种"索索"声把我惊醒。我发现,老人正拿一件棉袄盖在我被上。眼睛慈爱地看着我。我一时没说出话来,心里热乎乎的,嗓子被什么东西哽住了。

"怎？醒了。"老人温和地微笑,一面低下头去,低低地说,"一个被子冷点,外面要变天。你们出门在外的……这么远,把棉衣送来救济俺们,自个倒挨冻,叫人怎过意？"

"不。"我光着膀坐起来,热情地说："棉衣是咱全国各地人们捐献的,他们都结记着咱们这些水灾区的人们,希望咱们吃饱穿暖战胜灾荒……大伯,你分了一件吗？"

"我去的工夫就分完了,这是社长给留的。我的意思,是让别人先穿上,我呢,什么早晚。"大伯抽着烟,慢慢地但很严肃地说,"大伙净结记咱们；咱也得常常把大伙挂在心上呀！"

我心里思索着这句话,很想和大伯谈谈。但又很愿意让大伯赶快安歇——他劳累一天,是多么疲乏啊！

老人睡了,我却再也睡不着,回忆着许多事情。

夜半,外面起了风。院子里苇叶子"沙沙"地响,窗孔吹进刺骨的寒风。我担心社里会因为有风而不能打鱼。这时,大伯机灵地醒了,披上衣裳就往外走,高兴地说："淀里有风,瞧闹好鱼吧！你睡吧！离天明还早哩。"

我听着老人家的脚步声,由近而远。然后,是谁家的篱笆门儿开了,接着又是一家的门栓在响。淀里,传来一声声清亮的水鸟鸣叫——处在水乡的村村庄庄,迎着黎明醒来了。

1954年11月末写于教台村

◎ **我思我在**

1. 小说中的老人是怎样的一个形象？给没有读过这篇小说的同学说说。

2. 小说塑造了老人、荷荷娘、荷荷、社长等当时农村进步人物形象,作者在这些人物形象身上寄托了什么理想?

3. 这篇小说结尾的场景描写意味深长,你从中读出了哪些意蕴?

※ 实践笃行

诗情画意的乡土
——"白洋淀派"展厅的布置

一次大型的"中国现当代乡土文学成就展"将在我市最大的博物馆举行。接到有关部门的通知,你将独立设计和布置"白洋淀派"的文学展览活动。

年轻的设计师,请开始你的设计之旅吧!

一、展览区域的主题设计

为了突出"白洋淀派"的创作特色,凸显其流派风格,活动组织部门要求围绕"白洋淀派"的风格特点设计展示的区块,并为各个主题展示区块拟写富有诗意的名称。

面对这个问题,你会如何设计?请写出你对展区主题的诗意命名,并用简要语言介绍各展览区域的主要内容。

展示区名称	展览的主要内容
例1:惊鸿一瞥	概括介绍"白洋淀派"的由来、主要作家、代表作品及其创作风格。
例2:诗情画意	通过实景照片、著名插画、科技模拟等方式展现小说经典片段所描写的自然风光、水乡风情。

专题问道

专题 7　大地的歌吟——"白洋淀派"小说专题研讨

二、展厅前台的雕塑设计

有关部门准备在展厅入口的前台安放一座写实主义的雕塑,拟想以"白洋淀派"作品中的某一场景作为雕塑创作素材。请你推荐合适的小说场景,以第三人称方式简要描述你设想中雕塑完成后的形象,不少于 200 字。

三、诗意朗诵的音频制作

有人说"白洋淀派"的作品是"诗中的小说,小说中的诗",为了使参观者能体验白洋淀派作品的诗化特点,活动方准备制作一段朗诵音频在展厅中循环播出。现已将《荷花淀》的开头改写成诗句形式,需要你寻找合适的背景音乐,并制作一个由你朗诵的音频作品。

请你进入录播室,为人们一展你动听的嗓音吧。

原文:月亮升起来,院子里凉爽得很,干净得很,白天破好的苇眉子潮润润的,正好编席。女人坐在小院当中,手指上缠绞着柔滑修长的苇眉子。苇眉子又薄又细,在她怀里跳跃着。

诗句改写:

月亮	坐在
升起来	小院当中
院子里	手指上
凉爽得很	缠绞着
干净得很	柔滑修长的
白天	苇眉子
破好的	苇眉子
苇眉子,潮润润的	又薄又细
正好编席	在她怀里
女人	跳跃着

四、"白洋淀派"群星图

我们想在展厅里设置一个"'白洋淀派'群星图"的展示空间,请你简要介绍孙犁、刘绍棠、从维熙、韩映山等主要白洋淀派作家。要求明确作家的生卒年、籍贯,提供一张清晰的正面照片,介绍其代表作品,并用简短的语词表明其在流派中的贡献。

现委托你提供群星图创制的素材,你会提供哪些相关的具体内容呢?

作　家	照片	生卒年	籍贯	代表作品	贡献简评
孙　犁					
刘绍棠					
从维熙					
韩映山					

五、乡土文学史中的"白洋淀派"

为清晰立体地展现"白洋淀派"在文学史上的意义,展览区最后将设置一块展示板,以图形方式体现中国 20 世纪乡土文学的发展过程。

这个任务难度较大,需要你查阅一些资料,下面的附录是索引,读一读这些资料,画出中国乡土文学的脉络,标明"白洋淀派"的地位。

附录:

1. 鲁迅《中国新文学大系·小说二集·序》
2. 唐弢《乡土文学》
3. 孙犁《关于"乡土文学"》
4. 刘绍棠《刘绍棠谈"乡土文学"与创作》
5. 程世洲《变异与迷失——"十七年"农村题材小说的反思》
6. 金汉《中国乡土小说的艺术新变——"新乡土小说"论》
7. 丁帆《中国乡土小说史》

【活动自检】

如果你顺利完成了以上任务,相信你设计的"白洋淀派"展厅一定会内容充实,形态丰富。对这一次文学展览设计之旅,你满意吗?假如每项评价最高标准为五星,你会给自己几颗星呢?

专题问道

专题7 大地的歌吟——"白洋淀派"小说专题研讨

自检项目	任 务	评 价 标 准	自 评
展览区域的主题设计	主题选择	从不同侧面表现"白洋淀派"创作特色	
	名称拟写	形式整齐,语言诗意	
	内容介绍	围绕主题,表达简明顺畅	
展厅前台的雕塑设计	场景选择	小说场景来自代表作家的代表作品;能用自己的语言为场景准确命名	
	场景描写	第三人称方式描写,清晰呈现雕塑的构成要素,字数不少于200字	
诗意朗诵的音频制作	音乐选择	背景音乐选择符合情景氛围	
	诗句朗诵	字句准确清晰;情绪饱满,情景呈现力强	
"白洋淀派"群星图	个人资料	个人信息齐全准确	
	贡献简评	突出作家的主要特点,语言简洁明晰	
乡土文学史中的"白洋淀派"	乡土文学史	信息齐全,脉络清晰	
	"白洋淀派"	知识明确,标识显眼	

专题 8

时代的乐章
——当代散文三大家专题研讨

散文是文坛的轻骑兵,也是"时代精神"的小号手。散文是一种自由灵活、抒写见闻感受的文体。它篇幅短小,形式自由,能迅速生动地反映生活,畅快淋漓地表达思想感情。散文又是我国文学体裁中历史最悠久的文体,有丰厚的历史文化积淀。"文章合为时而著",唐代白居易的这句话说明了散文是与时代的血脉相通的。

20世纪60年代,文坛上一度沉寂的散文创作奏响了"复兴"的交响乐。一方面,诗中有画,笔端含情,托物言志,借景抒情,文字错落有致,篇章曲折生姿:这是"复古"——中国文学悠久的散文传统焕发出迷人的光彩。另一方面,花鸟鱼虫不再是文人寄托情调的玩物,山川河流也不再是触动墨客羁旅愁绪的对象,劳动者更不是需要士大夫的怜悯的"哀哀无告者",他们凭着自己高贵的品质,一跃成为"时代精神"的载体:这是"新兴"——作家都在用全新的眼光重新审视这个世界,重新评估一切价值。

总借俊眼传出来。这期间,三位年龄相仿的散文家的作品喷涌而出,成为这一时期散文创作的代表人物。杨朔1913出生于山东蓬莱,刘白羽1916年出生于北京通州,秦牧1919年出生于香港,他们都是从青年时期起就投身到独立、解放、建设的时代大潮中,在60年代成为齐名的"共和国之恋"最响亮的歌手,被誉为"散文三大家"。理解时代精神和散文创作的关系,是阅读他们作品的一个关键。

茶花入赋,荔枝酿蜜,枫叶经霜格外红;日出,平明,灯火,长江,山河激荡风雷急;古战场上看春晓,社稷坛前抒豪情,"时代精神"奏华章。然而,同样是"时代精神"的讴歌者,杨朔、刘白羽和秦牧又因各自的经历,有着鲜明的文学"性格"。同中寻异,异中求同,细心体会三位散文家作品的异同,比较是一个很适宜的阅读切入口。杨朔的托物言志、

专题问道

专题8　时代的乐章——当代散文三大家专题研讨

刘白羽的借景抒情、秦牧的缘事阐理,杨朔欲扬先抑的转弯艺术、刘白羽直抒胸臆的豪迈风格、秦牧按部就班的逻辑线条,风格迥异,三足鼎立,各有擅场,势均力敌,被人津津乐道,视为散文创作的典范。杨朔散文中的"诗意"、刘白羽散文中的"激情"、秦牧散文中的"学识",使得他们的作品被分别冠以"诗人散文""战士散文"和"学者散文"的美誉。为文不可无学识,为文不可无激情,为文不可无诗意。抒写当下的"时代精神",知、情、意也不可缺少。这里选了三篇文章,第一篇做了旁批,第二篇用旁批启发思考,第三篇留了空白,期待你来做旁批。

※ 含英咀华

雪　浪　花[①]

杨　朔

【阅读提示】

　　杨朔的创作,竭力发掘平凡中的伟大。他的散文是写给平凡而伟大者的歌。但这是富于诗意的平凡。他说:"你在斗争中、劳动中、生活中,时常会有些东西触动你的心,使你激昂,使你欢乐,使你深思,这不是诗又是什么?"(《东风第一枝·跋》)

　　凉秋八月,天气分外清爽。我有时爱坐在海边礁石上,望着潮涨潮落,云起云飞。月亮圆的时候,正涨大潮。瞧那茫茫无边的大海上,滚滚滔滔,一浪高似一浪,撞到礁石上,唰地卷起几丈高的雪浪花,猛力冲击着海边的礁石。那礁石满身都是深沟浅窝,坑坑坎坎的,倒像是块柔软的面团,不知叫谁捏弄成这种怪模怪样。

　　几个年轻的姑娘赤着脚,提着裙子,嘻嘻哈哈追着

开篇写景,语言和意境都优美。

写景中插入人的活动,整个画面顿时活泼起来。

[①] 选自《杨朔散文》(人民文学出版社2005年版)。

红色经典

中国革命传统作品学习

浪花玩。想必是初次认识海,一只海鸥,两片贝壳,她们也感到新奇有趣。奇形怪状的礁石自然逃不出她们好奇的眼睛,你听她们议论起来了:礁石硬得跟铁差不多,怎么会变成这样子?是天生的,还是錾子凿的,还是怎的?

"是叫浪花咬的,"一个欢乐的声音从背后插进来。说话的人是个上年纪的渔民,从刚拢岸的渔船跨下来,脱下黄油布衣裤,从从容容踱到礁石上。

有个姑娘听了笑起来:"浪花也没有牙,还会咬?怎么溅到我身上,痛都不痛?咬我一口多有趣。"

老渔民慢条斯理说:"咬你一口就该哭了。别看浪花小,无数浪花集到一起,心齐,又有耐性,就是这样咬啊咬的,咬上几百年,几千年,几万年,哪怕是铁打的江山,也能叫它变个样儿。姑娘们,你们信不信?"

> 老渔民一席话,道破历史发展的真正动力。

说得妙,里面又含着多么深的人情世故。我不禁对那老渔民望了几眼。老渔民长得高大结实,留着一把花白胡子。瞧他那眉目神气,就像秋天的高空一样,又清朗,又深沉。老渔民说完话,不等姑娘们搭言,早回到船上,大声说笑着,动手收拾着满船烂银也似的新鲜鱼儿。

> 描写人物也可以这样诗情画意。

我向就近一个渔民打听老人是谁,那渔民笑着说:"你问他呀,那是我们的老泰山。老人家就有这个脾性,一辈子没养女儿,偏爱拿人当女婿看待。不信你叫他一声老泰山,他不但不生气,反倒摸着胡子乐呢。不过我们叫他老泰山,还有别的缘故。人家从小走南闯北,经得多,见得广,生产队里大事小事,一有难处,都得找他指点,日久天长,老人家就变成大伙依靠的泰山了。"

> 三言两语,人物精神跃然纸上。"老泰山"一语双关,犹如画龙时的点睛。

专题问道

专题 8 时代的乐章——当代散文三大家专题研讨

此后一连几日,变了天,飘飘洒洒落着凉雨,不能出门。这一天晴了,后半晌,我披着一片火红的霞光,从海边散步回来,瞭见休养所院里的苹果树前停着辆独轮小车,小车旁边有个人俯在磨刀石上磨剪刀。那背影有点儿眼熟。走到跟前一看,可不正是老泰山。

我招呼说:"老人家,没出海打鱼吗?"

老泰山望了望我笑着说:"嘻,同志,天不好,队里不让咱出海,叫咱歇着。"

我说:"像你这样年纪,多歇歇也是应该的。"

老泰山听了说:"人家都不歇,为什么我就应该多歇着?我一不瘫,二不瞎,叫我坐着吃闲饭,等于骂我。好吧,不让咱出海,咱服从;留在家里,这双手可得服从我。我就织鱼网,磨鱼钩,照顾照顾生产队里的果木树,再不就推着小车出来走走,帮人磨磨刀,钻钻磨眼儿,反正能做多少活就做多少活,总得尽我的一份力气。" 让人物自己说话,通过人物的言行塑造人物。

"看样子你有六十了吧?"

"哈哈!六十?这辈子别再想那个好时候了——这个年纪啦。"说着老泰山捏起右手的三根指头。

我不禁惊疑说:"你有七十了吗?看不出。身板骨还是挺硬朗。" 作者善于向劳动人民学习语言,雅而能俗,俗而能雅。老泰山的语言富有生活气息,富有人物特点。

老泰山说:"嘻,硬朗什么?头四年,秋收扬场,我一连气还能扬它一两千斤谷子。如今不行了,胳臂害过风湿痛病,抬不起来。磨刀磨剪子,胳膊往下使力气,这类活儿还能做。不是胳臂拖累我,前年咱准要求到北京去油漆人民大会堂。"

"你会的手艺可真不少呢。"

"苦人哪,自小东奔西跑的,什么不得干。干的营生多, 老泰山讲的故事成为本文的主

红色经典
中国革命传统作品学习

经历的也古怪。不瞒同志说,三十年前,我还赶过脚呢。"说到这儿,老泰山把剪刀往水罐里蘸了蘸,继续磨着,一面不紧不慢地说:"那时候,北戴河跟今天可不一样。一到三伏天,来歇伏的差不多净是蓝眼珠的外国人。有一回,一个外国人看上我的驴。提起我那驴,可是百里挑一:浑身乌黑乌黑,没一根杂毛,四只蹄子可是白的。这有个讲究,叫四蹄踏雪,跑起来,极好的马也追不上。那外国人想雇我的驴去逛东山。我要五块钱。他嫌贵。你嫌贵,我还嫌你胖呢。胖得像条大白熊,别压坏我的驴。讲来讲去,大白熊答应我的价钱,骑着驴逛了半天,欢欢喜喜照数付了脚钱。谁料想隔不几天,警察局来传我,说是有人把我告下了,告我是红胡子,硬抢人家五块钱。"

老泰山说得有点气促,喘吁吁的,就缓了口气,又磨着剪子说:"我一听气炸了肺。我的驴,你的屁股,爱骑不骑,怎么能诬赖人家是红胡子?赶到警察局一看,大白熊倒轻松,望着我乐得闭不拢嘴。你猜他说什么?他说:你的驴快,我要再雇一趟去秦皇岛,到处找不着你。我就告你。一告,这不是,就把红胡子抓来了。"

我忍不住说:"瞧他多聪明!"

老泰山说:"聪明的还在后头呢,你听着啊。这回倒省事,也不用争,一张口他就给我十五块钱。骑上驴,他拿着根荆条,抽着驴紧跑。我叫他慢着点,他直夸奖我的驴有几步好走,答应回头再加点脚钱。到秦皇岛一个来回,整整一天,累得我那驴浑身湿淋淋的,顺着毛往下滴汗珠——你说叫人心疼不心疼?"

我插问道:"脚钱加了没有?"

老泰山直起腰,狠狠吐了口唾沫说:"见他的鬼!他连

体,明清笔记散文中很多这种笔法。

作者借老泰山之口,表达了中

专题问道

专题8　时代的乐章——当代散文三大家专题研讨

一个铜子儿也不给,说是上回你讹诈我五块钱,都包括在内啦,再闹,送你到警察局去。红胡子!红胡子!直骂我是红胡子。"

我气得问:"这个流氓,他是哪国人?"

老泰山说:"不讲你也猜得着。前几天听广播,美国飞机又偷着闯进咱们家里。三十年前,我亲身吃过他们的亏,这笔账还没算清。要是倒退五十年,我身强力壮,今天我呀——"

休养所的窗口有个妇女探出脸问:"剪子磨好没有?"

老泰山应声说:"好了。"就用大拇指试试剪子刃,大声对我笑着说:"瞧我磨的剪子,多快。你想剪天上的云霞,做一床天大的被,也剪得动。"

西天上正铺着一片金光灿烂的晚霞,把老泰山的脸映得红通通的。老人收起磨刀石,放到独轮车上,跟我道了别,推起小车走了几步,又停下,弯腰从路边掐了枝野菊花,插到车上,才又推着车慢慢走了,一直走进火红的霞光里去。他走了,他在海边对几个姑娘讲的话却回到我的心上。我觉得,老泰山恰似一点浪花,跟无数浪花集到一起,形成这个时代的大浪潮,激扬飞溅,早已把旧日的江山变了个样儿,正在勤勤恳恳塑造着人民的江山。

老泰山姓任。问他叫什么名字,他笑笑说:"山野之人,值不得留名字。"竟不肯告诉我。

1961

> 国人民反抗压迫反抗侵略的强大意志。

> 剪天上的云霞,做天大的被子,何等有诗意,何等有气魄。

> 老人的离场,背影这般美丽。

> 结尾别致,余音绕梁。老人的姓也妙。

◎ **我思我在**

1. 杨朔散文的语言新颖别致,富有诗意。他不但吸收了古典诗词的清新雅致,还学习劳动人民语言的丰富表现力。请反复品读,再以文中语句为例,谈谈自己的

红色经典
中国革命传统作品学习

体会。

2. 散文也可以塑造人物。作者从多个角度塑造"老泰山"这位老人，试以"老泰山"为例，谈谈散文人物和小说人物的不同。

3. 这篇文章带有强烈的时代印记。作者精心构思，巧妙裁剪，行文前有伏笔，后有照应，请通观全文，说说你对"雪浪花"的理解。

长江三峡①

刘白羽

【阅读提示】

刘白羽往往把具体人事与大时代、大变动联系起来，并赋予具体人事非凡的意义。他在《长江三峡》里不断强调战胜阻碍、向前航行的意义。抒情主体"我"最终不再是个体的人，而是"历史""时代"的化身，抒情才有那么大的豪情与气魄。

在信中，我这样叙说："这一天，我像在一支雄伟而瑰丽的交响乐中飞翔。我在海洋上远航过，我在天空中飞行过，但在我们的母亲河流长江上，第一次，为这样一种大自然的伟力所吸引了。"

"这一天，我像在一支雄伟而瑰丽的交响乐中飞翔"用了什么修辞手法？"飞翔"用得恰当吗？为什么？开头概述过三峡时的感受，这样写有什么作用？

朦胧中听见广播说，到了奉节。"江津号"停泊时，天已微明。起来看了一下，峰峦刚刚从黑夜中显露出一片灰蒙蒙的轮廓。启碇续行，我来到休息室里。只见前边两面悬

---

① 选自高中教材《语文》第一册（人民教育出版社1987年版）。该文节选自《刘白羽散文选》中的《长江三日》。入选人教社1987年版教材时，经作者同意，作了改动，题目是原编者所加。长江三峡，西起重庆市奉节县白帝城，东至湖北宜昌县南津关，长193公里。1960年11月中旬，作者从重庆乘"江津号"轮船驶往武汉，历时三日。《长江三日》记述了这一航程，并描绘了沿途景色。本文描写的是航行第二日轮船穿过三峡时所见的瑰丽奇特的景象。

专题问道

专题 8　时代的乐章——当代散文三大家专题研讨

崖绝壁,中间一条狭狭的江面,船已进入瞿塘峡了。江随壁转,前面天空上露出一片金色阳光,像横着一条金带,其余各处还是云海茫茫。瞿塘峡口为三峡最险处。杜甫《夔州歌》云:"白帝高为三峡镇,瞿塘险过百牢关。"古时歌谣说:"滟滪大如马,瞿塘不可下;滟滪大如猴,瞿塘不可游;滟滪大如龟,瞿塘不可回;滟滪大如象,瞿塘不可上。"这滟滪堆原是对准峡口的一堆黑色巨礁。万水奔腾,冲进峡口,便直奔巨礁而来,你可想象得到那真是雷霆万钧。船如离弦之箭,稍差分厘,便会撞得粉碎。现在,这巨礁早已炸掉。不过,瞿塘峡中依然激流澎湃,涛如雷鸣,江面形成无数漩涡。船从漩涡中冲过,只听得一片哗啦啦的水声。过了八公里长的瞿塘峡,乌沉沉的云雾突然隐去,峡顶上一道蓝天,浮着几小片金色浮云,一注阳光像闪电样落在左边峭壁上。右面峰顶上一片白云像银片样发亮了,但阳光还没有降临。这时,远远前方,层峦叠嶂之上,迷蒙云雾之中,忽然出现一团红雾。你看,绛紫色的山峰衬托着这一团雾,真美极了,就像那深谷之中反射出红色宝石的闪光,令人仿佛进入了神话境界。这时,你朝江流上望去,也是色彩缤纷:两面巨崖,倒影如墨;中间曲曲折折,却像有一条闪光的道路,上面荡着细碎的波光;近处山峦,则碧绿如翡翠。时间一分钟一分钟过去,前面那团红雾更红更亮了。船越驶越近,渐渐看清有一高峰亭亭笔立于红雾之中,渐渐看清那红雾原来是千万道强烈的阳光。八点二十分,我们来到这一片明朗的金黄色朝晖之中。

抬头望处,已到巫山。上面阳光垂照下来,下面浓雾滚涌上去,云蒸霞蔚,颇为壮观。刚从远处看到的那个笔直的山峰,就站在巫峡口上,山如斧削,隽秀婀娜。人们告诉我,

---

"江随壁转"四个字写出江流怎样的特点?

分析"夔"字字形,并正音。

船进入瞿塘峡后,先写"江随壁转",再引杜诗和民谣,这样写的意图是什么?

既然滟滪堆这黑色巨礁早已炸掉,为什么瞿塘峡中依然激流澎湃,涛如雷鸣?

比较"涛如雷鸣"与"雷霆万钧"的异同。

"金色""银片""红色宝石""翡翠"……无穷的色彩,瑰丽夺目。你能领悟天光云影中的哲理吗?

红色经典
中国革命传统作品学习

这就是巫山十二峰的第一峰。它仿佛在招呼上游来的客人说：你看，这就是巫山巫峡了。"江津号"紧贴山脚进入峡口。红通通的阳光恰在此时射进玻璃厅中，照在我的脸上。峡中，强烈的阳光与乳白色云雾交织一处，数步之隔，这边是阳光，那边是云雾，真是神妙莫测。几只木船从下游上来，帆给阳光照得像透明的白色羽翼。山峡越来越狭，前面两山对峙，看去连一扇大门那么宽也没有，而门外完全是白雾。

> 白雾赋予巫峡神秘的美丽，船帆成了"白色羽翼"，你以为作者又怎样的想象？

八点五十分，满船人都在仰头观望。我也跑到甲板上，看到万仞高峰之巅，有一细石耸立，如一人对江而望，那就是充满神奇色彩的传说的美女峰了。据说一个渔人在江中打鱼，突遇狂风暴雨，船覆灭顶，他的妻子抱着小孩从峰顶眺望，盼他回来，一天一天，一月一月，他终未回来，而她却依然不顾晨昏，不顾风雨，站在那儿等候着他——至今还在那儿等着他呢。

> "美女峰"的传说，表现了古代劳动人民怎样的生活？

如果说瞿塘峡像一道闸门，那么巫峡简直像江上一条迂回曲折的画廊。船随山势左一弯，右一转，每一曲，每一折，都向你展开一幅绝好的风景画。两岸山峰连绵不断，山势奇绝，巫山十二峰各有各的姿态，人们给它们以很高的评价和美的命名，使我们的江山增加了诗意。而诗意又是变化无穷的：突然是深灰色石岩从高空直垂而下，浸入江心，令人想到一个巨大的惊叹号；突然是绿茸茸的草坪，像一支充满幽情的乐曲。特别好看的是悬崖上那一堆堆给秋霜染得红艳艳的野草，简直像是满山杜鹃了。峡陡江急，江面布满大大小小的漩涡，船只能缓缓行进，像一个在崇山峻岭之间慢步前行的旅人。但这正好使远方来的人有充裕时间欣赏这莽莽苍苍、浩浩荡荡长江上大自然的壮美。苍鹰在高

> 这段描写极富张力，对比强烈。

专题问道

专题8　时代的乐章——当代散文三大家专题研讨

峡上盘旋,江涛追随着山峦激荡,山影云影,日光水光,交织成一片。

十点,江面渐趋广阔,"江津号"急流稳渡,穿过了巫峡。十点十五分到巴东,进入湖北境内。十点半到牛口,江浪汹涌,船在浪头上摇摆着前进。江流刚奔出巫峡,还没来得及喘息,却又冲入第三峡——西陵峡了。

西陵峡比较宽阔,但是江流至此变得特别凶恶,处处是急流,处处是险滩。船一下像流星随着怒涛冲去,一下又绕着险滩迂回浮进。最著名的三个险滩是:泄滩、青滩和崆岭滩。初下泄滩,看着那万马奔腾的江水,到这里突然变成千万个漩涡,你会感到江水简直是在旋转不前。"江津号"剧烈地震动起来。这一节江流虽险,却流传着无数优美的传说。十一点十五分到秭归。秭归是楚先王熊绎始封之地,也是屈原的故乡。后来屈原被流放到汨罗江,死在那里。民间流传着:屈大夫死日,有人在汨罗江畔看见他峨冠博带,骑一匹白马飘然而去。又传说:屈原死后,被一大鱼驮回秭归,终于从流放之地回到故乡。这一切初听起来过于神奇怪诞,却正反映了人民对屈原的无限怀念之情。

> 插入屈原的历史故事,不仅赋予自然风光神奇的魅力,还表达了作者何等情怀?

秭归正面有一大片铁青色礁石,森然耸立江面。经过很长一段急流才绕过泄滩。在最急峻的地方,"江津号"用尽全副精力,战抖着,震颤着前进。急流刚刚滚过,前面有一奇峰突起,江水沿着这山峰右面流去。山峰左面却又出现一道河流,原来这里就是王昭君诞生地香溪。它一下就令人记起杜甫的诗:"群山万壑赴荆门,生长明妃尚有村。"我们遥望了一下香溪,船便沿着山峰进入一道无比险峻的长峡——兵书宝剑峡。这儿完全是一条窄巷。我到船头上,抬头仰望,只见黄石碧岩,高与天齐。再驶行一段,就到

> 借由香溪"生长明妃尚有村",寄托作者对祖国山川怎样的感情?

> 领航人生长在激流险滩边,作者点出这一事实,是想说什么?

红色经典
中国革命传统作品学习

了青滩。江面陡然下降,波涛汹涌,浪花四溅,你还没来得及仔细观看,船已像箭一样迅速飞下,巨浪被船头劈开,旋卷着,合在一起,一下又激荡开去。江水像滚沸了一样,到处是泡沫,到处是浪花。船上的同志指着岩上一处乡镇告诉我:"长江航船上很多领航人都出生在这儿……就是木船要想渡过青滩,也得请这儿的人引领过去。"这时我正注视着一只逆流而上的木船,看起来这青滩的声势十分吓人,但人们只要从汹涌浪涛中掌握了一条前进的途径,也就战胜了大自然了。

中午,"江津号"到了崆岭滩跟前。长江上的人都知道:"泄滩青滩不算滩,崆岭才是鬼门关。"可见其凶险了。眼看一片灰色礁石布满水面,船抛锚停泊了。原来崆岭滩一条狭窄航道只能过一只船,这时有一只江轮正在上行,我们只好等着。谁知竟等了好久,可见那上行的船是如何小心翼翼了。"江津号"驶下崆岭滩时,只见一片乱石林立,我们简直不像在浩荡的长江上,而是在苍莽的丛林中寻找小径跋涉前进了。

> 试概括"江津号"在泄滩、青滩和崆岭滩航行的不同特点。

总评:《长江三峡》描写三峡的绮丽风光,用"战斗前进"的哲理思考贯穿全篇。在写作上,作者一会儿大开大合,简笔写意;一会儿浓墨重彩、精勾细勒;一会儿运用精辟的比喻;一会儿说古道今。随着江轮的航进,奇峰、急流、险滩、暗礁、丽日、白雾,在哲理的红线牵引下,按照作品感情发展的脉络,铺排出这幅气势磅礴、神采盎然的山水长篇。它浓密而又淡远、简约而又细腻,神情逼肖而又变幻多姿,充分地表现了刘白羽散文的雄健浑厚、优美细腻的风格。

专题问道

专题8 时代的乐章——当代散文三大家专题研讨

土　地①

秦　牧

【阅读提示】

秦牧有着文人学者的心态和眼光,他的作品理性色彩很强,始终清醒冷静。他更多地拿自然和社会知识作为散文的材料,按照某种逻辑程序有条不紊地展开。他常常用谈天说地的口吻、娓娓动听的语言,把叙事与议论合为一体,将读者领进知识的海滩,捡拾智慧的贝壳。

我们生活在一个开辟人类新历史的光辉时代。在这样的时代,人们对许许多多的自然景物也都产生了新的联想、新的感情。不是有好些人在讴歌那光芒四射的朝阳、四季常青的松柏、庄严屹立的山峰、澎湃翻腾的海洋吗?不是有好些人在赞美挺拔的白杨、明亮的灯火、奔驰的列车、崭新的日历吗?睹物思人,这些东西引起人们多少丰富和充满感情的想象!

这里我想来谈谈大地,谈谈泥土。

当你坐在飞机上,看着我们无边无际的像覆盖上一张绿色地毯的大地的时候;当你坐在汽车上,倚着车窗看万里平畴的时候;或者,在农村里,看到一个老农捧起一把泥土,仔细端详,想鉴定它究竟适宜于种植什么谷物和蔬菜的时候;或者,当你自己随着大伙在田里插秧,黑油油的泥土吱吱地冒出脚缝的时候,不知道你曾否为土地涌现过许许多多的遐想?想起它的过去,它的未来,想起世世代代的劳动

---

① 选自《秦牧散文》(人民文学出版社2005年版)。

红色经典
中国革命传统作品学习

人民为要成为土地的主人,怎样斗争和流血,想起在绵长的历史中,我们每一块土地上面曾经出现过的人物和事迹,他们的苦难、愤恨、希望、期待的心情?

有时,望着莽莽苍苍的大地,我骑着思想的野马奔驰到很远很远的地方,然后,才又收住缰绳,缓步回到眼前灿烂的现实中来。

我想起了二千六百多年前北方平原上的一幕情景。

一队亡命贵族,在黄土平原上仆仆奔驰。他们虽然仗剑驾车,然而看得出来,他们疲倦极了,饥饿极了。他们用搜索的眼光望着田野,然而骄阳在上,田垄间麦苗稀疏,哪里有什么可吃的东西!一个农民正在田里除草。那流亡队伍中一个王子模样的人物,走下车子来,尽量客气地向农民请求着:"求你给我们弄点吃的东西吧!你总得要帮忙才好,我们已经好几天没有吃的了。"衣不蔽体、家里正在愁吃愁穿的农民望了这群不知稼穑艰难的人们一眼,一句话也没说,从田地里捧起一大块泥土,送到王子模样的人物面前,压抑着悲愤说:"这个给你吧!"王子模样的人显然被激怒了,他转身到车上取下马鞭,怒气冲冲地想逞一下威风,鞭打那个胆敢冒犯他的尊严的农民。但是一个上了年纪的、大臣模样的人物上前去劝阻住了:"这是土地,上天赐给我们的,可不正是我们的好征兆么!"于是,一幕怪剧出现了,那王子模样的人突然跪下地来,叩头谢着上苍,然后郑重地捧起土块,放到车上,一行人又策马前进了。辘辘大车过处卷起了漫天尘土……

这是《左传》记载下来的,春秋时代晋国公子重耳在亡命途中发生的故事。

为什么会发生这样奇怪的事情?除了因为这群贵族是

专题问道

专题 8　时代的乐章——当代散文三大家专题研讨

在亡命途中,不得不压抑着威风外,还有一个原因是:在他们心目中,土地代表着上天不可思议的赏赐,代表了财富和权力!他们知道,只要掌握了土地的所有权,就可以永无休止地榨取农民的血汗。

古代中国皇帝把疆土封赠给公侯时,就有这么一个仪式:皇帝站在地坛上,取过一块泥土来,用茅草包了,递给被封的人。这就是所谓"苴茅"。上一个世纪,当殖民主义强盗还处在壮年时期,他们大肆杀戮太平洋各个岛屿上的土人,强迫他们投降,有一种被规定的投降仪式,就是要土人们跪在地上,用砂土撒到头顶。许许多多地方的部落,为了不愿跪着把神圣的泥土捧上天灵盖,就成批成批地被杀戮了。

呵!这宝贵的土地!不事稼穑的剥削阶级只知道想方设法地掠夺它,把它作为榨取财富的工具,而亲自在上面播种五谷的劳动者才真正对它具有强烈的感情,把它当作命根子,把它比喻成哺育自己的母亲。谈到这里,我想起了好些令人掀动感情波澜的事情。几个世纪以来,那些当年被迫得走投无路的破产的中国农民,飘流到海外去谋生的当儿,身上就常常怀着一撮家乡的泥土。那时,闽粤沿海港口上,一艘艘用白粉髹腹,用朱砂油头,头部两旁画上两个鱼眼睛似的小圈的红头船,乘着信风,把一批批失掉了土地的农民送到海外各地。当时离乡别井的人们,都习惯在远行之前,从井里取出一撮泥土,珍重地包藏在身边。他们把这撮泥土叫作"乡井土"。直到现在,海外华侨的枕头箱里,还有人藏着这样的乡井土!试想想,在一撮撮看似平凡的泥土里,寄托了人们多少丰富深厚的感情!

过去,多少劳动者为了土地而进行了连绵不断的悲壮斗争!当外国侵略者犯境的时候,又有多少英雄义士为保

红色经典

中国革命传统作品学习

卫它而英勇地献出了生命！在我国福建沿海地方，历史上就流传着许多可歌可泣的保卫土地的抗敌爱国故事。在明末御倭和抗清的浪潮中，那里曾经进行过保卫每一寸土地的激烈斗争。有的地方，妇女的发髻上流行着插上三支短剑似的装饰品，那是明代妇女准备星夜和突然来袭的倭寇搏斗的装束的遗迹。有的地方，从前曾经流行过成人死后入殓时在面部盖上白布的风俗，那是明朝遗民羞见先人于地下、一种激励后代的葬仪。这些风俗，多么沉痛，多么壮烈！在我国的湛江地方，有一座桥梁被命名为"寸金桥"，就寓有"一寸土地一寸金"的意思，这是用来纪念当年抵抗帝国主义侵略的民族英雄们的。土地的长度和面积计算单位可以用丈，用公里，用亩，用公顷，然而在含有国土的意义的时候，它的计算单位应该用一寸、一撮来衡量。因为它代表一个国家的主权，一寸土都绝不容侵犯，一撮土都是珍宝。这里，我想到了我们中国的整个版图，在我们这一代人的手里，一定要使它真真正正地完整无缺。台、澎等地还被一小撮反动派所盘踞和被帝国主义侵占着，我们必须把它解放。从福建前线，我们听到了多少动人的故事呵！不仅我们英勇而强大的海军和空军，给予美蒋反动派以沉重的打击，就是民兵队伍，也巧妙地打击了敌人。就是好些少年儿童，在大炮轰击中也自动奔跑接驳电线，传信送物。他们体现了全体中国人民保卫每一寸国土的坚强意志。

今天，在世界范围内，许许多多被殖民者奴役着的地方，也正在进行着驱逐侵略者、保卫国土的斗争。在英雄的古巴，戴着宽边草帽的蔗农们不是正高举"土地就是我们的生命"的标语牌在示威吗？哈瓦那的商店用纸包了一撮撮的泥土，随着货物一同递给古巴的顾客，纸包上面语重心

专题问道

专题8　时代的乐章——当代散文三大家专题研讨

长、激励人心地写着："这是古巴的土地，大家来保卫它！"呵！一寸土，一撮土，在这种场合意义是多么神圣！

提到了一寸土这几个字，我又禁不住想到一些岛屿上的人民战士。登上那些岛屿，你会更深地认识到"一寸土"的严肃意义。我到过一个小岛，那岛屿很小。然而，岛上的生活却是多么沸腾呵！这里的海滩、天空、海面，绝不容许任何侵略者窥探和侵入一步，人民的子弟兵日夜守着大炮阵地，从望远镜里、从炮镜里观测着海洋上的任何动静。这些岛屿像是大陆的眼睛，这些战士又像是岛屿的眼睛。不论是在月白风清还是九级风浪的夜里，他们都全神贯注地盯着辽阔的海域。不仅这样，他们还把小岛建成花园一样美丽。本来是蛇虫蜿蜒、野生植物遍地都是的荒凉小岛，经过他们付出艰苦劳动，在上面建起了坚固的营房，辟出了林荫大道，又从祖国各地要来了花种，广植着笑脸迎人的各种花卉和鲜美的蔬菜；还建起畜牧栏，竖起鸽棚；又从海里摸出了石花，堆成小岛的美术图案。看到这些，令人不禁想到，我们所有的土地，一个个的岛屿，一寸寸的土壤，都在英雄们的守卫和汗水灌溉之下，迅速地在改变面貌了。

在我们看来很平凡的一块块的田野，实际上都有过极不平凡的经历。在几十万年之间，人类在这上面追逐着野兽，放牧着牛羊，捡拾着野果，播种着五谷，那时候人们匍匐在大自然的威力之下，风雨雷霆，电光野火，都曾经使他们畏惧战栗。几十万年过去了，人类进入了阶级社会，一片片的土地像被戴上了镣铐似的，多少世代的农民，在大地上流尽了血汗，却挣不上温饱，有多少人在这一片片土地上面仰天叹息，锥心痛恨！又有多少人揭竿起义，画着眉毛，扎着头巾参加战斗，把压迫他们的贵族豪强杀死在这些土地上面。到了近代,又有多少人民的军队为了从封建地主阶级手里,把土地夺回来,和帝国主义的军队、剥削者的军队在这上面鏖战过。20年代以来,中国共产党领导全国人民进行了革命斗争,打垮了反动统治者,推翻了剥削制度,进行了土地改革,土地的镣铐才被彻底打碎,劳动人民才真正成了土地的主人。我们热爱土地,我们正在豪迈地改造着土地,使它变成一片锦绣。当你这么思索的时候,大地上的红土黑土,黄土白土,仿佛都变成感情丰富的东西了,它们仿佛就像古代神话中的"息壤"似的,正在不断变化,不断成长,就像是具有生命一样。

几千年来披枷戴锁的土地,一旦回到人民手里,变化是多么神速呵!你拭展开一幅地图,思索一下各地的变化,该有多么惊人。沙漠开始出现了绿洲,不毛之地长出了庄稼,濯濯童山披上了锦裳,水库和运河像闪亮的镜子和一条条衣带一样缀满山谷和原野。有一次我从凌空直上的飞机的舷窗里俯瞰珠江三角洲,当时苍穹明净,我望了下去,真禁不住喝彩,珠江三角洲壮观秀丽得几乎难以形容。水网和湖泊熠熠发光,大地竟像是一幅碧绿的天鹅绒,公路好似刀切一样的笔直,一丘丘的田野又赛似棋盘般整齐。嘿!千百年前的人们,以为天上有什么神仙奇迹,其实真正的奇迹却在今天的大地上。劳动者的力量把大地改变得多美!一个巧手姑娘所绣的只是一小幅花巾,广大劳动者却以大地为巾,把本来丑陋难看的地面变得像苏绣广绣般美丽了。

你也许在"和平号"列车的瞭望车上看过迅速掠过的美丽的大地;也许参加过几万人挑灯修筑水电站大坝的工程,在那种场合,千千万万人仿佛变成了一个挥动着巨臂的巨人,正在做着开天辟地的工作。在华南,有些隔离大陆的岛

专题问道

专题8 时代的乐章——当代散文三大家专题研讨

屿给筑起了一条堤坝,和大陆连起来了;有些小山被搬掉填到海里,大海涌出陆地来了;干旱的雷州半岛被开出了一条比苏伊士运河还要长的运河;潮汕平原上的土地被整理成棋格一样齐整。我们时代的人既以一寸寸的土地为单位在精细工作着,又以一千里,一万里,更确切地说,又以全部已解放的九百余万平方公里土地作为一个整体来规划和工作着。这十几年来,同是千万年世代相传的大地上,长出了多少崭新的植物品种呵!每逢看到了欣欣向荣的庄稼,看到刚犁好的涌着泥浪的肥沃的土地,我的心头就涌起像《红旗歌谣》中的民歌所描写的——"沙果笑得红了脸,西瓜笑得如蜜甜,花儿笑得分了瓣,豌豆笑得鼓鼓圆"这一类带着泥土、露水、草叶、鲜花香味的情景。让我们对土地激发起更强烈的感情吧!因为大地母亲的镣铐解除了,现在就看我们怎样为哺育我们的大地母亲好好工作了。

事实上,无数的人也正在一天天地发展着这样的感情。你可以从细小或者巨大的场面中觉察到这一切。你看过公社的大队长率领着一群老农在巡田的情景吗?他们拿着一根软尺,到处量着,计算着一块块土地的水稻穗数;不管是不是自己管理的,看到任何一丘田里面的一根稗草都要涉水下去把它拔掉。你看到农村中的青年技术员在改变土壤的场面吗?有时他们把几千年未曾见过天日的沃土底下的砾土都翻动了,或者深夜焚起篝火烧土,要使一处处的土地都变得膏腴起来。

几万人围在一片土地上修筑堤坝,几千人举着红旗浩浩荡荡上山的情景尤其动人心魄。那呐喊,那笑声,尤其是那一对对灼热的眼睛!虽然在紧张的劳动中大家都少说话了,但是那眼光仿佛在诉说着一切:"干呵干呵,向土地夺宝,把我们所有的土地都利用起来。一定要用我们这一代人的双手,搬掉落后和穷困这两座最后的大山!"有时这些声音寄托于劳动吆喝,寄托于车队奔驰之中,仿佛令人感到战鼓和进军号的撼人的气魄……

让我们捧起一把泥土来仔细端详吧!这是我们的土地呵!怎样保卫每一寸的土地呢?怎样使每一寸土地都发挥它的巨大的潜力,一天天更加美好起来呢?党正在领导和率领着我们前进。青春的大地也好像发出巨大的声音,要求每一个中国子民都作出回答。

1960年

◎ **我思我在**

1. 在本文中,作者侃侃而谈,娓娓道来,态度亲切,语气和蔼,你是否有同感?请从文中选择几个例句来谈谈你的感受,旁批在课文右侧的空白处。

2. 《左传》原文是"过卫,卫文公不礼焉。出于五鹿,乞食于野人,野人与之块。公子怒,欲鞭之。子犯曰:'天赐也!'稽首,受而载之。"作者却通过丰富的想象,把这简短的历史记载,写成了一个生动的小故事,还流露了不同于原文的感情。请你说说他这样写的好处是什么。

3. 围绕着"土地"这个话题,作者讲了古往今来许多的故事,似乎是不假思索,信手拈来。但细细琢磨,这些事例写入文中并不突兀,是有一根"红线"将这许多颗"珍珠"穿起来的。你想一想,这是怎样的一根"红线"呢?

※ **实践笃行**

文学论坛:当代散文三大家作品聚焦

为了帮助同学们更好地阅读、欣赏和写作散文,学校文学社决定结合此次"时代的乐

专 题 问 道

专题 8　时代的乐章——当代散文三大家专题研讨

章"专题研讨,聘请部分师生共同组成评选委员会,合力举办一次文学论坛。

论坛针对当代散文三大家专题研讨中的四个热点设立四个专题,邀请全校师生共同参与。

一、愿君多采撷:当代散文三大家作品推选

从杨朔、刘白羽、秦牧三位散文家的作品中,各选三篇向同学推荐,并用一句话写出自己推荐的理由。

	篇　目	理　由
杨朔散文	1	
	2	
	3	
刘白羽散文	1	
	2	
	3	
秦牧散文	1	
	2	
	3	

说明:在论坛召开一个月前完成征集,由论坛评选委员会选出最佳篇目组合与推荐理由,在宣传橱窗展示。

二、作家小传:当代散文三大家生平寻踪

从杨朔、刘白羽、秦牧三位散文家中选择一位,为他写一篇 800 字的作家小传。小传除介绍他们的生平之外,要关注时代背景对他们创作理念和散文代表作的影响。

说明:在论坛召开半个月前完成征集,由论坛评选委员会选出三位散文家的最佳小传,在宣传橱窗展示。

三、读书报告:时代背景下的当代散文三大家

请围绕下列话题之一,开展主题阅读,并撰写不少于 600 字的读书报告。

"继承与创新:杨朔散文的炼字与造境"

"形散与神聚:个体感受 VS 时代精神"

红色经典
中国革命传统作品学习

"知识与认识：积学以储宝，酌理以富才"

"模式化写作：文章千古事，得失寸心知"

"时代的代言与局限：中国20世纪60年代散文创作回眸"

"王杨卢骆当时体：杨、刘、秦对于现当代散文创作的贡献"

说明：在论坛召开半个月前完成征集，由论坛评选委员会选出各话题的优秀读书报告，在宣传橱窗展示。

四、主题讲座：我看当代散文三大家

论坛邀请校内外一位学有专攻的老师，结合读书报告的写作，围绕时代精神和作品价值，个体情感和时代精神，个性经历与文体文风差异等话题，就三位散文家及其作品，作一次主题讲座。

参考下面的邀请海报，请为这次主题讲座写一则邀请海报。

海报示例

来自诗歌的邀请

各位同学：

当我们走过火热的五月，读完火热的艾青，即将迎来丰硕的秋天的时候，为了让大家火热的心得到一次理性的升华，我们特邀请某某学院中文系某某教授来我校为全校师生作主题讲座。

某某教授多年从事现代文学研究，对浙籍作家有深入研究。此次讲座，他将围绕艾青的诗歌意象及其与西方美术在中国的传播关系，深入分析艾青对中国新诗的贡献。某某教授还将在讲座后半段时间与同学对话，解答疑问，共同讨论校园诗歌创作。

诚邀对艾青、新诗、浙籍作家感兴趣的同学出席。

讲座时间：某月某日下午2:00。

讲座地点：图书馆二楼报告厅。

某某学校诗社
某月某日

说明：在论坛召开一周前完成征集，由论坛评选委员会选出最佳海报，在宣传橱窗展示。

专题 9

黎明的通知

——艾青诗歌专题研讨

中国现当代诗坛,群星闪耀,艾青是很独特的一颗。早在 20 世纪 60 年代,艾青就和巴金一起被有关部门提名为诺贝尔文学奖候选人。在中国现当代诗人中,艾青是能够进入中国文学史的一位诗人。

艾青的创作岁月横跨 20 世纪 30 年代到 90 年代。他在 30 年代初加入中国"左翼"美术家联盟,从事革命文艺活动而被捕,在狱中写了不少诗,其中《大堰河——我的保姆》引起轰动。40 年代赴延安任《诗刊》主编,著有《北方》《向太阳》《火把》《黎明的通知》等多部诗集。60 年代由于众所周知的原因,诗人被迫停止歌唱。20 世纪 70 年代末复出后,诗思如泉涌。《光的赞歌》《古罗马的大斗技场》等"归来"之歌,内容广泛,思想更为浑厚,情感深沉,艺术更为圆熟。

艾青的诗歌,无论是鸿篇巨制,还是精粹短章,都能够各臻其妙。不少精心构撰的长诗,笔触雄浑,感情强烈,气势恢宏,倾诉了对祖国和人民的情感。大量短小精悍的篇什,如《我爱这土地》《树》等,同样朴素凝练,想象丰富,意味隽永。

这位被称为"一生追求光明的作家",他的作品有很多太阳、火把、黎明等核心意象群。无论是三四十年代《黎明的通知》等诗作,还是 80 年代的《光的赞歌》,都表现出他对黑暗、恐怖的痛恨,对光明、希望的向往。也因为对脚下的土地爱得深沉,"土地""河流"等意象也成为他的诗歌中另一个常见的意象群。

欣赏艾青的诗篇,朗诵是最基本的方法。那种充沛丰富的感情,酣畅淋漓的节奏,非诵读不足以体会其美感。其次是想象和联想。艾青的诗篇有的意象含义深沉,有的意境宏大壮阔,有的感情鲜明奔放,都需要通过想象和联想加以品味。

红色经典

中国革命传统作品学习

※ 含英咀华

黎明的通知[①]

【阅读提示】

革命时期,艾青曾在写给《诗刊》的祝愿词中满怀激情地说:"诗是民族精神的焕发,是人类理性的最高表现。诗的发达是一个国家和民族的文化发达的必然结果。"他还说:"没有完成的革命事业需要着诗,新中国的创造需要着诗——需要高度的表现了的现实的,表现了战斗的英勇与坚强的,深刻的,感人的诗。"读《黎明的通知》,你便会在诗句中真切地体验到诗人内心火热的激情,感知到诗化的崇高意义。

为了我的祈愿
诗人啊,你起来吧

而且请你告诉他们
说他们所等待的已经要来

说我已踏着露水而来
已借着最后一颗星的照引而来

我从东方来
从汹涌着波涛的海上来

我将带光明给世界
又将带温暖给人类

[①] 选自《艾青诗选》(人民文学出版社1979年版)。

专题问道

专题 9　黎明的通知——艾青诗歌专题研讨

借你正直人的嘴

请带去我的消息

通知眼睛被渴望所灼痛的人类

和远方的沉浸在苦难里的城市和村庄

请他们来欢迎我

白日的先驱，光明的使者

打开所有的窗子来欢迎

打开所有的门来欢迎

请鸣响汽笛来欢迎

请吹起号角来欢迎

请清道夫来打扫街衢

请搬运车来搬去垃圾

让劳动者以宽阔的步伐走在街上吧

让车辆以辉煌的行列从广场流过吧

请村庄也从潮湿的雾里醒来

为了欢迎我打开它们的篱笆

请村妇打开她们的鸡埘

请农夫从畜棚牵出耕牛

红色经典

中国革命传统作品学习

借你的热情的嘴通知他们

说我从山的那边来,从森林的那边来

请他们打扫干净那些晒场

和那些永远污秽的天井

请打开那糊有花纸的窗子

请打开那贴着春联的门

请叫醒殷勤的女人

和那打着鼾声的男子

请年轻的情人也起来

和那些贪睡的少女

请叫醒困倦的母亲

和她身边的婴孩

请叫醒每个人

连那些病者与产妇

连那些衰老的人们

呻吟在床上的人们

连那些因正义而战争的负伤者

和那些因家乡沦亡而流离的难民

专 题 问 道

专题9 黎明的通知——艾青诗歌专题研讨

请叫醒一切的不幸者
我会一并给他们以慰安

请叫醒一切爱生活的人
工人,技师以及画家

请歌唱者唱着歌来欢迎
用草与露水所渗合的声音

请舞蹈者跳着舞来欢迎
披上她们白雾的晨衣

请叫那些健康而美丽的醒来
说我马上要来叩打她们的窗门

请你忠实于时间的诗人
带给人类以慰安的消息

请他们准备欢迎,请所有的人准备欢迎
当雄鸡最后一次鸣叫的时候我就到来

请他们用虔诚的眼睛凝视天边
我将给所有期待我的以最慈惠的光辉

趁这夜已快完了,请告诉他们
说他们所等待的就要来了

红色经典

中国革命传统作品学习

◎ **我思我在**

1. 这首诗的分行是很有意味的,请你注意分行的特点,高声朗诵这首诗。
2. 题目为"黎明的通知",请查找资料,谈谈你对诗歌主题的理解。
3. 黎明为什么要通过"你"(诗人)来通知呢?又"通知"了哪些内容呢?朗读全诗,和同学们说说。

给 太 阳[①]

【阅读提示】

艾青诗歌中,"太阳"是非常重要的意象,其中单以"太阳"来拟题的诗歌就有《太阳》《向太阳》《给太阳》以及《太阳的话》等。因此,在阅读《给太阳》这首诗歌时,能够从理解"太阳"意象入手,领会其深刻的意蕴,也许能够更真切地把握诗人寻求理想的心路历程。

早晨,我从睡眠中醒来,
看见你的光辉就高兴;
——虽然昨夜我还是困倦,
而且被无数的噩梦纠缠。
你新鲜、温柔、明洁的光辉,
照在我久未打开的窗上,
把窗纸敷上浅黄如花粉的颜色,
嵌在浅蓝而整齐的格影里。
我心里充满感激,从床上起来,
打开已关了一个冬季的窗门,

让你把金丝织的明丽的台巾,
铺展在我临窗的桌子上。
于是,我惊喜地看见你;
这样的真实,不容许怀疑,
你站立在对面的山巅,
而且笑得那么明朗。
我用力睁开眼睛看你,
渴望能捕捉你的形象,
多么强烈!多么恍惚!多么庄严!
你的光芒刺痛我的瞳孔。

[①] 选自《艾青诗选》(人民文学出版社1979年版)。

专题问道

专题 9　黎明的通知——艾青诗歌专题研讨

太阳啊,你这不朽的哲人,
你把快乐带给人间,
即使最不幸的看见你,
也在心里感受你的安慰。
你是时间的锻冶工,
美好的生活的镀金匠;
你把日子铸成无数金轮,
飞旋在古老的荒原上……
假如没有你,太阳,
一切生命将匍匐在阴暗里,
即使有翅膀,也只能像蝙蝠
在永恒的黑夜里飞翔。
我爱你像人们爱他们的母亲,
你用光热哺育我的观念和思想——
使我热情地生活,为理想而痛苦,
直到我的生命被死亡带走。
经历了寂寞漫长的冬季,
今天,我想到山巅上去,
解散我的衣服,赤裸着,
在你的光辉里沐浴我的灵魂……

1942 年 1 月 14 日

◎ **我思我在**

1. 诗人大学期间主修绘画。在这首诗中,你可以找到绘画专业的痕迹吗?

2. 诗人对太阳的感情是炽热而真挚的。朗读诗歌,说说你从哪些地方强烈感觉到诗人的情感。

3.《给太阳》一诗在这里并没有分段,请根据诗意的转换给这首诗分段。再读一读,体会分段和不分段给你的不同感受。

光 的 赞 歌[①]

【阅读提示】

《光的赞歌》这首诗歌,写于 1978 年,发表于 1979 年 1 月号的《人民文学》。这时候的诗人和他热爱的祖国一起都刚好经历了一场政治苦难。从 1957 年起被错划为右派分

[①] 节选自《艾青诗选》(人民文学出版社 1979 年版)。

红色经典
中国革命传统作品学习

子到1979年得到彻底平反,二十多年的屈辱时光,诗人并没有放弃自己原初的信仰,依然守望着对于光明的热切景仰,思考光明,赞美光明。

一

每个人的一生
不论聪明还是愚蠢
不论幸福还是不幸
只要他一离开母体
就睁着眼睛追求光明

世界要是没有光
等于人没有眼睛
航海的没有罗盘
打枪的没有准星
不知道路边有毒蛇
不知道前面有陷阱

世界要是没有光
也就没有杨花飞絮的春天
也就没有百花争妍的夏天
也就没有金果满园的秋天
也就没有大雪纷飞的冬天

世界要是没有光
看不见奔腾不息的江河
看不见连绵千里的森林
看不见容易激动的大海
看不见像老人似的雪山
要是我们什么也看不见
我们对世界还有什么留恋

二

只是因为有了光
我们的大千世界
才显得绚丽多彩
人间也显得可爱

光给我们以智慧
光给我们以想象
光给我们以热情

创造出不朽的形象
那些殿堂多么雄伟
里面更是金碧辉煌
那些感人肺腑的诗篇
谁读了能不热泪盈眶

那些最高明的雕刻家
使冰冷的大理石有了体温
那些最出色的画家

专题问道

专题 9　黎明的通知——艾青诗歌专题研讨

描出了色授魂与的眼睛

比风更轻的舞蹈
珍珠般圆润的歌声
火的热情、水晶的坚贞
艺术离开光就没有生命

山野的篝火是美的
港湾的灯塔是美的
夏夜的繁星是美的
庆祝胜利的焰火是美的
一切的美都和光在一起

三

这是多么奇妙的物质
没有重量而色如黄金
它可望而不可即
漫游世界而无体形
具有睿智而谦卑
它与美相依为命

诞生于撞击和磨擦
来源于燃烧和消亡的过程
来源于火、来源于电
来源于永远燃烧的太阳

太阳啊，我们最大的光源

它从亿万万里以外的高空
向我们居住的地方输送热量
使我们这里滋长了万物
万物都对它表示景仰
因为它是永不消失的光

真是不可捉摸的物质——
不是固体、不是液体、不是气体
来无踪、去无影、浩渺无边
从不喧嚣、随遇而安
有力量而不剑拔弩张
它是无声的威严

它是伟大的存在
它因富足而能慷慨
胸怀坦荡、性格开朗
只知放射、不求报偿
大公无私、照耀四方

四

但是有人害怕光
有人对光满怀仇恨
因为光所发出的针芒
刺痛了他们自私的眼睛
历史上的所有暴君
各个朝代的奸臣
一切贪婪无厌的人

红色经典
中国革命传统作品学习

为了偷窃财富、垄断财富

千方百计想把光监禁

因为光能使人觉醒

凡是压迫人的人

都希望别人无能

无能到了不敢吭声

让他们把自己当作神明

凡是剥削人的人

都希望别人愚蠢

愚蠢到了不会计算

一加一等于几也闹不清

他们要的是奴隶

是会说话的工具

他们只要驯服的牲口

他们害怕有意志的人

他们想把火扑灭

在无边的黑暗里

在岩石所砌的城堡里

永远维持血腥的统治

他们占有权力的宝座

一手是勋章、一手是皮鞭

一边是金钱、一边是锁链

进行着可耻的政治交易

完了就举行妖魔的舞会

和血淋淋的人肉的欢宴

回顾人类的历史

曾经有多少年代

沉浸在苦难的深渊

黑暗凝固得像花岗岩

然而人间也有多少勇士

用头颅去撞开地狱的铁门

光荣属于奋不顾身的人

光荣属于前赴后继的人

暴风雨中的雷声特别响

乌云深处的闪电特别亮

只有通过漫长的黑夜

才能喷涌出火红的太阳

……

1978年8月12日

◎ 我思我在

1. 这四节诗,每一节都有相对集中的诗意,你能用简洁的语言概括出来吗?

专题问道

专题9 黎明的通知——艾青诗歌专题研讨

2.《光的赞歌》长达三百行,属于"回归之歌"(20世纪70年代复出后的诗歌),这是本诗的前四节。与前二首诗相比,在"情"和"理"的表达上,这首诗有什么特点?

3. 这个专题,我们向大家推荐的三首诗歌,中心意象都是"太阳"。课外找出艾青以"太阳"为意象的诗歌,联系起来读一读,说说诗人为什么对这个意象情有独钟。

※ 实践笃行

追赶太阳的诗人

诗歌,首先属于青春;青春,就是最美的诗篇。在充满诗意的岁月里,你也许学过徐志摩、戴望舒的诗歌。3月27日,正是艾青诞生纪念日,请你策划一个"艾青诗歌节",和学校的诗歌爱好者一起完成其中几项活动。

一、一语中的:艾青诗歌推介单

艾青诗歌创作激情之盛,数量之多,艺术之妙,在现当代诗人中名列前茅。除了上面三首诗之外,如果要在下列30首诗歌目录中再推荐七首作为"诗歌节"朗诵会的预选目录,你会推荐哪七首呢?请给你推荐的每一首诗写一句推荐语,供"诗歌节"组织者参考。

《当黎明穿上了白衣》(1932年1月25日,由巴黎到马赛的路上)

《阳光在远处》(1932年2月3日,苏伊士河上)

《透明的夜》(1932年9月10日)

《大堰河——我的保姆》(1933年1月14日,雪朝)

《煤的对话》(1937年春)

《生命》(1937年4月)

《浪》(1937年5月2日)

《黎明》(1937年5月23日晨)

《复活的土地》(1937年7月6日,沪杭路上)

《雪落在中国的土地上》(1937年12月28日夜间)

红色经典
中国革命传统作品学习

《北方》(1938年2月4日,潼关)

《乞丐》(1938年春,陇海道上)

《向太阳》(1938年4月,武昌)

《黄昏》(1938年7月16日黄昏,武昌)

《我爱这土地》(1938年11月17日)

《冬日的林子》(1939年2月15日)

《旷野》(1940年1月3日晨)

《冬天的池沼》(1940年1月11日)

《树》(1940年春)

《独木桥》(1940年2月17日)

《月光》(1940年4月15日夜)

《鸫》(1940年春,湘南)

《三株小杉树》(1954年7月)

《鱼化石》(1978年)

《盆景》(1979年2月23日,广州参观盆景展览)

《盼望》(1979年3月,上海)

《关于眼睛》(1979年9月4日早晨)

《虎斑贝》(1979年12月17日,晨一时)

《给雕塑家张得蒂》(1981年)

《ORANGE》(1993年7月17日)

诗歌篇名	一 句 推 荐 语
《黎明的通知》	例:黑夜即将过去,光明就要来了!
《给太阳》	例:让我的灵魂沐浴在你的光辉里!
《光的赞歌》	例:经历过黑暗,才知光明之可贵!

专题问道

专题9　黎明的通知——艾青诗歌专题研讨

(续表)

诗歌篇名	一　句　推　荐　语

二、我喜欢，我朗读：艾青诗歌朗诵会

"艾青诗歌节"有一个艾青诗歌朗诵会，朗诵推荐的十首诗歌。而你作为代表，要朗诵你推荐的十首之中的一首。为了朗诵成功，你需要做一些准备：如选择诗歌、聆听并模仿名家朗诵、制作精美的 PPT、配上合适的背景音乐、确定朗诵的节奏韵律、录音试听、找教师或播音员调教……当然，最简便的方法是，在手机上下载一个制作朗诵音频的 APP。只要你轻点按键，张口一试，一曲音画并茂的朗诵就产生了！

三、我的兴趣在这里：艾青诗歌交流会

"艾青诗歌节"长达一周，策划者还组织一次艾青诗歌交流会。交流会的主要内容是每位爱好者讲述一至三个阅读艾青诗歌的"兴趣点"：有些跟艾青的创作生平有关，有的是艾青诗歌的特点，有些涉及艾青诗歌的评价，有些甚至是艾青的轶事。每个"兴趣点"讲述时间控制在3分钟以内。很快，爱好者不约而同地提到几个"兴趣点"（如下表）。如果你的"兴趣点"与表格里的一致，那么，请你挑选一则讲述。如果你还有其他"兴趣点"，则请你补充在表格里。

兴趣点	所　指　内　容
例1："光明的追逐者"	艾青诗歌的核心思想归纳
例2："桥、礁石和树"	艾青短诗的意象介绍
例3："大叶荷"与"大堰河"	长篇叙事诗的形象来历介绍
例4："一世人生，二次入狱"	艾青和政治的关系介绍
例5："推巴金还是艾青？"	如推荐一人参评诺奖，请写推荐理由
例6："土地和太阳"	艾青长诗中的常见意象

红色经典
中国革命传统作品学习

(续表)

兴趣点	所 指 内 容

四、喜欢你的好：艾青诗歌研讨会

诗歌交流会上，大家都会选择自己感兴趣的点，与同好者交流。虽然这种交流和分享是感性的，是带着个人体验的，但它是读诗的开始。当你真正热爱一个诗人，除了自己喜欢以外，有时候还会在其他读者面前"赞美"诗人的"好"。语文老师在聆听你们的交流以后，对你们推荐的"兴趣点"也感兴趣，约你把推荐的"兴趣点"写成一篇艾青诗歌的短评，长短不论，发到学校的公众号里，作为这次"艾青诗歌节"的成果。现在，就请你选点作文吧。

【活动自检】

这是对专题实践的总结和自我评价。在这个活动中，你做过什么？你的同好者还做过什么？你们对自己的活动满意吗？请简单地根据表格提示，作一个自我评价。

活动项目	评 价 标 准	每项20分
诗歌推荐单	推荐语精准吗？	
诗歌朗诵会	有朗诵会吗？你的朗诵如何？	
诗歌交流会	你能提两个"兴趣点"吗？	
诗歌研讨会	写过短评吗？教师评价如何？	
其　　他		

专题 10

科学之春
——徐迟报告文学专题探讨

报告文学是散文的一种,是文艺通讯、速写、特写的总称,是文学创作中的"轻骑兵",贴近时代,贴近生活,它要求作者眼疾手快,擅长"近台快攻",具有新闻性、文学性、政论性的特点。

"十年浩劫"之后,年逾花甲的诗人徐迟,受邓小平同志关于"尊重知识、尊重人才"讲话的影响,预感科学的春天即将来临,在地质学、数学、植物学等科技题材王国里跋山涉水,探隐索微,在一两年的时间内,为科技人员塑像立传,热情颂扬知识分子的爱国奉献精神,连续写下了《地质之光》《哥德巴赫猜想》《生命之树常绿》等灿烂华章。

徐迟是当时最具现代头脑的长篇叙事诗型的报告文学作家。他如忘情翔舞的火鸟,翱翔在文学和科学的群山之间,以才华横溢的诗情,睿智深沉的哲思,急切直言的豪情,讴歌献身科学且卓有建树的李四光、陈景润、蔡希陶等科学家,展示他们学术事业数十年如一日的探索钻研,即使经历"十年浩劫"的炼狱,依然"捣麝成尘香不灭,拗莲作寸丝难绝"。

诗人气质的徐迟,意气风发地在他的报告文学作品中,将最现实、最严谨的科学素材,进行了最浪漫绮丽的文学处理,把缜密的科学逻辑,和瑰丽奇谲的文学想象熔于一炉,从而让他的报告文学作品丰润富丽、滋华焕彩、潇洒雄放,具有华美而浪漫的长篇叙事诗气质,是诗化的报告文学。

红色经典
中国革命传统作品学习

※ 含英咀华

哥德巴赫猜想①

【阅读提示】

创作于1977年的《哥德巴赫猜想》，由一个高度浓缩人物主题的特殊情境切入来引出陈景润，采用小说写法倒叙多维交错，围绕"哥德巴赫猜想"为核心的事件展开陈景润前世今生的文学叙事，全篇以冷静的笔触和平等的视角刻画了有血有肉的陈景润形象。

到了20世纪的20年代，问题才开始有了点儿进展。

很早以前，人们就想证明，每一个大偶数是二个"素因子不太多的"数之和。他们想这样子来设置包围圈，想由此来逐步、逐步证明哥德巴赫这个命题一个素数加一个素数（1+1）是正确的。

1920年，挪威数学家布朗，用一种古老的筛法（这是研究数论的一种方法）证明了：每一个大偶数是两个"素因子都不超九个的"数之和。布朗证明了：九个素因子之积加九个素因子之积（9+9），是正确的。这是用了筛法取得的成果。但这样的包围圈还很大，要逐步缩小之。果然，包围圈逐步地缩小了。

陈景润在六平方米的斗室中，在误解与诽谤的围攻里，身心交瘁，仍然奋力向高峰攀登。

作品以动人笔墨，多方面多角度叙述了陈景润成长为数学家的艰难历程，率先揭示了"文革"给知识分子群体带来的时政烙印和精神伤痕。

1924年，数学家拉德马哈尔证明了（7+7）；1932年，数学家爱斯斯尔曼证明了（6+6）；1938年，数学家布赫斯塔勃证明了（5+5）；1940年，他又证明了（4+4）。1956年，数学

---

① 选自《哥德巴赫猜想》（人民文学出版社2005年版）。

专 题 问 道

专题10 科学之春——徐迟报告文学专题探讨

家维诺格拉多夫证明了(3+3)。1958年,我国数学家王元又证明了(2+3)。包围圈越来越小,越接近于(1+1)了。但是,以上所有证明都有一个弱点,就是其中的两个数没有一个是可以肯定为素数的。

早在1948年,匈牙利数学家兰恩易另外设置了一个包围圈。开辟了另一战场,想来证明:每个大偶数都是一个素数和一个"素因子都不超过六个的"数之和。他果然证明了(1+6)。

但是,以后又是十年没有进展。

1962年,我国数学家、山东大学讲师潘承洞证明了(1+5),前进了一步;同年,王元、潘承洞又证明了(1+4)。1965年,布赫斯塔勃、维诺格拉多夫和数学家庞皮艾黎都证明了(1+3)。

1966年5月,像一颗璀璨的明星升上了数学的天空,陈景润在中国科学院的刊物《科学通报》第十七期上宣布他已经证明了(1+2)。

自从陈景润被选调到数学研究所以来,他的才智的蓓蕾一朵朵地烂漫开放了。在圆内整点问题、球内整点问题、华林问题、三维除数问题等之上,他都改进了中外数学家的结果。单是这一些成果,他那贡献就已经很大了。

但当他已具备了充分依据,他就以惊人的顽强毅力,来向哥德巴赫猜想挺进了。他废寝忘食,昼夜不舍,潜心思考,探测精蕴,进行了大量的运算。一心一意地搞数学,搞得他发呆了。有一次,自己撞在树上,还问是谁撞了他?他把全部心智和理性统统奉献给这道难题的解题上了,他为此而付出了很高的代价。他的两眼深深凹陷了。他的面颊带上了

> 《哥德巴赫猜想》为科学家立传,在历史还未做出否定"文革"结论的情况下,率先表示了对"文革"的怀疑和否定,率先提出了理解和尊重人,这,是报春鸟深情呼唤"科学的春天"的歌唱。

红色经典
中国革命传统作品学习

肺结核的红晕。喉头炎严重,他咳嗽不停。腹胀、腹痛,难以忍受。有时已人事不知了,却还记挂着数字和符号。他跋涉在数学的崎岖山路,吃力地迈动步伐。在抽象思维的高原,他向陡峭的巉岩升登,降下又升登!善意的误会飞入了他的眼帘。无知的嘲讽钻进了他的耳道。他不屑一顾;他未予理睬。他没有时间来分辩;他宁可含垢忍辱。餐霜饮雪,走上去一步就是一步!他气喘不已,汗如雨下。时常感到他支持不下去了。但他还是攀登。用四肢,用指爪。真是艰苦卓绝!多少次上去了摔下来。就是铁鞋,也早该踏破了。人们嘲笑他穿的是通风透气不会得脚气病的一双鞋子。不知多少次发生了可怕的滑坠!几乎粉身碎骨。他无法统计他失败了多少次。他毫不气馁。他总结失败的教训,把失败接起来,焊上去,做登山用的尼龙绳子和金属梯子。吃一堑,长一智。失败一次,前进一步。失败是成功之母,成功由失败堆垒而成。他越过了雪线,到达雪峰和现代冰川,更感缺氧的严重了。多少次坚冰封山,多少次雪崩掩埋!他就像那些征服珠穆朗玛峰的英雄登山运动员,爬啊,爬啊,爬啊!恶毒的诽谤,恶意的污蔑像变天的乌云和九级狂风。而热情的支持为他拨开云雾,明朗的阳光又温暖了他。他向着目标,不屈不挠;继续前进,继续攀登。战胜了第一台阶的难以登上的峻峭;出现在难上加难的第二台阶绝壁之前。他只知攀登,在千仞深渊之上;他只管攀登,在无限风光之间。一张又一张运算的稿纸,像漫天大雪似的飞舞,铺满了大地。数字、符号、引理、公式、逻辑、推理,积在楼板上,有三尺深。忽然化为膝下群山,雪莲万千。他终于登上了攀登顶峰的必由之路,登上了(1+2)的台阶。

他证明了这个命题,写出了厚达二百多页的长篇论文。

陈景润在学术的探索路途,锲而不舍,数十年如一日,屏除多重干扰,即使在"十年浩劫"中,依然百折不回,达到了"捣麝成尘香不灭,拗莲作寸丝难绝"的境界。选文刻画主人公不屈不挠的攀登精神的同时,还写出了他善良、坚韧、孤僻、内向的个性,从而向社会呼唤对人的宽容和对科学、知识的尊重。

专题问道

专题 10　科学之春——徐迟报告文学专题探讨

……

何等动人的篇页！这些是人类思维的花朵。这些是空谷幽兰、高寒杜鹃、老林中的人参、冰山上的雪莲、绝顶上的灵芝、抽象思维的牡丹。这些数学的公式也是一种世界语言。学会这种语言就懂得它了。这里面贯穿着最严密的逻辑和自然辩证法。它可以解释太阳系、银河系、河外系和宇宙的秘密，原子、电子、粒子、层子的奥妙。但是能升登到这样高深的数学领域去的人不多。

且让我们这样稍稍窥视一下彼岸彼土。那里似有美丽多姿的白鹤在飞翔舞蹈。你看那玉羽雪白，雪白得不沾一点尘土；而鹤顶鲜红，而且鹤眼也是鲜红的。它踯躅徘徊，一飞千里。还有乐园鸟飞翔，有鸾凤和鸣，姣妙、娟丽，变态无穷。在深邃的数学领域里，既散魂又荡目，迷不知其所之。

闵嗣鹤教授却能够品味它，欣赏它，观察它的崇高和瑰丽。他当时说过，"陈景润的工作，最近好极了。他已经把哥德巴赫猜想的那篇论文写出来了。我已经看到了，写得极好"。

……

◎ **我思我在**

1. 一般读者视为畏途的枯燥的数学王国，却被作者幻化为具有诗意光辉的文学花园。选文的语言，是多么奇妙的文学语言。请你从选文中找出这些充满诗意光辉的语句，并说说它们的好处。

2. 出色的报告文学，如中国古代的绘画家一样，始终把艺术的焦点，集中在人物形象的刻画上，充分表现人物的精神美。请你仔细阅读本文，说说作者从哪些细节刻画陈景润？

3. 本文出现"不早也不迟，正是时候"，掀起了报告文学一次规模空前的热潮，在读者中引发轰动效应,一时洛阳纸贵。你能说说这是报告文学的什么特点吗?

地 质 之 光①

【阅读提示】

《地质之光》写于1977年8月,是作者深入李四光地质科学的一系列论文中,敏锐地感觉李四光那开阔的胸襟和炽烈的情怀,并以雄放凝练的文字,报道了李四光开创地质力学的功绩。

徐迟在《关于报告文学问题》中谈到《地质之光》的创作时说道:"在《人民文学》杂志社的帮助下,安排了我的活动,就去访问李四光的家属和地质力学研究所。过去跑过地质,那是跟着地质队跑到野外,其实是不懂的,但是多少有点基础。访问之后,拿到了地质部整理的大量的李四光的讲话记录稿,把所有李四光的著作收集起来,既访问,又看材料。以后又到华北油田去了一次,解决了写作中的一些问题。这样就把《地质之光》写出来了。"

1947年的年底,李四光接到国际地质学会寄给他的通知,邀请他出席即将于1948年夏天,在英国伦敦举行的第十八届大会,照例要他在大会上宣读论文,发表他这些年的科学成果。

……

抗日胜利,他从重庆回到了上海。他不愿意去地质研究所所在地的南京这个国民党控制着的黑暗城市。他往来于沪杭之间。他想要出国,而环顾世界,似乎也没有一个去处,没有一个可让他的理论得到进一步发展的适当环境。因此,

---

① 选自《人民文学》1977年第10期。

专题问道

专题10　科学之春——徐迟报告文学专题探讨

　　当他在杭州接到了通知书，他觉得还是一个比较合适的机会来了。他有点高兴了。但是也颇有一些遗憾。

　　人民解放战争正打得激烈。战争使他和他所敬重的人远远地隔开了。就在那天深夜，他和夫人许淑彬关上了房门，紧闭窗户，还放下了窗帘，从短波无线电收音机里，小声地，听着了陕北电台的新闻广播。每天只有这个时候，他才觉得又和远离的人们亲近起来。恰好正是那一天，他们听到了春雷一样的声音，宣布人民革命战争已经达到了一个转折点！他如饥似渴地倾听着，这最雄浑的檄文，最壮美的音响，直到这篇雄文的结语：曙光就在前面，我们应当努力！他激动得几乎认为心绞痛病又要发作，然而不是，他真是太欢喜了。

　　他关上收音机，推开窗户，又打开了门，任凛冽的寒风吹进房间来。好像在跑野外时的极度劳累以后，他站上山顶，登高远望，已查明了构造线，看清楚了大地位移，感到无比的畅快。黑暗的国民党统治区，动乱的中国，顿时充满了无限的希望，闪耀着未来的光明。

　　早在本世纪的黎明，李四光只有14岁，从湖北黄冈家乡到汉口。两次投考，都以第一名考上；派送日本留学，学造船。那时候，他就参加孙中山先生领导的旧民主革命。后来辛亥革命失败了。他并没有幻灭，只是发愤专心于科学技术的研究。他本来是造船的专家，后来决心改了行，成为地质学家，是有着深刻的原因的。他祈愿着有朝一日，得见政治清明之世。他就可以真正贡献自己的一生心血了。他深信那样的日子一定会来临，果真那样的日子快来临了。

　　……

　　飞雪过去，春天来临。雪融冰消的1953年的一天，毛主席在中南海的一座客厅里接见了李四光。接见时，周总理在　　　　　　　　　　乐景衬乐情。

红色经典
中国革命传统作品学习

座。海水溢浪，映上晴窗。

谈话中间，毛主席关切地问到他，我国天然石油的远景怎么样？

李四光早在1932年就注意了这个问题。在1933年的《东亚构造格架》一文中，他已作出回答。因此，他用乐观的、十分肯定的语气答复毛主席的垂询。

那是怎样的一个回答！多好的一个回答啊！李四光说，整个新华夏体系就是一个巨大宏伟的"多"字型构造体系。它是在一定的范围内，两个对面的部分发生对扭的结果。新华夏系有三条隆起带和三条沉降带互相间隔着。它们从北北东的方向，走向南南西。隆起带的群岛和山脉，以及沉降带里的浅海海域、平原盆地，全都排列得整整齐齐，像在天空中飞行而过的大雁，排列成一系列的"多"字形状。在其山脉和群岛上，蕴藏着多种矿藏。在其浅海、平原、盆地——这就说到石油的题目上来了——蕴藏着极其丰富的天然石油和天然气。

李四光向毛主席汇报，在我国，第三沉降带的呼伦贝尔——巴音和硕盆地、陕北——鄂尔多斯盆地、四川盆地；第二沉降带的松辽平原、包括渤海湾在内的华北大平原、江汉平原和北部湾；尤其是第一沉降带的黄海、东海和南海，都有"有经济价值的沉积物"。这句话，因为过去是在外国讲的，所以故意说得含糊些。其实，它们就是说的天然石油和天然气，说的生油区。而"多"字型构造的对扭性质，使它们有条件成为雁行排列的良好储油构造。

李四光这样回答了毛主席提出的问题：

仅就新华夏体系而言，仅就石油而言，且不说其他的构造体系和其他的资源，新华夏体系的沉降带，既生油，又储

> 李四光诀别旧世界，远渡重洋，万里归来。风尘仆仆的他，出没在祖国的峰峦峡谷、海洋山脉，立足于中国的大地，打破了苏联地质学家那种中国贫油谬论，独创地质力学。

专题问道

专题10　科学之春——徐迟报告文学专题探讨

油。这就可以说明我国天然石油远景辉煌。我们地下的石油储量确是很大的。希望很大！

听到这里，周总理笑着说：我们的地质部长很乐观。我很拥护你。

毛主席也笑了。他用柔和的眼睛看着他说，我们拥护你。这时，中南海上，轻尘不飞，勤政殿前，孅萝不动。毛主席作了关于地质和石油的一系列指示，李四光听了心潮澎湃。

……

1969年，在他的办公室里举行的一次会议上，80高龄的李四光说：当初毛主席曾经指示我们，地质部是地下情况侦察部。在整个工业战线上，地质部的任务是侦察。在石油战线上，主力军是石油部。石油部的贡献很大。我们当时对石油远景是有一个设想的。我们从事了侦察工作。我们在松辽侦察到大庆长垣以后，我们交出松辽，就转移阵地，到了华北和其他地区。以后华北出油，渤海出油，我们又转移到其他的油区。其他的油区都出了油。我们冲破了苏联地质家那种形而上学的中国贫油的谬论。我们是开路的先锋。今天，我国天然石油和天然气的远景已完全肯定了。咱们的工人有力量。石油工人已经，并将进一步给我们证明，新华夏构造体系的石油储量确实很大。宋朝的大科学家沈括，在《梦溪笔谈》中写着，中国的石油将"大兴于世界"。虽然他说的其实只是要肤施油墨来代替黄山松墨而已，但他说了这个很好的预言。经过八百多年，我们给他证明了。今天的科学预言，我们的共产主义事业就不用这么长的时间了吧。<u>说到这里，白发苍苍的李四光眨眨眼睛，笑了一笑，轻轻拨动他桌上一个地球仪，一下子使小小寰球急速地旋转了起来。</u>

> 结尾，这一刹那的描写，如绘画中的工笔、电影中的特写。李四光那开阔的胸怀和炽热的情怀，纤毫毕现。

1977年8月于南草厂

红色经典

中国革命传统作品学习

◎ **我思我在**

1. 报告文学题为"地质之光",你能说说取名"地质之光"的深远意义吗?

2. 徐迟曾指出"绘画就是要通过这人在环境中的戏剧性的、历史性的一刹那,从而表现出人的活动过程的全部来",《地质之光》借鉴了这种画技。结尾画线文字,作者用哪些手法来刻画地质学家李四光?

3. 《地质之光》刻画了科学家李四光的爱国激情,传递着那个时代的责任担当。你能说说李四光的责任担当给你的启示吗?

生命之树常绿①

【阅读提示】

《生命之树常绿》是报告文学,更是一首热情而美丽的科学诗,它在历史和现实的更迭中,展开了植物学家蔡希陶与西双版纳风光交织的丰富人生。

蒲公英(学名:Taraxacum mongolicum,下略)开一朵金黄色的花;其实不是一朵而是很多朵;很多花朵形成一个花序。每一花朵下面隐藏一个果:很小的果;就像向日葵也是一个花序,一朵朵花,结的一个个果,就是一颗颗小葵花子儿。

而蒲公英的每一个小果上长有很密很长的冠毛。这些带着冠毛的,组合在一起的小果形成一个毛茸茸的圆球。它是那样地逗人喜爱!见到它的人没有不为之惊叹,为之着迷的。它构筑得比一座宫殿还要精巧。任何艺术大师也将自愧弗如的。

---

① 选自《哥德巴赫猜想》(人民文学出版社 2005 年版)。原载《人民文学》1978 年第 3 期。

专题问道

专题10　科学之春——徐迟报告文学专题探讨

那样的富丽堂皇呵！当果子成熟后，冠毛带着它们随风起舞。那样的美妙而婀娜啊！它们飞飏而去，纷纷飞走了，消失不见了，只留下了一个花轴。人们常常惋惜：只要轻轻地向它吹一口气，这美丽的结构啊，就被毁了，就不再存在了。

<u>但是它们几曾消失了呢？它们飞舞着，作为种子而飞翔，而后降落到大地之上，重新定居下来了，扬畅了，生长了，以几何级数的增长，开放了更多得多的花序，又结出更加多得多的美丽组合的果球。用不到惋惜的啊，更不需要伤感！倒不如赞扬它，咏吟它，歌唱它，欢呼它啊——大自然的素朴和华丽的统一！毁灭与生命的统一！</u>

> 巧用富有哲理的议论。繁星一样缀满全篇，起到了舞台聚光灯的作用，一下子照亮了前后的人物和事件，增添了文章的光彩。

蔡希陶早年写过的短篇小说，题目就叫《蒲公英》，是写植物界的斗争的。

当初他还二十来岁，热爱大自然，憧憬未来。他喜欢文学，用明丽的文字梦想着激情的文学生涯。他侧身于陈望道的门下。他与张天翼齐名。他给王统照寄稿，在后来郑振铎主编的《文学》上发表文章。

那天，在陈望道家里，他被介绍给鲁迅。鲁迅凝神看他，问道：

"你——就是蔡希陶吗？"

鲁迅上下打量他，接着说："我刚看了你的一篇小说，写得很有气派。我还以为它的作者一定是一个关东大汉。我没有想到，你只是这么一个小伙子。"

鲁迅笑了。笑后说，虽然是个小伙子，你有关东大汉的气派。

> 徐迟用鲁迅先生的"关东大汉的气派"来形容蔡希陶的小说，其实"气派"两字，也是后文一而再再而三反复出现、反复咏叹的，这条若隐若现的红丝线，贯穿着全文，从而让蔡希陶的形象更为清晰。

鲁迅曾给予蔡希陶的文学创作以美誉。蔡希陶很有希望成为一名文学家。不过他很穷，高中也读不起。写文章无法谋生。他得找一个生计,就是在北平静生生物调查所当练习员。

文学青年蔡希陶一下子就被植物学迷住了。这不奇怪。鲁迅是由地质学、植物学、医学学生转变为文学家、思想家、革命家的。又是考古学家又是诗人的郭沫若当了中国科学院院长。因为创作,绝对不是单纯地模仿,而是发明。一切发明,绝不是量的增添,必是质的飞跃:就是创造。文学与科学之间是有通道的,发表创作及发明创造,在这一点上终究是统一的。

北平静生生物调查所当时由胡先骕主持。蔡希陶见到了我国第二代植物学家胡先骕。

有一天,20岁的青年人蔡希陶反坐在靠背椅子上,两手扶着椅子的靠背,两眼凝聚在老师身上。胡先骕在讲着话,激情如喷泉迸发。

他说:他刚读一个美国人威尔逊写的书,书名叫作《一个带着标本箱、照相机和火枪在中国的西部旅行的自然学家》。这个人,本世纪初在我国湖北、四川、贵州旅行,共计十一个年头,收集了六万五千号植物标本,大约有五千多种,搞回一千五百种植物果木到美国和英国去了。他在这本书里承认中国植物最丰富;中国花卉是世界上最富丽的。他特别赞赏中国杜鹃花的品种之多,达到一百六十多种。他采集了八十多品种,其中六十多种被他引往美英等国,加以驯化。此人没有到过云南,并不知道我国云南杜鹃花还要多得多呢。这些美国、英国、法国、德国、日本和俄国人大摇大摆而来,拿走了我们多少植物标本,多少果木,叫我们痛心!痛心不已啊!所以我们创设了静生生物调查所,以抵制他们并发展我国植物学。

专题问道

专题10 科学之春——徐迟报告文学专题探讨

蔡希陶想,我们得有志气!得有这个志气!尽管经费少,人手少,学问浅陋,经验不足,可我们要把中国植物学的事业担当起来。

蔡希陶想得心潮澎湃,热血沸腾。

胡先骕说,世界植物中就中国最丰富。中国植物中,又是云南省最丰富。我们应当到云南省去。我国16世纪出过一个本草学大师李时珍。清末,吴其濬的《植物名实图考》开始了纯粹研究科学的精神。我们要从植物分类学入手,也要对植物形态、解剖和生理等方面进行研究。说到云南,我们也有了一些植物标本。但空白点太多了。譬如,大凉山,就是个空白点。那里是奴隶社会制度。黑彝奴隶主还要下山来,掳掠人,去给他们当奴隶娃子呢。没有人敢进去。难进得很!进不去,所以是空白点。但越是空白点,越需要人进去……

话未说完,蔡希陶头一抬,手紧握椅子靠背,一下把椅子抽掉了。站在胡老师面前,他用坚定的声音请战:

"我去!"

……

根据生物地理群落学即生态系统的概念,我们云南的植物学家的集体,对西双版纳的热带亚热带森林,进行了多年的定位研究,初步掌握了这个地区热带森林的动态平衡规律。在此基础上,运用和模拟自然规律,开展了实验生态系统的研究,建造了"多层多种的人工植物群落"。共产党员蔡希陶,还有他培养的中年和年轻的学生,经过将近二十年的刻苦研究,初步获得了采取人工群落结构方式,进行合理开垦、充分改造和利用热带雨林的一系列有价值的科学规律。

……

红色经典
中国革命传统作品学习

德国诗人歌德有两句话。上面一句是"生命之树常绿"。这话是真理。

……

西双版纳正在做的工作,将如蒲公英的带冠毛的小果一样远飞高扬,到东南亚,到刚果河和亚马孙河浓郁的热带雨林和世界上其他的森林中去。

> 结尾处,微情妙旨,余音袅袅。

1978年2月,昆明黑龙潭

◎ **我思我在**

1. 本文为何以"生命之树常绿"为题?

2. 当初徐迟写《生命之树常绿》一下子写了两万三千字,著名诗人臧克家给他念了两篇文章,其中一篇是方苞《左忠毅公逸事》,记述了左光斗不为人所知的几件逸事,赞美了左光斗知人的卓见和以国事为重、不计较个人生死荣辱的品格,方文记事不杂,用笔精细,具有雅洁的特点。徐迟很受启发,再构思修改定稿。你能说说《生命之树常绿》构思的精巧吗?

3. "鲁迅是由地质学、植物学、医学学生转变为文学家、思想家、革命家的。又是考古学家又是诗人的郭沫若当了中国科学院院长。"有人说,跨界的人生才有趣,你如何看?

※ **实践笃行**

蓬勃燃烧的生命
——"走近徐迟"读书会

一、背景回顾

徐迟(1914—1996),原名徐商寿,浙江湖州南浔人。1931年至1933年,曾先后就读于东吴大学和燕京大学。17岁的他开始写诗,发表了意象派的诗,出版过意识流小说,

专题问道

专题 10 科学之春——徐迟报告文学专题探讨

写过许多动人的情歌,是戴望舒、施蛰存为首的"现代派"中的一员,曾活跃于 20 世纪 30 年代中国现代诗趋于成熟的"黄金时代",被誉为"现代派诗群中艺术开掘最力的诗人之一"。

学者张立新认为,诗人徐迟早期诗歌"濡染西方现代风、沉醉于自我生命体验的呢喃的私语",中后期诗歌真诚而坚定地站在人民的立场,为社会主义革命和社会主义建设事业摇旗呐喊。从根本上说,诗歌是时代的聚焦。徐迟诗学观念和诗学信仰的转变,都源于诗人世界观、人生观和政治信仰的根本转变。1949 年后,他和诸多知识分子一样,对国家的未来充满了期待与希望,积极投身到了新的文化建设中。抗美援朝战争中,他奔赴前方采访,写出了许多战地通讯和特写。

五六十年代,任英文版《人民中国》编辑,在他的倡议与呼吁下,与臧克家、艾青等一起创办《诗刊》并担任副主编,先后出版诗集《战争,和平,进步》《美丽,神奇,丰富》与《共和国的歌》,小说散文合集《狂欢之夜》,散文集《法国,一个春天的旅行》《徐迟散文选集》以及诗论《诗与生活》《文艺和现代化》等。

1961 年,徐迟离开北京,定居武汉,到长江水利工地体验生活,写下了《祁连山下》等最初一批报告文学作品,深受文学界好评。"十年浩劫"期间,被关进牛棚剥夺了写作权利。

平反之后,怀着强烈责任感的他,走在拨乱反正、除旧布新的前列,将诗歌的热情主要倾注在外国文学作品翻译和报告文学的创作中,修订出版了梭罗的《瓦尔登湖》和莫德的《托尔斯泰传》等,发表了《地质之光》《哥德巴赫猜想》《生命之树常绿》等诗情盎然的报告文学作品,形成了独特的文学创作方法,即人物表现的个性化、艺术构思的独特化、语言表达的激情化。

他是新时期最早提倡文艺现代派的理论家,论文《文艺与现代化》《现代化与现代派》曾以"解冻"的方式策略地寻求在政治夹缝中中国现代主义文学发展的可能性。1978 年,担任我国第一本外国文学类的研究性杂志《外国文学研究》的首任主编,为国人不遗余力地介绍外国文学理论的新动态、新思潮。1989 年,开始用电脑写作长篇自传《江南小镇》。90 年代,主要精力倾注在对《伊利亚特》的诗体翻译和自传续集的写作中,开始编辑多卷本的《徐迟文集》。

红色经典

中国革命传统作品学习

推荐阅读书目：

《徐迟：猜想与幻灭》（徐鲁著，大象出版社出版）

《徐迟文集》（共10卷，分诗歌、小说、报告文学、游记、散文等卷，作家出版社出版）

1. 阅读以上材料，谈谈你对徐迟的印象。

2. 组织一次以"蓬勃燃烧的生命——走进徐迟"的读书活动，请你推荐徐迟的报告文学作品（或诗歌作品等），你会写怎样的推荐词？

二、提纲挈领

徐迟谈《哥德巴赫猜想》写作经过[①]

《地质之光》写成后不久，《人民文学》编辑部又约徐迟同志写陈景润。这时他胆子大了一些。这是形势造成的，也有学习经典著作的关系。他说：好吧，试试看。他听人谈了一些陈景润的传说。众说纷纭，都说明这个人物不好写。能不能写这个人，多数人说不能写。他请教了一位老同志。他的回答干脆有力：写！陈氏定理了不起！他就决定下来了。他到了中国科学院的数学研究所。当天他就和陈景润见了面。

陈景润对他说：徐老，你不要写我了，我有什么好写的？他回答：我不是来写你的，我是来写数学界的；我是来写四个现代化的！陈景润一听就说，那好，我可以给你提供材料。这倒是一个窍门。在访问大科学家时，在访问任何同志时，都应当避免说我要写你。就说要写你的那一行；特别要强调写四个现代化。对方就放心了，不但同意并很乐意协助了。

采访的第一个印象，对双方都非常重要。陈景润给徐迟的第一印象就是这个人完完全全处身于解析数论的专业之中。他生活在数学王国里。他好像不是我们这个大地上的人，不是我们这个人世间的人，他好像只是偶然不得已才回到我们人间来。一溜他又溜回他的数学王国去了。徐迟对他的第一个印象不错。

写了《地质之光》以后，他总结了一条经验：李四光已经逝世了，无法向他本人采访，只有采访李四光生前的周围的人。采访外围，打外围也还是写出文章来了。所以到数学

[①] 选自内蒙古通辽师院中文系编《现代散文选讲》。原载《长江文艺》1978年第6期。

专题问道

专题10 科学之春——徐迟报告文学专题探讨

所采访时,他定了一个战略战术,先打外围。先不忙采访陈景润本人,先采访陈的周围的人。他找了数学所的周大姐,李书记,数学家吴文俊,杨乐,张广厚以及数学学报的主编等人。外围都谈完了,李书记谈得最好,然后再找陈景润谈,心中有数了,已考虑好访问陈景润,需要解决哪几个问题。这不失为好方法。徐迟说他过去也曾经光找本人谈,不怎么找周围的人谈,效果不好。这样写出来的人物往往是平面的,缺乏立体感。现在觉得先打外围,把外围吃透,做到不访问本人就已经可以写文章的程度,然后再向本人进攻,可以专攻要害。

另外就是看材料。徐迟说他的数学蹩脚得很,只有加减乘除比较有把握,一到分数就傻眼了。学过代数几何,都忘光了,但他会用材料。他拿到了陈景润的著名论文,一家伙抄了三段数学公式。他根本不懂,但懂得开头第一段是出题目,中间第二段是解决这道难题的关键,后面第三段是结果。这是他问了陈景润自己,然后抄下来的,不对,简直是描花一样描下来的。此外他拿到了杨乐、张广厚的许多论文,拿到了数学所编写的《哥德巴赫猜想解释》和《筛法的通俗化说明》等。他进了数学所图书馆,见书就拿,中国古代数学史,还有华罗庚的巨著《堆垒素数论》《数论导引》全是公式,一点不懂,却偶然也有些地方,可以看懂。另外,又买到了一本马克思的《数学手稿》,讲微积分的。

马克思也写下了整页整页的数学公式,但其中却有用政治经济学的语言解释微积分里的辩证法的篇页,读起来很有兴味。他一边采访,一边读材料,积累素材。这样紧张了五天,他就有点底了,就找陈本人座谈,只谈了三小时,就解决了大量的问题。

采访完了,他就有了一个概念:所有外边对陈景润的纷纷传说,大多数都是虚构的。他的本来面目被歪曲了,很多诬蔑之词使人听了气愤。"四人帮"对科学院的迫害、摧残,一言难尽。科学院被糟蹋得很惨,访问中他常常掉泪。如大数学家、大教育家、我国现代数学的引进者熊庆来,被迫害而死。现在已经给他开过追悼大会,宣布平反,全国科学大会开会前一天登了《人民日报》。科学院被严重摧残,我国科技和外国的本来已经缩短了的距离因此又拉大了。我国科技规划五六年一次,六二年一次,成就很大。中国人的聪明,东方的智慧,举世皆知。数学领域,高能物理领域,中国人都在世界前列。陈景润的成就是得到了国际公认的,可是我们有的人就是不承认,而且加给他不少的流言蜚语。

写这篇文章时,作者说他很激动。他不觉对陈景润发生了浓厚的感情。文艺家搞创

红色经典
中国革命传统作品学习

作,要访问人物。要和访问的对象建立感情。建立到什么程度呢?打个比方,要建立到林妹妹对二哥哥,二哥哥对林妹妹那样的程度。徐迟说要做到像他对陈景润似的"我爱他"的程度。陈景润确实是全心全意地,不折不扣地,泡在水里似的泡在数学里。他抛弃了一切,从事数学的研究。所有大科学家无不如此,可是陈景润做得更多些,他没有结婚,个人无任何要求。他至今还住在他六平方米的房间里。科学院给他一套房间,他不要,国务院给他一套房间,他不去。徐迟说,不仅佩服他,爱他,简直被他感动,要学他,要日日夜夜像他那样全心全意地投入工作……

关于《哥德巴赫猜想》中写"文化大革命"的一段,徐迟说他当时很困难,因为这一段很难写。写到这一段时,他还是找《马克思恩格斯选集》来读。这回读的是马克思的《路易·波拿巴的雾月十八日》,特别是第一章和第二章。对无产阶级文化大革命如何认识?他是根据马克思的文章来认识的,引用了其中三大段话。细心的读者可以看出来的,有的就是马克思的语言,有的照抄,有的略加申引。他说,他就靠马克思了。靠在伟大经典作家的身上,所以胆子比较大,敢这样来写。他在70年代曾经比较用功地学习马列著作,学马恩的四卷选集,列宁的四卷选集,毛主席的五卷选集,共十三卷。文学艺术工作者要学习经典著作,是为了改造自己的世界观,树立无产阶级的世界观。学了经典著作,可以使自己心胸开阔,精神状态健壮旺盛,目光远大,信心百倍。一个用马列毛著武装起来的神旺的人可以面对百般困难,而一个萎靡的人什么事儿也做不了。我们必须学习、学习、再学习,主要学习马列毛著。他说他感到经典著作是力量的源泉,是使他热血沸腾的源泉。他现在每天必读经典著作,至少半小时,所以他胆子比较大。

1. 这次读书活动,由你来策划宣传海报,你会设计怎样的海报?
2. 读了这篇文章后,留给你怎样的启示?

三、学者谈片

20世界70年代,面对"科学的春天即将到来"这一热点,《人民文学》编辑部深受鼓舞,并不约而同地想到了让著名作家徐迟写一篇能反映科学领域的报告文学。

诗人彭燕郊在回忆徐迟时曾说:"徐迟是一个知识非常全面的诗人,很了不起。诗写得好,散文写得好,翻译也很好,他译的书不是普通的书,几十万字的《巴马修道院》是他最先译出来的,《托尔斯泰传》,英国人莫德写的,最权威的传记,是他和另外一个人合译

专 题 问 道

专题10 科学之春——徐迟报告文学专题探讨

的,都是大部头的东西。他还非常懂音乐,年轻的时候就出过两本关于音乐的书。"

对新时期报告文学,大多数人认为,报告文学"不仅完全有资格与小说、诗歌、戏剧等文艺形式并驾齐驱,争相媲美;而且,在这世界风云迅猛翻腾,科学技术飞速发展,社会生活急遽变革的历史时期,其影响之大,波及之广,收效之速,往往超过内容相近的其他文学形式,成为最能发挥优势的文体之一"①。

优秀的报告文学作家,均具一种特殊的修养,即敏锐的眼光,尤其是政治洞察力,又有记者的新闻工作方式,还兼有作家的文学修养,凭着这样的眼力,他们透过时代的风云,追踪生活的足迹,挖掘新闻事实中的文学成分;凭着这样的眼力,他们勇敢地开拓新的题材,传递新的信息。

国外的有以犀利传神笔墨揭示帝国主义军火贸易、旧上海黑帮势力、黄包车夫生存状态等社会现实的报告文学集《秘密的中国》的捷克作家基希,以描述十月革命而被誉为"20世纪影响深厚、最重要的报告文学"《震撼世界的十天》的美国左翼新闻记者约翰·里德,以对中国西北革命根据地进行实地采访而写成《西行漫记》(原名《红星照耀中国》)的美国记者埃德加·斯诺。国内的,19世纪的晚清因报纸登陆中国而催生了报告文学的孕育,有写《戊戌政变记》的梁启超,以及五四时期、旅苏期间写成《赤都心史》《饿乡纪程》的中国报告文学开拓者瞿秋白和叙写上海等地包身工遭受非人待遇的夏衍等作家。作家们无不表现出强烈的政治使命感和责任感。

他们"用报告文学的形式,把对社会生活的认识、观察、思考这种理性的成果,用文学形象的方式拓展出来,交代给社会,在社会上起启蒙作用"②。与这种政治使命感和启蒙精神紧密相连的是报告文学的现实主义精神,发挥自身文体之优长,以紧跟时代、服务现实、改革开放为己任,比小说等虚构性文学更紧密配合了拨乱反正、改革开放的时代政治,同时也发挥了更直接的现实作用,更多地集中了作家对民族整体与个体自由的理性思考。

新时期报告文学,虽然有许多艺术上的缺陷,但其与社会人生的贴近,对生命价值的

---

① 涂怀章《报告文学概论》,湖北人民出版社1984年版,第1页。
② 麦天枢《1988·关于报告文学的对话》,《花城》1988年第6期。

红色经典
中国革命传统作品学习

关怀,真挚的情感,积极的社会参与激情,即使在现在的我们看来,依然是新时期报告文学最宝贵的精神,也是如今的我们应该用心灵去解读,并应该去继承和发扬的。

1. 请快速浏览以上文字,谈谈你对哪些报告文学作品感兴趣,并说明理由。

2. 谈谈在"讲好中国故事"的今天,报告文学这种文学形式是否已经过时?

四、奇文共赏

在这次活动中,作为朗读者的你,会选择朗读徐迟先生的哪篇作品?请说说你选择它的理由。

五、编排策划

1. 假如你是这次读书活动的主持人,你会为这次活动拟怎样的题目?

2. 假如读书活动邀请你来做主持人,你会如何策划这个活动?

3. 假如你是浙江湖州南浔人,面对来南浔徐迟纪念馆观光游玩的游客,你会如何介绍从南浔走出去的乡人徐迟?

◎ **活动自检**

自检项目	学习任务	分值	自评
背景回顾	1. 读了以上材料,请你谈谈徐迟给你的印象。	10分	
	2. 组织一次以"蓬勃燃烧的生命——走进徐迟"的读书活动,请你来推荐徐迟的报告文学作品(或诗歌作品等),你会写怎样的推荐词?	10分	
提纲挈领	1. 这次读书活动,由你来策划宣传海报,你会设计怎样的海报?	10分	
	2. 读了这篇文章后,留给你怎样的启示。	10分	
学者谈片	1. 请快速浏览以上文字,谈谈你对哪些报告文学作品感兴趣,说说理由。(略)	10分	
	2. 谈谈在"讲好中国故事"的今天,报告文学这种文学形式,是否已经过时?	10分	
奇文共赏	在这次活动中,作为朗读者的你,会选择朗读徐迟先生的哪篇作品?请说说你选择它的理由。	10分	

专题问道

专题10 科学之春——徐迟报告文学专题探讨

(续表)

自检项目	学习任务	分值	自评
编排策划	1. 假如你是这次读书活动的主持人,你会为这次活动拟什么题目?	10分	
	2. 假如读书活动邀请你来做主持人,你会如何策划这个活动?	10分	
	3. 假如你是浙江湖州南浔人,面对来南浔徐迟纪念馆观光游玩的游客,你会如何介绍从南浔走出去的乡人徐迟?	10分	

新课标
新语
新学习

锦心绣口

写作而没有目的,又不求有益于人,这在我是绝对做不到的。

——列夫·托尔斯泰

说话周到比雄辩好,措辞适当比恭维好。

——培根

  如果说有一门学科与心灵关系最近,那无疑是语文;如果说有一门学科与生活关系最近,那无疑也是语文。心灵和生活共同指向语文的两极,从而使语文不仅拥有诗和远方,还有了扎根大地的力量。因而本板块的关键词是"实用":"锦心"侧重于实用写作,"应世致用"就是它的目标;"绣口"侧重于实用口语,"互动对话"就是它的生活情境。我们希望你借此获得回归大地和生活的能力,第一流的文字在土地上生长,最终回到土地;从生活中诞生,最终走向生活。

应世致用

※ 标语

标语：时代的最强音

标语，往往是一个时代的最强音。看似无声，却是一个时代的战鼓，号召着人们，鼓动着人们，警示着人们，鞭策着人们。

中国的老标语常常刷在古老民居的墙壁上，非常醒目。这些标语跳动着中国经历的每一个历史时期的音符，唱响的是一个时代的主旋律。历史车轮滚滚向前，尽管墙壁上的标语近乎剥落、毁坏，甚至最后连这些老旧的民居都要拆掉了。然而不变的是标语的功能——传播文明文化和引导社会舆论。

今天，标语的载体已经发生了变化。你会在公园的草坪看到这样的标语牌："手下留情，脚下留青。"你会在乡村的入口广告牌看见这样的标语："青山绿水就是金山银山。"你会在城市广场看到宣传语："创建文明城市，争做文明市民。"但依然不变的是标语的本质——用简短的文字写出有宣传鼓动作用的口号。

一、你知道那些老标语吗？

那些刷写在墙壁上的中国老标语，虽然寥寥数字，却直击人心，也深入民心。它们不但折射着历史和时代精神，也体现了时代的执政方向和智慧，见证了一代人的精神追求和理想目标。标语既是时代的产物，又是历史的见证，意义非凡。

陶永灿在《老标语——中国墙壁上的历史》中说过：

记得我们小的时候，最主流的标语形式就是用红漆刷写的一些字体简单的宣传文字，墙壁上是清一色的革命口号和毛泽东语录。无论是"星星之火，可以燎原"的井冈山精神，还是"一切反动派都是纸老虎"的至理名言；无论是"生的伟大，死的光荣"的豪迈佳句，还是鼓舞战士为了"人民的胜利"，甘愿流尽最后一滴血。

新中国成立以后的50年代，国家初安，百废待兴。领袖寄予马毛姐"好好学习，天天

红色经典
中国革命传统作品学习

向上"的勉励之言，一夜之间就被迅速悬挂在全国校园的墙壁上，伴着孩子们琅琅的读书声一晃几十个春秋。还有那句"发展体育运动，增强人民体质"的题词，也在最短时间内写在全国各个操场的墙壁上。这些语句，满怀着领袖对青少年的期望与关切，影响极其深远。时至今日，这些勉励了一代又一代人的话语，仍旧没有过时。

20世纪60年代，"超英赶美"的苦果让人难以下咽。梦醒后，大家才知道"人有多大胆，地有多大产"是一个荒诞的伪命题。在那个满眼荒山、粮食短缺的困难时期，早在延安时期就已诞生的"自力更生，艰苦奋斗"一时又成为整个社会的精神依托。这时，一个身材矮小、内心伟大的共产主义战士，在不经意间改变着国人的道德观和价值观，"向雷锋同志学习"也顺应潮流并成为家喻户晓的标语和口号。再之后，"知识青年到农村去"的口号将成千上万的知识青年改造成了农民，即便"文革"结束，仍有许多知识青年扎根农村干革命。

如果你在自己的社区注意观察，说不定在哪面墙上还能看到过去时代留下的老标语，也有可能看到新时代的新标语。请你把看到的标语写在下面：

_____

_____

_____

二、概述标语功能

以下这段文字表达了对标语功能的看法：

标语既有公文语体准确、简洁的特点，又有政论语体严谨性、鼓动性的特点，既能在理智上启发人们，又能在情感上打动人们，肩负着"社教"的使命，在影响社会舆论和文化传播中，对人们的社会行为起着不可忽视的导向作用，并在一定程度上反映了社会经济制度的本质和社会的文明程度。它的意义十分重大。

——摘自鲁卫东《标语写作七忌》

请根据这段文字，概括出标语功能的几个特性：

_____   _____   _____   _____

三、牛刀小试

学校社团要举办一场革命书信朗读会，以下是朗读篇目推荐：

第一类:"铮铮铁骨"篇,表现了革命者们坚贞不屈、英勇奉献的大无畏精神。比如瞿秋白的《多余的话》《赵渭滨烈士家书》、朱锦章的《给父亲的信》等。

第二类:"铁骨柔情"篇,一方面是心系国家、为救国存亡大义凛然、至死不渝的情感,另一方面是他们对亲人、对爱人的深深眷恋。如《与妻书》《陈潭秋烈士家信》等。

第三类:"伉俪共酬"篇,是携手并肩、共图大业的革命夫妻的写照。如周恩来与邓颖超书信集,左权将军殉国前最后一封家书及其妻子对丈夫的追思信等。

为了号召全校师生踊跃参加,社团决定制作一张海报,宣传革命先辈的杰出作为和伟大人格,激发同学参与朗诵的热情和兴趣。现在海报还缺少一条醒目的标语,请你拟写。拟写标语要符合活动的宗旨,要有宣传鼓动性。不超过18个字。

 互动对话

※ 谈判

谈判无处不在

谈判即有关方面对有待解决的重大问题进行会谈。一般而言,谈判有广义和狭义之分。狭义的谈判仅仅是指正式场合下的谈判。而广义的谈判是指除正式场合下的谈判外,一切协商、交涉、商量、磋商等。

从广义而言,谈判就存在于你每天的生活中,谈判的对象可能就是你的父母、同学、朋友、老师等。比如,从早晨睁开睡眼,你可能就要和父母谈判如何用早餐的问题;你到了学校,你要和老师谈判作业时间、数量的问题,和同学谈判如何分享、交流资源的问题;回家时你的自行车轮胎破了,你可能还要和修理工谈判修补的时间、价格等问题。那么,如何使谈判的结果令人满意,皆大欢喜呢?

美国著名的谈判大师赫布·科恩先生这样描述:谈判是综合运用一个人的信息和力量,在多种力量所形成的结构网的张力范围之内去影响人们的惯常行为及反应。谈判是两方以上的交际活动,只有一方则无法进行谈判活动。正如罗纳德·里根总统所形容的,"跳探戈需要两个人"。可是,赫布·科恩先生显然更强调谈判者自身的能力,他认为在任何"可协商的关系"中,你决定着我的反应,就如同我决定着你的反应一样。所以通过改变自己的行为,你经常可以改变一方做出反应的方式。

这个世界就是一个巨大的谈判桌,谈判无处不在。只要掌握和运用好谈判的技巧,你就能成功地谈成任何事情。让我们从中国革命的外交风云里感受谈判的力量吧。

一、以史为鉴:案例告诉我们什么是谈判技巧

案例一

日内瓦会议的较量

背景

1954年4月26日至7月21日,苏、美、英、法、中五国外交会议在瑞士日内瓦国联大厦举行。日内瓦会议是中华人民共和国首次以五大国之一的地位和身份参加讨论国际问题的一次重要会议。会议主要讨论如何和平解决朝鲜问题和关于恢复印度和平问题。当时周恩来总理兼外长为出席日内瓦会议代表团的首席代表。本着和平解决朝鲜问题的真诚愿望,周恩来与苏联外长莫洛托夫和朝鲜的南日外相提出所有外国军队都撤出朝鲜、举行朝鲜国民议会的全朝鲜自由选举的合理主张,但美国代表带头拒绝一切建议。面对会议即将决裂的危机,周恩来外长仍作了最后一次努力。

现场直击

朝、中、苏三国的提议合情合理,不少国家认为很有道理,会场出现一片骚动。美国代表团代理团长史密斯慌了,急忙利用休息时间召开侵朝参战16国和南朝鲜代表会议,诱迫他们执行美国政府的强硬指示。

休息后,史密斯首先跳出来讲话,声称"朝鲜停战协议早有规定,没必要再搞新方案",澳大利亚、菲律宾等国代表被迫充当应声虫纷纷响应。比利时代表斯巴克的发言极其富有戏剧性:

"不能接受的理由就是因为刚才美国代表反对,否则,这一建议本来是可以接受的。"

周恩来听着斯巴克无可奈何的发言,望着史密斯那得意的神情,浓眉下一双大眼闪

烁不停,他明白会议已到最后紧要关头!怎么办?周恩来想到这里,急中生智,以平缓的语调发言说:"中国完全支持莫洛托夫外长关于与会各国发表共同宣言的建议,遗憾的是被美国无理拒绝了。情况虽然如此,我们仍有义务对和平解决朝鲜问题达成某种协议。"

周恩来以犀利的目光扫射全场一周,以不可抗拒之势提议道:"我提一个两句话的协议草案!"

一石击起千层浪,立即引起全体与会国的强烈反响。会议主席艾登总喜欢把铅笔咬在口里听别人发言,此时从口中取出铅笔,极感兴趣地要求全场安静下来,听中国人提出不可思议的两句话协议草案。

只见周恩来不慌不忙,在各国代表屏息注视之下,朗声提出掷地有声的协议草案:

日内瓦与会国家达成协议,它们将继续努力,以期在建立统一、独立和民主的朝鲜国家的基础上,达成和平解决朝鲜问题的协议。关于恢复适当谈判的时间和地点问题,将由有关国家另行商定。

会场响起一片嗡嗡声,谁不为周恩来的一片诚心动情动容?

对周恩来这个提议,苏、朝代表都暗暗称赞:"只有周恩来才能挽狂澜于既倒!"澳大利亚、英国等也都偷偷叫好,觉得谁也无法拒绝;美国代表史密斯犹如五雷轰顶,感到惶恐不安,狼狈窘迫。

周恩来见各国代表都在考虑他的提议,精神抖擞地将浓眉一耸,以庄严激越的声音,用雷霆万钧之力强调:

如果连这样一个建议都被"联合国军"有关国家所拒绝,那么,这种拒绝协商与和解的态度,将为国际会议留下一个极其不良的印象!

周恩来投下一颗重磅炸弹,把西方阵营炸得阵脚大乱,在朝鲜、苏联代表支持中国意见之后,比利时代表斯巴克被周恩来的真心诚意所感动,首先"哗变"出来说:

为了消除任何怀疑,我本人赞成接受中国代表团的建议。

会议主席、英国外相艾登嘴中咬着铅笔听周恩来发言,频频点头表示同意,继而作为美国"最亲密的盟友"也起来造反了,最后居然兴致勃勃朗声宣布:

据我了解,我们面前有一个中华人民共和国代表所提出的建议。如果我的了解是正确的话,比利时代表认为这个建议表达了本会议的工作精神,周恩来外长的建议应当受到最认真的考虑。如果大家同意,我可否认为,这个声明已为会议所普遍接受!

案例二

周恩来与基辛格的较量

背景

1971年中美两国还处于敌对状态,由于中苏关系恶化、美苏争霸中美国处于劣势,中美两国都需要加强两国的沟通和交流,从而牵制苏联。但是由于中美意识形态不同、分属于两大社会阵营等原因,中美交往不能贸然进行,要有所准备和铺垫。为了打开中美交往的大门,基辛格秘密访华,为尼克松访华探路,准备前提条件。

1971年7月9日,基辛格由巴基斯坦转道,在北京和周恩来举行会谈,这是一次就尼克松访华、中美关系正常化问题交换意见的秘密访问。下文记载的就是两人初次会见的一幕。

现场直击

介绍结束后宾主进入会议室,隔着一张铺着绿色台布的长桌分坐两旁,基辛格首先说:"非常感谢对我们的热情招待,如果有机会,我也希望以同样的热情,在美国招待周总理。"

周恩来落落大方地回答:"我没有去过美国,也没有到过西半球,但我们是在同一时候工作,你们在白天,我则在晚上。"

基辛格见周恩来回答得极为得体而自然,既未说去,又没说不去,非常符合中美当时的情况,只听周恩来接着说:"按中国的习惯,请客人先讲。"

基辛格谨慎地拿起一份写得密密麻麻的讲稿,读起与尼克松共同起草的材料,从中美关系历史讲到这次北京会晤,连自己也感到太枯燥乏味,只见周恩来一扬手微笑地说:"交谈嘛!何必照着本子念呢?"

基辛格笑着辩解说:"我在哈佛大学教了那么多年书,还从未用过讲稿,最多拟个提纲,可这次不同,对周恩来总理,我念稿子都跟不上;不念稿子,就更跟不上你了!"

话虽这么说,基辛格还是发挥哈佛大学教授的口才,挖空心思说出令人感兴趣的话:

"今天,全球的趋势使我们相遇在这里,现实把我们带到一起,现实也会决定我们的未来。在相互隔绝了22年之后,我们终于来到了这个对我们来说是神秘的国家。"

果然如基辛格所料,此话引起了周恩来的兴趣,谅解地解释说:"神秘?等你熟悉之后,就不会觉得像过去那样神秘了!"

为消除存在于中美间的巨大分歧,周恩来巧妙地使用心理相容的谈判艺术说:"两国间的分歧是巨大的,例如台湾问题就是两国关系紧张的根源。博士先生,我们终于坐下来了,就可以相互阐述自己的观点,让对方有充分的了解。"

基辛格原认为周恩来会在台湾问题上狠狠教训美国人,这时心上的千斤重石掉了一半,与洛德交换了一下眼色,津津有味地聊起中美的形象问题来。

这两位世界著名的外交家谈笑风生……两人之间的拘谨气氛完全消失了。

洛德赞叹道:"我敢说,世界上再也找不出比他俩更有风趣的外交家了!"

(以上案例部分摘自李连庆主编《中国外交演义·新中国时期》,世界知识出版社1996年版)

以下是对案例一中周恩来总理谈判技巧运用的分析:

案例一:在日内瓦会议上,美国代表纠集"联合国军"的国家抛出"十六国宣言",妄图在没有任何协议的情况下结束会议。在这一关键时刻,周恩来当机立断,提出"两句话协议",诚恳朴实,合情合理,又义正词严。这里的谈判技巧,一是突破思维定式,步骤显然出乎对方预料,使之陷于被动。紧接着比利时代表斯巴克、苏联外长莫洛托夫都表示赞同。二是化被动为主动,这一来对方阵脚大乱。美国代表声称在请示政府以前不准备发表意见不参加表决,这样就使美国在和谈中的形象一落千丈,承担了和谈失败的责任,同时也大大提升了中国的国际形象,一举两得。

参照上述分析,你能试着分析案例二中周恩来总理谈判技巧是如何运用的吗?

二、牛刀小试:危机时刻的谈判

假如有这么一种情景:

今天晚上,学校的各个社团有一场汇报演出,你的话剧社团在下午排演时突然发现腰麦话筒坏了两个。时间紧迫,你必须向其他社团租借,而别的社团可能并不情愿。

红色经典
中国革命传统作品学习

原因可能有三个:一是你们是竞争关系;二是时间上若有冲突会影响其他社团的表现;三是别的社团也是租借来的。

那么你此时准备如何去谈判,化解社团危机呢?

在你出发前去谈判之前,如果能够重温以下关于谈判的知识,也许会助你胜券在握。

1. 明晰谈判的步骤:确定目标——事先想好如何做出让步——从共同点入手——探索表面下的真相——拓宽衡量标准——获得双赢。

2. 注意谈判的忌讳和策略:一忌仓促做出反应,二忌给对方主观定位,三忌主观臆断等;讲究突破思维定式策略、谦逊温和策略、整合动机双赢策略、坚守底线策略、旁观者视角策略等。

3. 谈判中融合对方的风格和掌握自己的风格,比如谈判的简洁风格、乐观风格、平等风格、合作风格等。

推荐阅读赫布·科恩《谈判无处不在》《谈判就这么简单》等。

新课标　新语　新学习

我学我秀

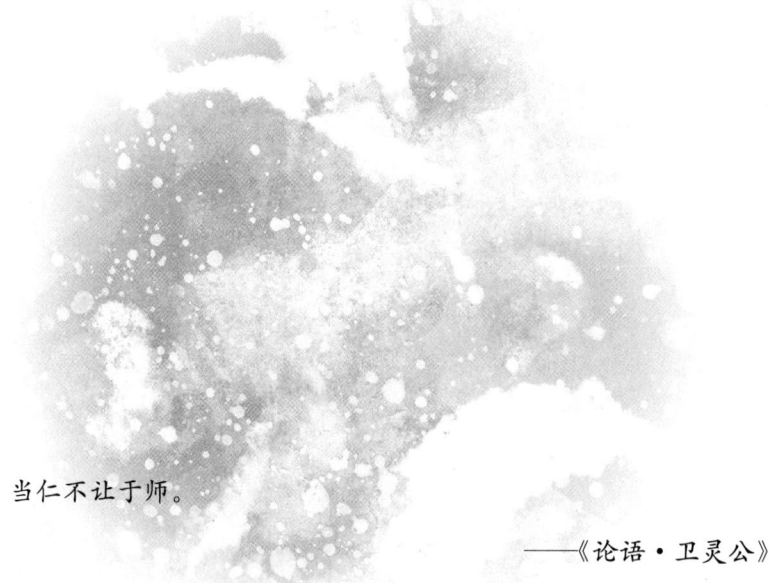

当仁不让于师。

——《论语·卫灵公》

在本次学习之旅即将结束之时,我们为你送上两份礼物:"展览平台"收录的是你的同龄人在旅程中的成果,我们希望这些成果给你借鉴,予你鼓励,期待看到属于你的独一无二的作品;"自我评估"则是一份综合测试题,当然它不是日常考试的模样,我们希望给你的是一种更友好、更灵活的面孔,你可以借此评估自己的学习收获。

所有的相遇都指向分离,但学习不是。你读过的这些文章、思考过的这些问题,以及写过的这些文字都化成了你的一部分,跟随你,永不分离。

 **展览平台**

对于中国革命传统作品的研习或专题研讨,不仅仅止于阅读、讨论和对话,也许,在此基础上有感而发的书面写作才是对研习或专题研讨更深刻的回应。以下这些文字都是你的同龄人在参与中国革命传统作品研习或专题研讨之后写下的感言,见证了他们心灵成长的真实历程。

勿忘国耻,铭记历史

罗佳丽

看见一份十大最雷抗日神剧榜单,发现有好几部都是年纪稍小的时候和爸妈一起看过,甚至还看得津津有味,每天准点追剧。当然,那时的我非常佩服那些飞檐走壁、枪法一级准、干净利落地打退一群鬼子的抗日英雄,觉得他们比邱少云、刘胡兰、狼牙山五壮士厉害多了。后者没能逃开敌人的杀害,前者却如超人一般永远可以化险为夷。于是在很长的一段时间里,我印象中的抗日就是剧里演的那样,中国人神乎其技地、轻易地解决掉日本侵略者,迎来胜利。虽然也质疑过,既然如此,抗日为什么需要14年呢?

这样的印象一直持续到初二。学校组织观看《百团大战》后要求我们写一篇读后感。以前没有阅读过多少关于抗战的书籍,抗日剧中也都是些土匪、翩翩公子、武功高手的故事,鲜少提及百团大战。为了完成读后感,我在网上查找有关资料。在一片歌颂百团大战功绩的文章里,我发现了另一种声音。"百团大战中八路军阵亡官兵约6 000人,伤11 700人,中毒21 182人,失踪约1 000人,合计约40 000人。含八路主力及晋察冀军区地方部队,不含其他地方部队及民兵。日军死亡2 010人,伤3 359人,失踪795人,合计6 164人。主要是和八路军作战的伤亡。"40 000?6 164?怎么会呢?中国抗日军队是所向披靡的呀!农民能打鬼子,尼姑和尚能打鬼子,就连小孩子都能拿弹弓把鬼子打得闻风丧胆,遑论军队?可伤亡人数怎么会差这么多呢?影片里是有牺牲,可日军也死伤惨重,跟我军差不多啊。怎么会这样呢?我想不出答案,便默默关掉网页。

在那之后,我开始留意有关抗日的资料。看着中方和日方的伤亡比触目惊心的差距,我的心里是无尽的愤怒。并不是因被欺骗而感到不满,而是恨那些导演编剧对历史的亵渎。

杨靖宇将军在冰天雪地、弹尽粮绝的情况下孤身一人与大量日军周旋战斗几昼夜的故事为什么不演?面对劝降的老百姓,他哑着嗓子说:"老乡,我们都投降了,中国还在吗?"为什么不演?淞沪会战那么多年轻将士前仆后继为什么没人演?那些投笔从戎的年轻人被问及战后打算做什么的时候笑着说:"到时候我应该已经死了,在这场战争中,军人大概都要死的。"为什么不演?为什么要用"裤裆藏雷""女尼抗日"的低俗剧情误导尚未了解历史的孩子们,让不明真相的成年人也陷入愚昧和浅俗的民族仇恨中?

还是有一部分有良心、有艺德的人,满怀敬意地还原那些真正的抗日英雄的事迹,可他们的努力,被满屏的抗日神剧所掩盖。人们怎么会爱看中国人饿着肚子、赤着满是疮口的脚、拿着蹩脚武器跟日军周旋、在重重包围里东躲西藏的故事呢?观众们抱着一种天朝上邦的优越感,不愿相信自己的祖先被区区小国逼至艰难境地。可事实就是如此,中国人就是走过绝望的泥潭,灰头土脸地,拿鲜血与头颅熬到了胜利的那一天。我们的确打过很多败仗,但我们从来没有想过投降,从来没有甘愿做亡国奴。这种不屈不挠的民族魂是真正需要歌颂的。

现在我对苦苦周旋的杨靖宇将军满怀敬意,对拿着最差的武器仍战斗在敌人后方的八路军满怀敬意,对失了上海失了武汉仍在重庆誓死抵抗的国军满怀敬意。可是对于那些手榴弹炸飞机、手撕鬼子的英雄,我只想报以不屑的冷笑。他们把侵略者弱智化,也让抗日英雄成了跳梁小丑。可是已经有太多人对真正的历史一无所知。那些良心导演呼吁人们正视历史、勿忘国耻的肺腑之言,淹没在人们献给飞檐走壁的抗日奇侠的拍手叫好声中。

真正的死亡是被遗忘,如果我们忘记了抗日神剧背后的那段血泪史,我们的先辈就被我们亲手杀死在历史的长河边。

民族的优越感是应该有的,但不该以如此蹩脚的方式表现。斧头劈开的天地中间,那炮火纷飞的年岁里,多的是不愿做奴隶的人。正如鲁迅先生所言:"要论中国人,必须不被搽在表面的自欺欺人的脂粉所诓骗,却看看他的筋骨和脊梁。自信力的有无,要自己去看地底下。"筋骨与脊梁,这是这个民族不可亵渎的。该讴歌的是英勇赴死的英雄,而不是乌合之众抗日的儿戏。

勿忘国耻，铭记历史。抗日神剧只是对那段历史的亵渎，对抗日烈士的抹黑。它并未让人们记得国耻，相反，它成了遭到日本网友嘲讽、否认大屠杀的耻辱。

愿此后的影视人能彻底摆脱这股抗日儿戏化的潮流。愿教科书编纂者能明明白白地告诉学生们，我们打过凄惨的败仗，但即使是赴死，将士们也都挺直了脊梁。愿所有少年人都能记得真正的历史，不负先驱者的英灵。

渐行渐远的回忆

方 帆

前几天在网上冲浪。形形色色的花边新闻铺天盖地地向我袭来，不是这个明星怎么了，就是那个明星怎么了。

莫名感觉到一丝无力感。

虽说现在生活在信息时代，每天都要被灌输着碎片式的各种新闻。或许早已习惯这种生活模式，习惯一睁开眼就能知天下事，习惯在家里"运筹帷幄"。

可放下手机，那种无力感又再次袭来。

把网页拉到最低，才只能在小角落里看到又一位将军逝世了。点进去却发现里面除了一则简短的报道，便空无一物。

这个时代怎么了？

不由得想起电视上最近传阅度很广的抗日神剧。这种剧总结就一个字——雷。手撕鬼子、手榴炸飞机等把戏应有尽有。有网友戏称"这是在挑战观众的智商"。我看了之后，却感到深深的悲哀。

娱乐至上的今天，有太多东西被娱乐化。毕竟市场也在向年轻化发展，做任何行业的人都要迎合市场的口味，否则就会被淘汰。可是年轻化的发展就会带来这样的结果吗？

答案肯定不是的。

这些电视剧消费着屈辱的历史，披着历史的外衣，里面却是空泛的玛丽苏剧情。他们不仅是对观众智商的挑战，还是对国家荣辱的挑战！

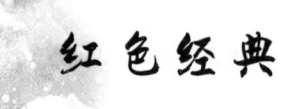

有人说:无法正视历史的原因就是因为惧怕。是啊,人们惧怕太久了。从英国滚滚的鸦片,到日寇的正面侵略,人们已经惧怕太久了,从清朝的"天朝自居"的美梦中惊醒,陷入无边的黑暗里。

所以才会有如此蔑视历史的剧作。如果真如电视上所演的话,又何须有那么多年的抗战呢,中华民族的道路又怎会那么曲折呢?

或许这就是根源所在,对娱乐、市场的追求,对自身的不自信,以及对中国文化的蔑视。

我们没有经历那段惊心动魄的时期,无法真正感受到那段时期的劫难,可是我们可以好好保留那段历史,用它反复勉励自己,警示自己。如果那段回忆都被人遗忘,那还有什么是值得我们正视的!

现在有很多人都曾坦言不喜欢战争剧,这无可厚非;有些战争剧添加了更现代的元素,这也无可厚非,毕竟时代不同,有些东西是要随着时代而改变的,可是核心的东西是变不了的,它是民族的支柱、民族的魂。

关掉了电视,关掉了电脑,我轻轻地叹了口气。不过,我依然期待着,那段或慷慨或激昂或悲壮的记忆能被人从历史风尘中刷洗出来,依然真实地站在我们面前。

此举若败

朱欣瑜

辛未三月廿六夜四鼓,距黄花岗起义还余三日,辗转反侧,他起身,写下两封诀别书,一封予父,一封予妻;予父短,予妻长。他心里百转千回泪珠与笔墨齐淌,他写道:"吾至爱汝,即此爱汝一念,使吾勇于就死也。"

"我非常爱你,因为爱你,使我有了面对死亡的勇气。"这是演员赵立新在《见字如面》节目中将《与妻书》翻译过来的文字,在这封20世纪最感人的情书中,林觉民写道,"吾诚愿与汝相守以死",却又"残忍"地写"此吾所以敢率性就死不顾汝也"。他总是想看是否还有什么没有为她做,他太爱她了,作为一位从小接受西方科学思想的七尺男儿,他写下"吾平日不信有鬼,今则又望其真有,今世人又言心电感应有道,吾亦望其言是实",只望他的意映"不必以无侣悲"。他太爱她了,她曾对他说她一定要先他而死,让他来承受失她之痛,但不能了,他今要先她而走了。"汝幸而偶我,又何不幸而生今日之中国!吾幸而得汝,又何不幸而生今日之中国!"

今日之中国,是怎样的中国?1901年《辛丑条约》签订,清政府完全成为帝国主义统治中国的工具。天色是昏暗的,但在昏暗中能依稀辨认出几盏灯火。1905年,中国近代第一个资产阶级革命政党——中国同盟会在日本东京成立。1907年,林觉民从全闽大学堂毕业,前往日本留学,加入了同盟会。林觉民已从那在1900年科举考试中不羁写下"少年不望万户侯"的狂放少年成长为一个"以天下为己任"的革命者。他深刻地认识到"吾辈处今日之中国,国中无时无刻不可以死",于是他前往香港,准备革命。

万事俱备,却发现革命党人中有内奸!起义不得不提前进行。在起义的鼓动大会上,他高声呐喊:"此举若败,死者必多,定能感动同胞……故谓吾辈死而同胞尚不醒者,吾绝不信也。"男子汉大丈夫,正值青春,载着他们的思国之情爱民之心,用生命反抗着这黑暗的世界。"吾诚愿与汝相守以死",但吾心充满对天下人不当死而死、不愿离而离之情状的同情和悲悯。这种感情激他前行。四月二十七日,革命党人持着简陋武器冲进广州总督署,却发现这是一场空城计,仓皇后撤,被逼巷战。之后被捕,审问,赴刑场。他带着一种"莫问前程"的孤勇,带着对家人的眷恋和对世人的关怀,慷慨赴死,牺牲后被葬于广州黄花岗荒丘。

今日来到黄花岗,仰头即见纪念碑上高耸的自由女神像,走进便辨清纪念碑上刻着的牺牲者的姓名。园中拥有的是苍凉而并不沉寂的气息,唱响的是壮丽而并不悲戚的颂歌。今日的我们,何幸未生于那日之中国!

愿吾辈,也自当为国为民效力。

风　骨

李诗婷

刘勰在《文心雕龙》中谈到风骨:"是以怊怅述情,必始乎风;沉吟铺辞,莫先于骨。故辞之待骨,如体之树骸;情之含风,犹形之包气。结言端直,则文骨成焉;意气骏爽,则文风清焉。"

那让我想到魏晋名士,他们轻裘缓带,闲适自如的模样;让我想到建安七子,文采斐然,慷慨激昂;可当我走进鲁迅先生的故事中时,我第一次发现,风骨竟也可以形容先生这般严肃而热血的文学家、革命家。

一年夏天,我前往绍兴古城,直奔鲁迅故居。在燥热的夏天,穿过那条弥漫着臭豆腐香气的巷子,人群熙熙攘攘,可当我仰头目视着那块老旧的牌匾时,周围的喧嚣都不复存在,我似乎站在时间的另一头,看见身穿长袍马褂的人们行色匆匆,一下子按捺不住想要流泪的欲望。

黑色的大字刚劲有力,一笔一画书写着"三味书屋",先生出生在名门望族,曾经也有过小少爷般无忧无虑的生活,白日在私塾学习,和教书先生对对子,回家便在百草园玩耍,品尝桑葚,拔何首乌,捉蟋蟀,想起长妈妈讲的美女蛇的故事。可谁曾想,一夕之间,家道中落,父亲病重,十几岁的孩子被迫过早地体会世间冷暖,当铺与药房成了他成日奔波的地方。长大后,他只身前往日本学医,最终为了救国救民而毅然回国,投身于革命事业,辗转于北京、广州、上海等地,未曾有一刻动摇过自己的本心。

空气厚重,历经岁月早已蒙尘的老旧牌匾只是静静地看着我,沉默内敛,我的血液却是回环激荡,有种喷薄而出的力量,在这时候,想起了先生的杂文。

"我早就很希望中国的青年站出来,对于中国的社会、文明,都毫无忌惮地加以批评。"先生在《华盖集·题记》中如是说。在时局动荡、人人自危的年代,先生仍忧心着国家的命运与未来。"中国的文明者,其实不过是安排给阔人享用的人肉的筵宴。所谓中国者,其实不过是安排这人肉的筵宴的厨房。"《灯下漫谈》一文中,先生用犀利的笔法告诉世人,中国人的奴性是由封建纲常所导致的,要想改变,就必须破除这陈规陋习。"时间永是流驶,街市依旧太平,有限的几个生命,在中国是不算什么的,至多,不过供无恶意的闲人以饭后的谈资,或者给有恶意的闲人作'流言'的种子。"在"三·一八"惨案发生以后,先生写下《记念刘和珍君》,呜呼,中国的女性是那样的从容,而统治者又是这样残暴卑劣。

挺立的头发,隶书"一"字的胡须,形容消瘦,眼睛却炯炯有神。自从他弃医从文,拿起那支笔,那便是他战斗的武器,批判封建礼教,鼓励青年人,支持变革,先生的一生是全然献给革命事业的,他的灵魂厚重而粗粝。

正如先生自己所说的那样:"苟活者在淡红的血色中,会依稀看见微茫的希望;真的猛士,将更奋然而前行。"他便是猛士,在国家危难之际,站出来唤醒人们沉睡的灵魂。这便是风骨,不同于魏晋名士建安七子的风骨,那是正气凛然的指引人向前的风骨。

"横眉冷对千夫指,俯首甘为孺子牛。"

老旧的牌匾前,我再也按捺不住,流下眼泪。

寂寞高丘

徐思音

走进鲁迅笔下风情园,见到的是青瓦粉墙。砖瓦与廊木自然结合,我不觉柔情,反品出几分坚定与壮丽。"绍俗祝福"堂里,窗墙版画,面对正红"南朝圣众"祭位,突然肃然,想起祥林嫂死于怀悼之夜,一阵阵的哀绪涌来。

"喜剧将那无价值的撕破给人看。"先生,抗世者也,超人者也。

世人大都只见皮相,不见骨相。人类总有一种理想,一种希望。虽然高下不同,总得有个意义。革命,守夜,寻人性,便是先生一生的执着追求。他曾发愿:要人类都受正当的幸福。君子行义,知其不可而为之。

他经历了辛亥革命,二次革命。手中的笔就是他的匕首,他呼唤革命,又对革命持怀疑态度。老子宽容求隐,孔子世无道则隐,他却无法在一个充满不公的世界里,不争不抢,最后任人鱼肉。先生不是一个好好先生,时刻批判现实,甚至有时无比泼辣偏激。我们却不得不承认,正是因为先生的不屈从,才让我们看到那些官僚主义丑恶的嘴脸,才让我们更加敬重先生——一个革命精神领袖,在黑夜里点起长明灯的燃灯者。

三味书屋是游客去绍兴鲁迅故居必访的景点。我自然不能免俗,屋内陈设依旧,没有文文弱弱的书生气息,我总认为先生是坚毅的,连学习的地方也是简单而磊落的。先生少年时代在这里写作,抨击当时中国社会的黑暗。先生写作生动,泼辣,有益。我读的第一本先生的作品是《伤逝》,在那之前我对先生文字的印象只是言语艰涩难懂。读后我突然发现先生并不刻板单薄,文章里反而是浓浓的人情味。

后来我年龄稍长,开始读先生杂文,此后写作风格也下意识地模仿起了先生。人都说鲁迅先生的杂文晦涩,读起来很费劲。诚然,若不是对当时的时代背景有深刻的了解,若没有先生的凛然正气,是断断感受不到其中的斗志与激情的。

红色经典
中国革命传统作品学习

我最爱的还是那篇《关于〈子见南子〉》。"艺术是人生的表现,作者在表演人生,观者看了以后,各随其能感的程度,而有所见于人生。"先生认为,艺术与人生不必一定在孔教的范畴内。这在当时是对"复孔风"的一种批评。我佩服先生对艺术人生的理解,更惊叹于他的胆识。苛求君子宽纵小人,自以为明察秋毫,而实则反助小人张目。

他在遗嘱中写道:"损着别人的牙眼,却反对报复,主张宽容的人,万勿和他接近。"还补充说,"记得在发热时,又曾想到欧洲人临死时,往往有一种仪式,是请别人宽恕,自己也宽恕了别人。我的怨敌可谓多矣,倘有新式的人问起我来,怎么回答呢?我想了一想,决定的是:让他们怨恨去,我也一个都不宽恕"。先生以直报怨,从不掩饰自己的愤懑。所谓正人君子,不过如此而已矣。

先生一生站在高丘上,守得住寂寞耐得住萧条。

峥嵘岁月稠

毛玥人

"横空出世,莽昆仑,阅尽人间春色,飞起玉龙三百万,搅得周天寒彻。"昆仑山头,词人举起手中的笔,在这首叹革命的《念奴娇·昆仑》上添了个句号,他是毛泽东,在那个红军长征未了、抗日枪声打响的时刻,他想到了人民,心如冰山。

有人说盛世奇雄,自古以来仅润之一人而已。无数的人赞颂过毛泽东的伟大,在军事指挥上他有自己的"密招"。想当年遵义会议上,他只身一人,面对左倾教条主义,他毫不畏惧,站起来,号召推翻"左倾",为日后红军长征成功会师奠定了基础。在全中国最危难的时刻,他站出来,在这片九州黄土地上呐喊:"打倒日本帝国主义!打倒日本帝国主义!"他是有血有肉的男儿,在他身上是与战友并肩作战的满腔热血,是敌后战场的指挥若定。他做事猛、快、准,骨子里透着我们民族刚强的意志、不畏艰险的勇气。

有人说他是豪情之下的书生,是乱世之中的多情者。毛泽东用情至深处,是对家人,对苍生。他的生命里有一个影响他一生的人,便是他的妻子,杨开慧,就是这位伟大的女性,鼓励毛泽东走出昔日的小山村,发动号召,组织人民,建军。毛泽东对杨开慧有不一样的情怀,以至在杨开慧牺牲之时,他痛心写予友人如此一番话:"我失骄杨君失柳,杨柳轻飏直上重霄九。"

当抗战枪声打响的时刻,他看到的是生灵涂炭,是苍生。我们都没有经历过战争,也体会不到哀鸿遍野之时,到底是多么绝望和无助。但毛泽东并没有深陷痛苦之中,提出了"坚决抗战,一致对日",指导八路军开赴抗日前线,他面对敌人不屈服,他是民族的魂,是指引全民族的那盏瞭望塔上的明灯。

一段红色岁月,毛泽东走过,一路坎坷。枪林弹雨,埋没多少壮士的尸骨,唯天地知晓!在那血腥的时代,支持我们民族的红色精神像梁柱一般鼎立不倒。没有一个人不希望过上美好朴质的生活,又有多少人渴望在那个年代做个闲看云起云飞之人,可是我们有着振兴中华的重担,我们要获得民族的独立和尊严。

忆,往昔峥嵘岁月稠,是腥风血雨,可如今终究都是过眼云烟。昆仑山头,毛泽东再次回到了这个地方,在他眼前的不再是一片狼藉,九州土地一派平和。曾经不寻常的日子太多,这道红色的印记深深烙在他的心口,看向那遥远的天边,东方既白,红日将会为下一刻的中国冉冉升起。

诗即人生
——读毛泽东诗歌有感

许康瑞

提起毛泽东,许多人脑海中浮现出来的往往是这样的一幕:

1949年10月1日,我们伟大的人民领袖站在天安门城楼上,广场上彩旗招展,欢声雷动,54门礼炮齐鸣28响,在这个庄严的时刻,毛主席,用他那地道的湖南口音向全世界宣告:"今天,中华人民共和国成立了!"

毛泽东浮现在我们这一代人的眼中,往往都是一位红色革命领袖的形象,他以高瞻远瞩的战略眼光和无与伦比的军事才能,带领着中国共产党一次次走出险境,开辟井冈山革命根据地,而后经历遵义会议、长征、渡江战役,完成了新民主主义革命,开辟了中国历史的新纪元。

他还是一位伟大的诗人。

郭沫若曾在《满江红·读毛主席诗词》中写道:"经纶外,诗词余事,泰山北斗。"毛主席的诗词不仅堪称诗词中的泰山北斗,还反映着中国革命的光辉历程,深深扎根于20世纪初的红色战斗土壤之中。

毛泽东的诗词许多并不拘泥于格律，却常透着一股妙手偶得的自然之气，细细品味，能够窥见毛泽东恍若江河湖海浩瀚的胸襟与更胜苏轼豁达开朗的性情。当然这些诗词并非轻易造就，倘若没有伟人的红色革命历程与超脱常人的抒情诗人气质，是无法写出"山下山下，风卷红旗如画"这般激情澎湃的诗篇的。因此，想要欣赏毛泽东的"泰山北斗"，就必须从他的红色革命人生之中探寻那隐藏在星星之火中的燎原之势：

1928年秋，当国民党以十倍于红军的兵力包围井冈山时，毛泽东却"敌军围困万千重，我自岿然不动"。用词朴素，却精练地体现了无比坚定的革命信念与高度的乐观革命精神，可谓"湖海荡波澜，全无斧凿痕"。当毛泽东在雪中行军之时，越过武夷山，留下了"命令昨颁，十万工农下吉安"的震古烁今的奇句，以"工农"入词，怕是"前无古人，后无来者"的杰作，而这种宏伟壮观的"十万工农"，倘若不是那提出"农村包围城市，武装夺取政权"的深谙工农力量的毛主席，还有谁能写出如此横绝六合、扫空万古的诗篇。

即使当中国革命遇到了严重的挫折时，毛泽东仍然能以豁达豪迈的英雄气概来咏叹一曲英雄史诗。毛泽东曾说过："长征是中国历史上的第一次，长征是宣言书，长征是宣传队，长征是播种机。"当红军突破岷山天险腊子口，占领通渭时，他咏叹道："红军不怕远征难，万水千山只等闲……更喜岷山千里雪，三军过后尽开颜。"这是一首不朽的革命史诗，囊括宇内，包容古今，深刻地反映了毛泽东的浪漫主义诗人风采。看那，那绵延不断的五岭不过是腾跃的小细浪，那遮天蔽日的乌蒙山亦不过是一颗小小的泥丸，万水千山在红军眼前，何"难"之有？毛泽东用他那高度的革命浪漫主义色彩将长征描绘得如此动人，巧渡金沙江，飞夺泸定桥，如此惊心动魄、惊天动地的长征壮举，在八十多年后的今天，留下的却是"三军过后尽开颜"。红军战士爬雪山过草地，历经千难万险，在战略转移成功后，露出了会心的笑容。从中，我们仿佛能透过纸张的厚度，穿越历史的诗篇，听到那自九天而上、贯穿天地的胜利笑声，酣畅饱满，淋漓尽致。毛泽东独步天下的浪漫主义色彩从中也可见一斑了。

1871年巴黎革命工人创立了"巴黎公社"，1917年，布尔什维克攻下了彼得堡的冬宫。1949年的4月，在遥远的东方，毛泽东率领人民解放军，百万雄师过大江，红旗插在了南京总统府的顶端。那面散发着革命情怀的红旗，在总统府的顶上猎猎生风。毛主席于百忙之中满怀豪情地赋诗:"天若有情天亦老,人间正道是沧桑。"毛泽东的这首《人民解放军占领南京》一气呵成,掷地有声,全然透露出了一代伟人的壮阔诗情与超人一等的大家风范。

诗歌的创作,往往都是"应物斯感,感物成吟",总是"在心为志,发言为诗"。毛泽东的红色诗词创作,可以说是他的高度革命浪漫主义所催生的结果,也可以说是他豁达开朗的性情所致,同样也能说是他深受中国古典文学与马克思列宁主义的双重影响下的创作。但是究根溯源,那隐藏在"恰同学少年,风华正茂"的豪情,"同心干,不周山下红旗乱"的激情,"今日长缨在手,何日缚住苍龙"的壮志,"安得倚天抽宝剑,把汝裁为三截"的霸气,"数风流人物,还看今朝"的自信,"一唱雄鸡天下白"的传奇,"萧瑟秋风今又是,换了人间"的诗情,永远都离不开毛泽东脚下的土地,他人生中迈出的一步步脚印,那是在武夷山、在岷山、在乌蒙山脉上的壮阔脚步,那是在金沙江、在泸定河、在北戴河的涉水之迹,更是人生中的每一场战斗,每一次起义,每一次革命。

从毛泽东的革命人生中细细探寻,你才能窥见他那红色诗词背后的故事,以及那些旷世之作的真正来源。文学来自生活,艺术来自生活,没有那红色革命的经历与领袖般浪漫主义诗情,如何能为后人留下这般震古烁今的名篇?

真实的英雄

梁颖瑜

近年来,抗日神剧频现,雷人的台词、剧情,引来大批观众吐槽。包子炸弹,手撕鬼子,八百里神枪手,还有那句经典的"同志们,再坚持一下,八年抗战还有一年就要结束了!"怕不是穿越剧吧……

早期的红色电影、话剧、小说中,好人就是好人,就是光芒万丈、自带 Buff、人人敬仰的大英雄,不怕苦不怕累不怕牺牲,集所有优秀品质于一身。如《红岩》里那个高大完美的共产党人许云峰,其原型为中共重庆市委委员兼工运书记许建业。许建业面对严刑拷打,高官厚禄,丝毫不为所动,忠贞不屈,从容就义的英雄事迹固然感人,但考虑到许建业的过失,作者对这个人物作了较大的虚构,把其他烈士的英勇事迹移植到了他身上。其实,有过失的英雄,依旧是英雄,反而那些过度拔高和有意识神化的英雄形象,让人感觉

红色经典
中国革命传统作品学习

并不那么真实。

而坏蛋就是坏蛋,就是形态丑化、十恶不赦。抗日剧里中国人扮演的日本鬼子,不仅嘴脸丑恶,而且烧杀抢掠,无恶不作,比如面对漂亮的女子,都清一色表现为露出淫恶的目光,小丑似的喊着:"花姑娘!"但在三浦研一——一位演了20年日本鬼子的老戏骨眼中,日本军官不是这样的。他的演绎是这样的:轻抿一口茶,礼貌地打量着姑娘,笑道:"姑娘,今天打扮得挺漂亮的。过来,跟我一起喝茶吧。"见对方怯怯的样子,迟迟不过来,不恼怒,不强求,问道:"怎么,你害怕我吗?不用怕,过来。"教科书式的演技,符合日本人斗而不破的性格,和和气气的样子,貌似一位绅士,可谁又会想到,这样一位"绅士",内心扭曲而又疯狂。这样阴晴不定的面孔,多面化的性格,反而使人物形象更加饱满,也使观众更切身感受到他的可怕。

新中国成立初期,群众的文化教育水平普遍不高,缺乏对作品的鉴赏能力,只能浅层次区分正反人物。这就导致那个时代的作品中,英雄人物形象大多高、大、全,反而缺失了真实感。

1970年的歌舞剧《红色娘子军》,讲述了从恶霸南霸天府中逃出来的丫鬟琼花,在红军党代表洪常青的帮助下,从一名苦大仇深的农村姑娘,逐渐转变成一名有着坚定的共产主义信念的娘子军的过程。眼睛是心灵的窗户,在表演中,演员的许多内心情感都可以从双眼中传达。琼花的眼,自始至终清澈明亮,炯炯有神,在被铁链捆住,严刑拷打,受尽欺辱时,眉梢上扬,眼中透出一股狠劲。这样的表演,放在后期成为娘子军时的琼花身上,是极为合理的。可是若是出现在一个丫鬟身上,就是极大的纰缪。早期的表演形式,在现在的我们看来,慷慨激昂,反倒过于浮夸。一个丫鬟,应该是以唯唯诺诺、低眉顺眼的形象。

这一点,在今年贺岁档电影《战狼2》中,由张翰饰演的富二代卓亦凡身上,可以看到一个"涉世未深的熊孩子"的蜕变。从一开始自信满满、炫耀着武器装备到真正被卷入战火腿上染上鲜血、吓得半死以为腿断了的怂包,到后来拿起枪与敌人战斗的血性男儿。"你妈没告诉你不要欺负熊孩子吗!"杀死敌人之后,还不忘来这一句,这样的反差萌,让观众们忍俊不禁。他是个英雄,也是个孩子。这个角色,也让他的扮演者张翰从"塘主"华丽蜕变硬汉,为他的演艺生涯,拓出了崭新的道路。一个人的形象是多面化,立体的,人,是复杂而不是简单的。一开始卓亦凡只是个军事迷,从未经历过枪林弹雨。张翰反复揣摩,在卓亦凡第一次上阵时,拿枪的手抖得不停。只有细心揣摩角色心理,塑造他的每一面,才会使角色生动起来,有血有肉。

老戏骨陈道明主演的电影《我的1919》,讲述了巴黎和会外交才子顾维钧的故事。其中,一组作为中国代表的顾维钧在巴黎和会上看着一纸写满屈辱的和约拒绝签字的镜头,让我为陈道明的演技深深折服。当得知和会判决结果后,顾维钧脚步沉重地走上演说台,"尊敬的主席阁下,尊敬的各位代表"。冷静,十分的冷静,他保持了作为一个外交官基本的风度和礼貌。"我",他茫然地看着四周,"我……"叹了口气,无奈地低下头。弱国无外交,作为一个中国人,面对任人宰割的国家,他痛心。忽而,他又眼睛明亮有神,仿佛能看透眼前这些人的心,洞察各国代表虚伪面具下各种丑陋的目的。"我很失望!最高委员会无视中国的存在,出卖了作为战胜国的中国。""我很愤怒!"掷地有声,"你们凭什么,凭什么把中国的山东省,送给日本人!"陈道明对人物感情的倾注,层层深入,步步渲染,我们能看到顾维钧波澜不惊,又能感受到水面下的波涛汹涌、平静下的愤怒。"我想问问,这样一份丧权辱国的条约,谁能接受?"他从容地盖上和约,"所以,我们拒绝签字。请你们记住,请你们记住!"他清脆的声音,撼动在座各个代表的神经:"中国人,永远不会忘记,这沉痛的一天。"

这段表演,我认为更多的是塑造人物的内心,无奈,愤怒,耻辱,不屈。十分考验演员的台词功底,"谁能接受?"这四个字,让观众深切感受到一个爱国人士面对帝国主义强权政治的严正抗争和对祖国命运被人摆布的深切痛心。

顾维钧是外交才子,会场上风度翩翩,或慷慨激昂。在英雄人物的塑造上,通过人物的光辉事迹能凸显个人的伟大,但一个人终究离不开日常生活,从生活中的小事着手,可更丰富细腻人物的感情,使人物形象更接地气。

周恩来是中华人民共和国第一任总理,从小有"为中华之崛起而读书"的伟大抱负,为革命鞠躬尽瘁死而后已,新中国成立后在努力进行同他国的外交,并于日内瓦会议、万隆会议大放异彩。这样一个高大到让人仰望的形象,在电视剧《海棠依旧》中却用更多的镜头,去表现他的日常生活。

《海棠依旧》改编自周恩来的侄女周秉德著《我的伯父周恩来》,周秉德自幼在周恩来

身边长大，书中讲述了许多周秉德目睹、聆听的关于周恩来鲜为人知、感人肺腑的故事。从常人的角度看周恩来，看到的是周恩来一生以"中华之崛起"为己任，看到的是周恩来为中华民族"鞠躬尽瘁、死而后已"，看到的是周恩来崇高而又伟大的"无我"精神；从家人的视角再看周恩来，会发现他平易近人，会感知到他高尚的人格魅力。

画面定格在周恩来和邓颖超看花的背影，一树树海棠红得绚烂，那一刻，岁月静好。"海棠花好，看得人心里温暖，它古朴大方，不张扬，又不失艳丽。"这是周恩来对海棠的评价，也是他个人的真实写照。

许多国共内战剧，蒋介石为代表的国民党，以发动内战、残害同胞的单一反派形象出现。但在《建军大业》里，蒋介石得知宋美龄喜欢法国梧桐，就命人在南京城种满了梧桐，作为送给美龄小姐的礼物。无论多冷酷无情、铁石心肠的人，总有一处柔软让他心甘情愿去守护。

伟大的人物之所以伟大，英雄之所以被称作英雄，他身上定有常人没有的品质，但英雄也是人，是人也就同样有人之常情。唯有建立在人之常情基础上塑造的英雄形象才会更真实地扎根于我们的内心。

新论英雄

施挺挺

战争的号角，吹响。英雄的旗帜，升起。

"乱世出英雄"，或许是英雄冒出的特定历史背景，战争打破的宁静就像紫外线刺穿稚嫩的皮肤，病毒在躯体毒蛇般嚼碎后剩下的满目疮痍。在这样环境的神助攻下，英雄就被当作救世主的存在。"生的伟大，死的光荣"，这无疑是主流意识形态下推崇的理想人物。

"在刑场上同志们一个个牺牲在敌人的铡刀下，只剩下刘胡兰一个人，这时的刘胡兰眼睛里冒着怒火，毫不畏惧，她斩钉截铁地说：'怕死就不当共产党员！'愤怒的群众再次向刑场涌来，敌人的机关枪向几百名手无寸铁的乡亲们瞄准，这时刘胡兰大义凛然地大声呵斥敌人：'住手！要死，让我一个人死，不许伤害群众。'"

所谓英雄者，敢为人之所不敢为，敢当人之所不敢当。所谓英雄者，挽狂澜于既倒，扶大厦于将倾。所谓英雄者，坚强刚毅，屡败屡战。如此，方可称为英雄。"粉身碎骨浑不怕"的英雄形象在一代又一代的人心中扎根、生长。一如当初作者笔下的江姐。

随着时代的变化,"英雄"的形象塑造也有了多种可能性,我们对于"英雄"的理解也开始多元。

《集结号》塑造的谷子地并没有像其他国产片中的主角那样在冲锋陷阵中升华激情燃烧的岁月,而是走向了琐碎卑微甚至有点喋喋生厌的寻根生涯。

那未响起的集结的号声,成了他的一块心病。

谷子地的前半生为了什么我无法看穿,但他的后半生为了寻找答案而活着。他后来不高大了,脾气暴躁了,眼睛也坏了,胸怀不宽广了。并不能说这种结局令人沮丧,英雄可能失去了整个世界,但他赢得了自己的灵魂,他对得起自己。因此,他已经超越这个世界所谓的"胜利"。

导演冯小刚认为,怕死是人的本性,没有人愿意打仗,英雄也"怕死",不会主动请战,牺牲时更不会高喊口号挨枪子儿。他眼中的英雄应该是接地气的,是和我们一样的人,而不是只活在用完美的躯壳包装,容不得一点沙子的盒子里。

哈森认为,西方的英雄主义观念是变化、发展的,古希腊时期,英雄介于神和人之间,英雄被神化了。从中世纪和 17 世纪以来,英雄日趋世俗化,他们是一些品格非凡、行为高尚的人物。

也许,越接近真实的人性和生活,反而更彰显英雄的伟大和深沉。

信　仰

张楚晗

四下茫茫。

呼啸的林间寒风忽然接连击在脸颊,耳边只有猎猎风声。北地风急,雪落入眼睛,冻得人睁不开眼。抬手想挡住风,却只是徒劳地震落了一手的积雪。迷茫间出现了第二种声音。那是一声枪响,北风也吹不散的枪声。

林木间不知从哪飞出了一只孤鸟,它掠走得太快,令人疑心只是幻觉。可它分明惊落了一朵积雪,绽开在我的脚边,昭告着鲜活的存在。

一个时代的谢幕,昭示着英雄的退场,那段故事却顽强地拨开历史云雾,抖落一身尘

红色经典
中国革命传统作品学习

埃,它拒绝一切游离,就为了扎根在这片文化土地上,生根,发芽,破土成茂密林木。它要昭告世人,故事永不落幕。

革命样板戏和主旋律电影能够勾起老一辈人对于那个年代的战士的敬意,以及对少年时代意气风发的英雄梦想的回忆。而对于新时代的青少年,它唤醒的是埋藏在心底深处的、一种隐秘的心情。

山还是那座山,雪却早已不是几十年前的那场雪。

几十年前的冬天,雪下得紧,覆满了寂静的东北,将一切生气湮没。而这时的几队人马打破了寒冬的静谧。独立团参谋长少剑波接受任命,剿灭那盘踞山头的、与国民党一同打着反共旗号的一窝土匪。

所谓"时势造英雄",杨子荣临危受命,假扮胡彪,上了威虎山。一声"三爷,我给您送先遣图来了!"便将整座威虎山老谋深算的土匪踩在了脚下。于是有了脍炙人口的"对黑话"这一情节。隔着薄薄的纸张,连空气中的硝烟味都有了形状,那几十把枪正对命门,稍有不慎,便是任务失败,身死寨中。胆气与机变一样少不得。而后与栾平对峙的小高潮,又让人在松了一口气之余惊出一身冷汗。

英雄不是人人都能当的,因为人们大多有接受赞誉的心,却少了承担死亡风险的勇气。所谓置于死地而后生,在一场生死博弈中,先退一步的人必定离失败与死亡更近一步,唯有有勇气直面危险而毫不退缩的人,方能在历史长河中脱颖而出。

而这种勇气往往来自信念的支撑。人在世上,总得有所信仰。我想对于那个年代的英雄而言,信仰可以很简单,小到"共产党"三个字,大到所有人的家国梦想。

几十年前的故事留给今人的,是关于英雄与信仰,也是令人热血沸腾的革命精神。

"无信仰不革命",在这条坎坷路上,也必是这样一份信仰,引领他抛却生死于不顾。无畏山穷水恶,无畏人心阴暗,所到之处便是天光乍破,驱散无尽雾霾。

苟利国家生死以,岂因祸福避趋之!

日 出

叶汶铮

冬天的夜漫无边际,就算黎明也是黑魆魆。看不大清天,只是墨蓝一片,宛若倒翻了墨的画布,森森的阴沉。

凝视着天,我突然想到了那句"趁这夜已快完了,请告诉他们/说他们所等待的就要来了"。八十多年前,他看到的天也是这般模样吗?

艾青的一生充溢着对光明与希望的向往。山河破碎,20世纪的中国文人将他们的命运与国运紧紧联系在一起。他是典型的中国知识分子形象,外表刚强,内心柔软;他也是中国革命路上的行者,任重而道远。

从国民大革命到新民主主义革命,艾青的身影虽然渺小,但从未被遗忘。青年时,他想弃笔从军,考入黄埔军校为国效力;留法后,他又加入中国"左翼"美术家联盟;全面抗战爆发后,他是最早唱出战歌的人。他的革命不是出于生存的无奈,也绝非是"百无一用是书生"的悲凉。他尝试着用他的诗,唤起人们深藏在心的热血,同时也为新民主主义革命胜利的道路增补了几块精神的砖。

许是从小耳濡目染,许是受法国自由思想的影响,艾青身上有着强烈民族主义的色彩。艾青作为革命者,外表坚硬。他绝非圣人,喜怒哀乐都展现了他作为革命者的力量。因为厌恶,他用"×"代替与蒋介石相同的姓;因为痛恨,他在《忏悔吧,周作人》中发出对周作人的猛烈抨击;因为痛心,在感受到抗战爆发后杭州享乐的氛围后,愤而写下"让坚强的,无畏的,新的,在炮火中生长而且存在下去"。

艾青作为诗人,内心柔软。同忧国忧民的杜甫一样,他的诗极大地反映了当时贫苦人民的生活,他的诗句也展现了他以及广大人民的真实感受。《大堰河——我的保姆》是他在狱中对穷困保姆的思念与同情;"雪落在中国的土地上/寒冷封锁着中国啊"是他的悲号;字字直击心扉,回想那个战火纷飞的年代,读来悲凉从心底蔓延开。

艾青是真切感受过黎明前黑暗的人。他见过日军对中华大地疯狂的轰炸,见过垂死的伤兵、逃难的百姓,也同样见过国民党高级官员纵情享乐的场景。但不论如何,他始终没有放弃追逐光明。他的诗中有将黎明的到来与光明送向远方的吹号人,但更多的是"太阳"和"火把"。除了著名的《向太阳》《我爱这土地》外,在他为抗日艺术队所作的队歌中也有所体现。

"永远擎着民族解放的火把……把古老而悲苦的祖国变成自足独立的新中华……"

这是他乃至无数的革命先烈所付出代价也要完成的目标。

红色经典

中国革命传统作品学习

天亮了。一寸一寸的金光从东边升起，像是掀开了一角的幕布。橙红的一轮，是多少人的梦寐以求。有人说，新生太阳的魅力不仅在于照亮大地，还可能照在心里的某个角落。所幸，我们都是见证者。

我听见诗人在远方吟唱着："只有通过漫长的黑夜，才能喷涌出火红的太阳。"

他，见到了他的日出。

我爱阳光

毛佳莹

冬天，时间仿佛也在这寒冷中被冻住了，僵硬地流动着。

借着透过窗帘缝照进的明黄的光线，战栗地拉开帘子，把身子向前倾去，渴求着温暖，融入那阳光中去。一串串光束透过玻璃洒进房间，事物变得柔和起来，我感到一种昂扬向上的活力，驱使着我展开双臂，好似生长出了洁白的羽翼，伸展着，向上。

灰尘在光束下尽数显现出来，那些细小的带着明黄色的小颗粒，随着空气的流动，在光束与光束之间跳着曼妙的舞蹈。

多么暖人心地的阳光！

在这光芒下，捧起一旁的《艾青诗选》，融入那纸页中传达的光明与希望中去。

阳光，充满着积极明媚的色彩，人们赞颂阳光，向往阳光，在光芒的指引下，一步步向前迈进着。

在那段充斥着杀戮与恐惧的年代，艾青的诗好似束束明媚的阳光，拨开灰蒙的阴霾，让处在阴霾下的人们看见希望，让处在惶恐包围下的人们得以喘息，寻着那光明而去，为着那光明而勇敢地奋起反抗。

艾青相信阳光，相信未来，即使是被法租界抓捕入狱的那段时日里，仍未放弃光明与希望。在狱中，他"与绘画绝了缘，就在狱中写诗"，"借诗思考，回忆，控诉，抗议，……"诗成了他的"信念""鼓舞力量""世界观的直率的回声"。

何为信念？信念本就是一种存活于人们心底，无法言说，却深深撼动着人们言行的意向。人们为了心中的信念，可以充满勇气。艾青的诗就是那年代人们心中的信念。艾青把阳光与希望写进诗中，也把光明根植在人们心底，成为一种信念，通过诗歌，艾青铿锵有力地表达了革命一定会成功,光明总有一天会洒满祖国的每一寸土地的信念。

对于这片生长养育他的土地,艾青心中怀有无限深情,"为什么我的眼里常含泪水?因为我对这土地爱得深沉"。他以一颗虔诚的心伏在这片土地上,倾听土地的呼吸与心跳,忧虑着这片土地之上的祖国,守护鼓舞着祖国的人民。

那黑暗的年代已渐渐远去,我们已经看到了艾青笔下那个充满光明与希望的世界,也正是由于有艾青等一些伟大的革命者,为着对祖国的深爱,一腔热血地奉献,迎来了这光明时代。

我的视线移开书页,抬起头来,脸庞融入阳光,泛着金黄。

噢!这暖人心地的阳光,我爱这阳光!

"从远古的墓中,从黑暗的时代,从人类死亡之流的那边,震惊沉睡的山脉,若火轮飞旋于沙丘之上,太阳向我滚来……"

自我评估

"中国革命传统作品研习"和"中国革命传统作品专题研讨"两个任务群的学习已经结束了,相信你一定收获满满,接下来,就通过这份练习来挑战一下自己吧!

本练习总分 200 分。

一、一站到底:博闻强记。(每小题 2 分,总共 40 分)

想必你看过江苏电视台推出的一档节目《一站到底》,也一定被那些选手的博闻强记深深折服,而有时可能也有跃跃欲试的冲动,那么现在就给你一次预演,能在 7 分钟内正确完成以下 20 题吗?计时开始。

1. 水生嫂这个人物出自( )

A.《野火》　　　B.《荷花淀》　　　C.《丰收》　　　D.《芦花荡》

2. 郭沫若的《屈原》写于( )

A. 五四运动时期　　　　　　B. 30 年代初期

C. 抗日战争时期　　　　　　D. 解放战争时期

红色经典
中国革命传统作品学习

3. 似匕首投枪、能以一击致敌于死命,具有这种风格的杂文作家是(   )

   A. 茅盾　　　　B. 周作人　　　　C. 鲁迅　　　　D. 朱自清

4. 著名的延安文艺座谈会召开的时间是(   )

   A. 1940年5月　　　　　　　　B. 1941年5月

   C. 1942年5月　　　　　　　　D. 1943年5月

5. "好一记鞭子"指的是(   )

   A. 三篇杂文　　　　　　　　B. 三篇小说

   C. 三个街头剧　　　　　　　D. 三首枪杆诗

6. 把散文当成诗来写的散文作家是(   )

   A. 秦牧　　　　B. 杨朔　　　　C. 魏巍　　　　D. 周涛

7. "文革"时期影响最大的文学样式是(   )

   A. 小说　　　　B. 革命样板戏　　　　C. 诗歌　　　　D. 散文

8. 散文名篇《长江三日》的作者是(   )

   A. 秦牧　　　　B. 杨朔　　　　C. 碧野　　　　D. 刘白羽

9. 长征期间,毛泽东创作的词作是(   )

   A.《采桑子·重阳》　　　　　B.《沁园春·长沙》

   C.《十六字令》　　　　　　　D.《浣溪沙·和柳亚子先生》

10. 哪一部不是鲁迅先生的杂文集(   )

    A.《热风》　　　B.《南腔北调》　　　C.《横眉集》　　　D.《坟》

11. 艾青的成名作是(   )

    A.《我爱这土地》　　　　　　B.《北方》

    C.《向太阳》　　　　　　　　D.《大堰河——我的保姆》

12. 中华人民共和国国歌《义勇军进行曲》的词作者是(   )

    A. 郭小川　　　B. 田汉　　　C. 郭沫若　　　D. 巴金

13. "纪念鲁迅有感"是下列哪首诗的副标题?(   )

    A.《有的人》　　B.《有赠》　　C.《断章》　　D.《老马》

14. 新时期报告文学中把知识分子作为主人公、叙写数学家陈景润事迹的作品是

( )

  A.《祖国高于一切》   B.《哥德巴赫猜想》

  C.《地质之光》   D.《大雁情》

15. 郭沫若《科学的春天》引用的语句中,出自毛泽东词《满江红·和郭沫若同志》的是( )

  A. 满目青山夕照明   B. 蚍蜉撼树谈何易

  C. 头悬梁、锥刺股   D. 日出江花红胜火

16. 第一批八个"革命样板戏"中的现代芭蕾舞剧是《红色娘子军》和( )

  A.《白毛女》   B.《红灯记》

  C.《沙家浜》   D.《智取威虎山》

17. 1936年,被称为"在中国的报告文学上开创了新的纪录"的作品是( )

  A. 夏衍《包身工》   B. 宋之的《一九三六年春在太原》

  C. 丘东平《第七连》   D. 范长江《塞上行》

18. "中国,/我的在没有灯光的晚上/所写的无力的诗句/能给你些许的温暖吗?"出自艾青的诗作( )

  A.《巴黎》   B.《旷野》

  C.《北方》   D.《雪落在中国的土地上》

19.《与妻书》的作者是黄花岗七十二烈士之一的( )

  A. 林尹民 B. 林西惠 C. 林觉民 D. 林文

20. 话剧《陈毅市长》的作者是( )

  A. 老舍 B. 沈虹光 C. 田汉 D. 沙叶新

二、操千曲而后晓声(共34题,总共140分)

1. 有人用鲁迅先生的杂文集书名勾画了一幅20世纪30年代杂文大家鲁迅先生的生存图景,请在这段文字中选择填入正确的书名。(6分)

  他是在_____里,怀着对同阶级的"二心",背着革命文学家赐予的_____罪名,以不入调,不入流的_____,写着_____,因禁论国事风云而作_____,却被同一营垒的青年战友讥为_____。

红色经典
中国革命传统作品学习

A. 南腔北调 B. 花边文学 C. 且介亭 D. 三闲

E. 伪自由书 F. 准风月谈

2. 依次填入下面一段文字中横线处的语句,与上下文衔接最恰当的一组是(　　)(3分)

在整个鲁迅杂文中,可以见到所有文学修辞手法的运用,语言的驱使已经达到出神入化之境。或幽默或讽刺,_____;或反语或双关,_____;_____,_____;明白如话而不涉粗俗,汪洋恣肆而不少含蓄;畅达不伤于烦冗,简练不流于晦涩;时而委婉曲折,时而尖刻峻峭……

① 则随其行文需要而用 ② 经常发出各式各样的笑声

③ 成语典故信手拈缀 ④ 中外文化任其驱遣

A. ②①③④ B. ②①④③ C. ①②③④ D. ①②④③

3. 鲁迅的杂文创造了具有广泛而深刻、典型化的形象。以下是鲁迅笔下"狗"的形象,以"狗"刺人,但是批判时各有侧重,请分析各自的寓意。(6分)

(1)《论"费厄泼赖"应该缓行》里的"叭儿狗""落水狗"

"叭儿狗"——它却虽然是狗,又很像猫,折中,公允,调和,平正之状可掬。悠悠然摆出别个无不偏激,惟独自己得了"中庸之道"似的脸来。

"落水狗"——而于狗,却不能引此为例,与对等的敌手齐观,因为无论它怎样狂嗥,其实并不解什么"道义";况且狗是能浮水的,一定仍要爬到岸上,倘不注意,它先就耸身一摇,将水点洒得人们一身一脸,于是夹着尾巴逃走了。

(2)《"丧家的""资本家的乏走狗"》

"乏走狗"——凡走狗,虽或为一个资本家所豢养,其实是属于所有的资本家的,所以它遇见所有的阔人都驯良,遇见所有的穷人都狂吠。

叭儿狗:_____

落水狗:_____

乏走狗:_____

4. 历史上的红色经典歌曲广泛流传且经久不衰,有些红歌源于一些优秀的红色经典影视剧作品,请你把下面的歌曲与影视剧作品连线。(6分)

我 学 我 秀

《红梅赞》　　　　　　　《英雄儿女》

《英雄赞歌》　　　　　　《江姐》

《我的祖国》　　　　　　《铁道游击队》

《弹起我心爱的土琵琶》　《冰山上的来客》

《谁不说俺家乡好》　　　《上甘岭》

《花儿为什么这样红》　　《红日》

5. 以下是京剧《沙家浜》中最著名的"智斗"片段一。请你阅读后回答问题。（8分）

刁德一：（唱）我待要旁敲侧击将她访。

阿庆嫂：（接唱）我必须察言观色把他防。

（阿庆嫂欲进屋，刁德一从她的身后叫住）

刁德一：阿庆嫂！（唱）适才听得司令讲，阿庆嫂真是不寻常。我佩服你沉着机灵有胆量，竟敢在鬼子面前耍花枪。若无有抗日救国的好思想，焉能够舍己救人不慌张！

阿庆嫂：（接唱）参谋长休要谬夸奖，舍己救人不敢当，开茶馆，盼兴旺，江湖义气第一桩。司令常来又常往，我有心背靠大树好乘凉。也是司令洪福广，方能遇难又呈祥。

刁德一：（接唱）新四军久在沙家浜，这棵大树有阴凉，你与他们常来往，想必是安排照应更周详！阿庆嫂：（接唱）垒起七星灶，铜壶煮三江。摆开八仙桌，招待十六方。来的都是客，全凭嘴一张。相逢开口笑，过后不思量。人一走，茶就凉……

（阿庆嫂泼去刁德一杯中残茶，刁德一一惊）

阿庆嫂：（接唱）有什么周详不周详！

著名作家汪曾祺参与编写的《沙家浜》京剧剧本，唱词优美，脍炙人口。而这段"智斗"更是经典中的经典，请你仔细玩味言里言外之意。

(1) 套路太深：刁德一一开始表面上称赞阿庆嫂，其实是暗中给阿庆嫂下套。你能说出圈套在哪里吗？阿庆嫂又是如何解套？（4分）

_____

_____

(2) 单刀直入：刁德一抓住阿庆嫂"背靠大树好乘凉"，直接点破阿庆嫂是不是想靠

红色经典
中国革命传统作品学习

新四军的大树,逼阿庆嫂亮出身份。阿庆嫂又是如何四两拨千斤,从容应对?(4分)

_____

_____

6. 新中国十七年(1949—1966)小说坚持政治艺术统一,创作出了一批影响深远的经典著作。尤以"三红一创,青山保林"最为著名,其中"青山保林"指《青春之歌》《山乡巨变》《保卫延安》《林海雪原》,那么"三红一创"指_____。(4分)

7. 新中国成立后,新中国电影事业的摇篮——新中国第一家电影制片厂,创作了《白毛女》《上甘岭》《英雄儿女》等一批经典影视作品的制片厂是(　　)(3分)

  A. 北京电影制片厂　　　　　　B. 上海电影制片厂

  C. 长春电影制品厂　　　　　　D. 八一电影制片厂

8. 红色电影曾经陪伴一代人走过青春岁月,也曾经是一代人童年的重要回忆。1965年上映的《地道战》就是这样一部影片,这部影片截至目前,观影人数已超18亿。以下对这部经典作品理解错误的一项是(　　)(3分)

  A. 反映了抗日战争期间冀中人民利用地道对敌作战的情景。

  B. 同名歌曲《地道战》《毛主席的话儿记在心上》是《地道战》的插曲和主题曲。

  C. 《地道战》中的字字句句,有的早已从单纯的电影台词,演变为中国的流行用语,比如:"打一枪,换一个地方""高!实在是高"。

  D. 弘扬了全民皆兵、以弱胜强、团结起来消灭侵略者的英雄主义精神。

9. 阅读下面一首词,回答问题。(3分)

水调歌头·游泳

毛泽东

  才饮长沙水,又食武昌鱼。万里长江横渡,极目楚天舒。不管风吹浪打,胜似闲庭信步,今日得宽馀。子在川上曰:逝者如斯夫!

  风樯动,龟蛇静,起宏图。一桥飞架南北,天堑变通途。更立西江石壁,截断巫山云雨,高峡出平湖。神女应无恙,当惊世界殊。

  对诗句理解有误的一项是(　　)

A. "才饮长沙水,又食武昌鱼。"一个"才",一个"又",不仅是时间的连接和空间的转换,也传达出一种轻快、兴奋的心情。

B. "子在川上曰:逝者如斯夫!"诗人借用这句话,是激励自己和人民要以只争朝夕的精神,加速建设自己的国家。

C. "风樯动,龟蛇静,起宏图","樯"解释为桅杆,"风樯"指代风中的帆船。

D. 尾句中的"神女"即传说中的巫山神女,句中的"无恙"即身体健康之意,"殊"是特别、特殊的意思。

10. 阅读下面这首词,完成(1)—(2)题。(6分)

念奴娇·昆仑

毛泽东

横空出世,莽昆仑,阅尽人间春色。飞起玉龙三百万,搅得周天寒彻。夏日消溶,江河横溢,人或为鱼鳖。千秋功罪,谁人曾与评说?

而今我谓昆仑:不要这高,不要这多雪。安得倚天抽宝剑,把汝裁为三截?一截遗欧,一截赠美,一截还东国。太平世界,环球同此凉热。

(1) 对这首词字句的解说,错误的一项是(　　)

A. "横空出世",横在空中,高出人世;"莽",苍莽无际;"阅尽",看尽了,经历了。首句从空间角度,表现昆仑山的雄伟、阔大。

B. "飞起玉龙三百万",形容披雪的群山连绵起伏,像千条万条玉白色的巨龙在飞舞。"三百万",数词虚指用法,形容很多。

C. "安得倚天抽宝剑","安得",怎么能。"倚天抽宝剑",即抽出倚天的宝剑。"倚天",形容剑极长,靠在天上。

D. "把汝裁为三截",形象地写出了改造自然的巨人形象。"太平世界,环球同此凉热",写昆仑山经过全人类的改造,化害为益,全世界人民"凉热"共享。

(2) 对于这首词,分析不恰当的一项是(　　)

A. 词的上阕,主要运用描写的手法,写昆仑山高、雪多、害大。而通过"千秋功罪,谁人曾与评说"作结,过渡下文。

B. 词的下阕,描写、抒情、议论三者有机结合,展示诗人改造旧世界、开创新世界的勃勃雄心。

C. 此词借"昆仑"来喻帝国主义这座大山。通过对巍然出世、横亘太空的昆仑山的描绘与想象,以高昂激越的浪漫主义热情,抒发了改造旧世界、消灭帝国主义、实现共产主义理想的壮志豪情。

D. 全词气势恢宏,想象奇特,感情奔放,风格豪迈,具有宋代豪放派词风的深厚底蕴。

11. 毛泽东诗词中有很多名句催人奋进,以下是节选的部分诗句,你会选择其中哪一句作为自己的座右铭?写下它吸引你的缘由。(4分)

(1) 雄关漫道真如铁,而今迈步从头越。——《忆秦娥·娄山关》

(2) 为有牺牲多壮志,敢教日月换新天。——《七律·到韶山》

(3) 多少事,从来急;天地转,光阴迫。一万年太久,只争朝夕。——《满江红·和郭沫若同志》

(4) 可上九天揽月,可下五洋捉鳖,谈笑凯歌还。世上无难事,只要肯登攀。——《水调歌头·重上井冈山》

_____

_____

12. 中国现代文学中最为著名、最有影响的、各具千秋的两个"流派"是以孙犁为首的_____和以赵树理为首的_____。(4分)

13. 中国现代文学史上,许多作品大多写劳动妇女的苦难,如鲁迅的_____、柔石的_____,但是孙犁笔下的劳动妇女的形象要强乐观,如_____、_____中的水生嫂。(4分)

14. 孙犁说:"我喜欢写欢乐的东西。我以为女人比男人更乐观,而人生的悲欢离合,总是与她们有关,所以常常以崇拜的心情写到她们。"又说农村妇女"在抗日战争年代,所体现的识大体、乐观主义以及献身精神,使我衷心佩服到五体投地的程度"。以下是两篇小说中两次嘱咐,请在对比中分析水生嫂的变化。联系孙犁其他小说如《走出以后》《丈夫》《芦花荡》,找找孙犁塑造劳动妇女的共通处。(6分)

(1) 鸡叫的时候，水生才回来。女人还是呆呆地坐在院子里等他，她说：

"你有什么话嘱咐我吧！"

"没有什么话了，我走了，你要不断进步，识字，生产。"

"嗯。"

"什么事也不要落在别人后面！"

(2) 爹活着的时候常说，敌人在这里，水生出去是打开一条活路，打开了这条活路，我们就得活，不然我们就活不了。八年，他老人家焦愁死了。国民党反动派又要和日本一样，想来把我们活着的人完全逼死！

"你应该记着爹的话，向上长进，不要为别的事情分心，好好打仗。八年过去了，时间不算不长。只要你还在前方，我等你到死！"

15. 孙犁善于刻画人物的微妙心理，《荷花淀》"探夫"一节甚是精彩，请选一个恰当的词概括她们的心理和性格特征。（5分）

① "听说他们还在这里没走。我不拖尾巴，可是忘下了一件衣裳。"

② "我有句要紧的话，得和他说说。"

③ "听他说，鬼子要在同口安据点……"水生的女人说。

④ "哪里就碰得那么巧，我们快去快回来。"

⑤ "我本来不想去，可是俺婆婆非叫我再去看看他——有什么看头啊！"

A. 爽朗直率　　　B. 性急冒失　　　C. 稳重谨慎　　　D. 忸怩含蓄

E. 机智伶俐

①_____　②_____　③_____　④_____　⑤_____

16. 荷花淀派在国内外产生了深远和广泛的影响，很多作家都模仿孙犁的笔法，比如中国作家协会主席铁凝的成名作《_____》明显带有孙犁的风格。（2分）

17. "杨朔热"的高潮出现于1961年，该年又被学界称为"散文年"，其实也可以说是"杨朔年"。这一年杨朔的《_____》打破《红旗》杂志不发文学作品的惯例，在《红旗》杂志上发表，意味非凡；全国散文创作选也以他的这部作品来冠名。（2分）

18. 杨朔、秦牧、刘白羽一起并称为"中国当代散文三大家"。从作家的气质和创作态度来看，三位作家更倾向哪个气质，请连连看。（3分）

红色经典

中国革命传统作品学习

杨朔　　　　　　战士气质

秦牧　　　　　　学者气质

刘白羽　　　　　诗人气质

19. 杨朔的散文曾经是人们学习和效仿的范式,冰心曾评杨朔的散文"称得上一清如水,朴素简洁,清新俊逸,遂使人低回吟诵,不能去怀"。"杨朔现象"也成了当年文坛热议的话题。但是对于杨朔散文的评价后来急转直下,如沈义贞在《中国当代散文艺术演变史》中直言杨朔散文"是一种特殊时代被扭曲了的灵魂所炮制出来的畸形产物"。根据自己对杨朔散文的理解,谈谈你是对杨朔的散文的评价。(6分)

20. 秦牧是我国当代著名散文作家,他的散文题材广泛、知识丰富、谈古论今、旁征博引,显示出深厚的知识根基和非凡的生活阅历。秦牧说他掌握大量的知识是靠"牛嚼"和"鲸吞"这两大法宝互相配合,请理解"牛嚼"和"鲸吞"是何种的读书方法。(4分)

牛嚼:＿＿＿＿＿＿＿＿＿＿＿＿＿＿＿＿＿＿＿＿＿＿＿＿＿＿＿＿＿＿＿＿＿

鲸吞:＿＿＿＿＿＿＿＿＿＿＿＿＿＿＿＿＿＿＿＿＿＿＿＿＿＿＿＿＿＿＿＿＿

21. 秦牧的一篇散文使广州＿＿＿＿＿＿这个别称在全国广为流传。(　　)(3分)

A. 羊城　　　　　B. 穗城　　　　　C. 花城

22. 20世纪60年代开始,秦牧在北京、上海等地的报刊上发表了大量关于文艺问题的随笔。这些随笔经过汇编成了著名的文艺评论随笔集《＿＿＿＿＿＿》。其中令人印象最深的一篇就是他栩栩如生地描写齐白石虾图之妙的那篇《＿＿＿＿＿＿》。(4分)

23. 刘白羽长篇小说＿＿＿＿＿＿与《平凡的世界》《穆斯林的葬礼》等作品一起荣获第三届茅盾文学奖。(　　)(3分)

A.《第二个太阳》　　　　　　B.《心灵历程》

C.《风风雨雨太平洋》　　　　D.《伟大的战斗》

24. 在中国现代诗歌史上,艾青的诗是继郭沫若《女神》之后又一座高峰。他的诗作可以分成两组,即"北方组诗"和"太阳组诗"。它的核心意象分别是＿＿＿＿＿＿和＿＿＿＿＿＿。(4分)

25. 鉴赏下面一首诗,回答问题。(3分)

手 推 车

在黄河流过的地域

在无数的枯干了的河底

手推车

以唯一的轮子

发出使阴暗的天穹痉挛的尖音

穿过寒冷与静寂

从这一个山脚

到那一个山脚

彻响着

北国人民的悲哀

在冰雪凝冻的日子

在贫穷的小村与小村之间

手推车

以单独的轮子

刻画在灰黄土层上的深深的辙迹

穿过广阔与荒漠

从这一条路

到那一条路

交织着

北国人民的悲哀

1938年初

对《手推车》理解错误的一项是（　　）

A. 诗人借助手推车表现的"北国人民的悲哀"，也蕴涵着对保守呆板落后的生活方式的悲哀。既是诗人对苦难制造者的一个平静又悲怆的抗议，也是对改变手推车的生活方式，振奋民族精神的哲理性启示。

B. 诗中通过对北方农民常用的独轮手推车单调、刺耳"使阴暗的天穹痉挛的尖音"，象征北方农民无限的悲哀，那贫瘠的黄土地，寒冷与静寂的山脚，那曲曲弯弯的山间小道，再伴随着独轮车发出的尖叫声，勾画出一幅凝重、昏暗、贫穷、荒凉的北国农村风景图。

C. 阴沉的天色与灰黄的土层配合，造成了凄冷的色调，再配以独轮车单调而尖锐的声响，刻画在荒漠土地上的纵横轨迹，形成了一种悲凉气氛浓重的情调。

D. 在语言上，运用了虚实法的动宾结构。例如"发出使阴暗的天穹痉挛的尖音"，"发出尖音"是动宾结构，宾语尖音的修饰语"阴暗的天穹"是虚写，而"痉挛"则是实写。

26. 艾青曾经赴法国巴黎攻读美术，因此在他的诗作中特别重视光与色。请根据艾青在诗歌中对意象颜色的处理（灰黄和金红是艾青用的两种基本色调），给以下两组诗配

色。(6分)

《煤的对话》《雪落在中国的土地上》《乞丐》《火把》《吹号者》《北方》

灰黄：_____

金红：_____

27. 20世纪七八十年代,被称为"报告文学的黄金时期"。1978年1月,徐迟的_____正式发表,让人们猛然间认识到了报告文学的力量。时至今日,谈及报告文学,人们首先想到的多是这部作品。此文也被誉为中国改革开放的"报春花"。(2分)

28. 报告文学不允许虚构,真实性是它的立身之本,所以作家一般慎用修辞,但是徐迟报告文学的语言精准形象而不失真实性。请鉴赏以下一段文字,它是如何刻画陈景润的。(6分)

　　他跋涉在数学的崎岖山路,吃力地迈动步伐。在抽象思维的高原,他向陡峭的巉岩升登,降下又升登!善意的误会飞入了他的眼帘。无知的嘲讽钻进了他的耳道。他不屑一顾;他未予理睬。他没有时间来分辨;他宁可含垢忍辱。餐霜饮雪,走上去一步就是一步!他气喘不已,汗如雨下。时常感到他支持不下去了。但他还是攀登。用四肢,用指爪。真是艰苦卓绝!多少次上去了摔下来。就是铁鞋,也早该踏破了。人们嘲笑他穿的是通风透气不会得脚气病的一双鞋子。不知多少次发生了可怕的滑坠!几乎粉身碎骨。他无法统计他失败了多少次。他毫不气馁。他总结失败的教训,把失败接起来,焊上去,做登山用的尼龙绳子和金属梯子。吃一堑,长一智。失败一次,前进一步。失败是成功之母,成功由失败堆垒而成。他越过了雪线,到达雪峰和现代冰川,更感缺氧的严重了。多少次坚冰封山,多少次雪崩掩埋!他就像那些征服珠穆朗玛峰的英雄登山运动员,爬呵,爬呵,爬呵!而恶毒的诽谤,恶意的污蔑像变天的乌云和九级狂风。而热情的支持为他拨开云雾,明朗的阳光又温暖了他。他向着目标,不屈不挠;继续前进,继续攀登。战胜了第一台阶的难以登上的峻峭;出现在难上加难的第二台阶绝壁之前。他只知攀登,在千仞深渊之上;他只管攀登,在无限风光之间。一张又一张的运算稿纸,像漫天大雪似的飞舞,铺满了大地。数字、符号、引理、公式、逻辑、推理,积在楼板上,有三尺深。忽然化为膝下群山,雪莲万千。他终于登上了攀登顶峰的必由之路,登上了(1+2)的台阶。

29. 下面是华君武先生的漫画《公牛挤奶》,这幅漫画讽刺了现实生活中哪种现象或

我 学 我 秀

哪一类人？（4分）

30. 报告文学是一种介于新闻报道和文学作品之间的文学样式。它的基本特征是_____、_____。（4分）

31. 红色经典是"工农兵文艺"，它以几千年来一直被忽略、被蔑视的底层普通平民为主人公，把他们塑造成英雄。请举出四个经典人物形象。（4分）

32. 红色样板戏_____家喻户晓，2014年被导演徐克重新搬上大银幕，却带给观众耳目一新的感觉。徐克以他天马行空般的想象力以及武侠片般的电影运用手法，赋予了这部红色经典样板戏新时代的意义，刷新了市场对红色电影的认知。（3分）

33. 圆形人物和扁平人物，是小说人物的两个概念，红色文学塑造的英雄形象高大全，因此难以避免这种"_____"倾向。（3分）

34. "红色经典"以_____的传统母题，精彩阐释了风云激荡的历史关头生与死、国与家、义与利之间的意义联系。（3分）

三、探究思考（20分）

红色经典是几代人的集体回忆，如何使红色经典在新时期重新焕发生机，重新进入大众的视野，是一个大课题。而在影视作品中革命题材的作品比比皆是，但是质量参差不齐。你能对当下革命题材的影视作品的成败进行分析，并提出自己合理化的建议吗？

新课标
新语
新学习

知识附录

生活的全部意义在于无穷地探索尚未知道的东西,在于不断地增加更多的知识。

——左拉

你读到这一部分时,即将与这本书分别,请收藏好我们给你的最后情谊。"参考答案"是对"我思我在""实践笃行"和"自我评估"中思考题的回答,更多的是提供思考的方向;此外,"其他附录"中收录了与这个学习任务有关的一些资料和推荐书目。

学习之旅有涯,而学习无涯,我们的目光在旅程结束之时变得更加情意绵长,因为我们知道,你的道路才刚刚开始。孩子,祝福你!愿你在语文中获得幸福,在生活中得到力量!

参考答案

专题 1

含英咀华

荷花淀

2. "闲敲棋子"是一个细节描写，诗人约客却久候不到，百无聊赖之际，无意识地将棋子在棋盘上轻轻敲打，将灯花都震落了。这貌似闲逸的姿态其实反映出诗人心情的惆怅寂寞。同样，悠闲回家的妇女们看似"顺手"捞菱角，捞起来又丢，视线并没有离开这漂浮的菱角，眼看着菱角又"安安稳稳浮在水面上生长去了"。这种无意识的"顺手"和凝视，恰恰侧面反映了她们内心无意识的思念之情和探夫未遇的惆怅心情。南朝乐府民歌《西洲曲》里的女子，思郎思得心痛，却在不停地把玩这手中的莲子，"低头弄莲子，莲子清如水"让少女的羞涩和满腹心事一览无余。同样，女人们把玩的是菱角，心里惦念着的是丈夫。

3. 示例一：认为是爱意的表达

这一"丢"，看似随意，实是水生对自己女人爱意的体现，也是弥补对妻子的歉意，只不过这一切要尽量做到不露痕迹，这一"泅"便是最好的掩饰。说女人是"落后分子"，只是应付小队长的，水生心里最清楚自己的女人包括其他女人为了支持他们参军，做出了多大的牺牲，泅到水底到很远的地方才钻出来，是一个聪明之举，一来避免因为这一"丢"引来众人的哂笑，二来不愿在小队长面前继续招来对自己所爱之人的过多指责。

示例二：认为是情感的隔膜

女人、老人、孩子是战争背景下的弱势群体。在水生参加部队后不得不将千斤重担交给女人，对女人来说这是难以承受的重担，女人自身的安危都难以保证，还要照顾老人和孩子，尤其那句"不要叫敌人汉奸捉活的，捉住了要和他拼命"确实令人感到男性的冷漠无情。而指责女人是一群"落后分子"，言语中有对女人们对男人上前线打仗、生死未卜而产生的挂念的不理解，当然，男人们的嘲笑一定程度上刺激了女人们平等意识的觉醒，"她们学会了射击""配合子弟兵作战"就是最好的证明。

红色经典
中国革命传统作品学习

风景谈

1. ① 黄土高原。黄毛、蓝的天、黑的山、银色的月亮，蓝天明月，黑漆漆的山。

② 夕阳、黄土、熊熊的野火、金黄的小米饭、翠绿的油菜、彩霞、雪白的泡沫。

③ 桃林、绿叶满株、粉红色的地毯、金黄色、绿荫。

④ 微微透白，银白色的背景，淡黑的侧影，朝霞，额角发亮，红绸子，闪着寒光，粉红的朝霞。

⑤ 色彩描写，或是背景底色，或是点染烘托，情景交融。除一、二、四幅画面有部分冷色外，其余大部分为暖色，对比鲜明。一、二、三幅形成由暗转明的起伏，四、五、六幅形成更大的由暗转明的起伏，至第六幅，色泽最明亮。

2. 第一问，核心议论句：

① 自然是伟大的，然而人类更伟大。

② 自然是伟大的，人类是伟大的，然而充满了崇高精神的人类的活动，乃是伟大中之尤其伟大者！

③ 人类的高贵精神的辐射，填补了自然界的疲乏，增添了景色，形式的和内容的。人创造了第二自然！

④ 我仿佛看见了民族的精神化身而为他们两个。如果你也当它是"风景"，那便是真的风景，是伟大中之最伟大者！

第二问，内在关联：

首先通过人与自然的对比，揭示人类比自然更伟大，这是第一个层级；第二三个画面重点突出延安儿女的劳动生活，与第一个画面比较，更深入一层突出表现充满了崇高精神的人类活动更伟大，这是第二层级；第四五两个画面突出延安青年的学习与休息，与崇高精神的人类活动相比，这里更深化了人类高贵精神的辐射，填补了自然界的贫乏，增添了景色，人创造了第二自然的意蕴，这是第三层级；第六个画面，表现了两个战士的雄姿，与上个层次比较，作者把赞美之情推向了高潮——"他们是民族精神的化身，是伟大中最伟大者"。六个画面与四句核心议论句，层层递进，揭示了主题（人类活动——充满崇高精神的人类活动——增添景色，创造第二自然的人类活动——伟大中最伟大者）。

正如高尔基所说："打动我的并非山野风景中所形成的一堆堆东西，而是人类想象力赋予它们的壮观。令我赞赏的是人如何轻易地与如何伟大地改变了自然。"

3. ① 作者不用"伸""冒"等一般化的动词，而用一个"长"字，不仅形象地写出了两支牛角从山那边由短而长逐渐出现的过程，而且把黑魆魆静立不动的山脊也写活了，写神了。"伸""冒"之类的动词相形之下，就显得呆板而缺少灵气。

② 作者不说"变成"而说"幻成"，使读者似乎感受到一种神话般的氛围，更能表现出作者对"延河夕照"由衷的喜爱与赞美。不用"撞""碰"之类，而用一个"跌"字，不仅写出了河水的落差，而且把"河水"人格化了，富有无限情趣。

③ 事实上，"严肃，坚决，勇敢，和高度的警觉"是"体会"出来的，但作者偏偏用"听出"，一方面紧扣了上文的"喇叭声"，另一方面又很贴切地道出了作者听到喇叭声后的感受。

④ 把字句。如果不用把字句，可以说成"这几位晚归的种地人，用愉快的旋律，从山顶上飘下他们那粗朴的短歌"。两相对照可以看出，用了把字句就形成了三个介宾短语："把……""用……""从……"，连贯而下，给人以整齐美、流畅美，而且，用上带有处置意味的"把"字，更能显示出"种地人"的粗犷性格和满腔豪情。

⑤ 这个较长的复句，共用了五个"当……"的排比结构充当状语，创造出一种类似"慢镜头"的艺术境界，让沙漠驼队的画面，由远而近地缓慢推进，将人物的出现、音响的产生、色彩的变化逐层递加，使读者有身临其境之感，再用"这时间"复指一下，为整个复句写心里涌上的感想从容地作好铺垫，使"多么庄严，多么妩媚"这一感想以及下文的议论自然而然地引发读者的共鸣。

雷电颂

1. 首先，是呼唤风、雷，表达渴求自由的强烈愿望。屈原的悲愤来自政治的黑暗，这里的"黑暗"指的是以南后、靳尚为代表的楚国保守势力，正是他们，在秦国的威压和张仪的利诱下，妥协投降，出卖国家；正是他们，为了扫除障碍，玷污了屈原的人格，锁住了屈原的手足，并欲置之死地而后快！他多么希望这象征着力量的风、雷，去扫除楚国上空的黑暗，但悲愤之中有悲伤，希望之中有渺茫。

其次，是歌颂闪电，表达争取光明的坚定信心。在《橘颂》里曾庄严表示："不屈不挠，为真理斗到尽头！"有着坚决决心的诗人，在此，悲愤已经演化、升腾为无比炽热的战斗激情，在自己身上挖掘出了新的力量——"我这快要使我全身炸裂的怒火，难道就不能进射出光明了吗？"于是，悲愤之中有激情，希望之中有力量。

再次，是怀念钓者和婵娟，表达对人民力量的深切感受。当屈原看到河伯的神像时，他马上想到了那位仗义执言、勇敢无畏的钓者，他正是目睹真相并告知婵娟，婵娟被捕，他挺身相救最后也被逮捕的人。正是他们这些普通的民众，使屈原感受到了极大的安慰，受到巨大的鼓舞。于是，坚强的意志代替了满腔的悲愤，无比坚定的信念取代了深感渺茫的希望！

2. 东皇太一庙，正殿神像林立，奇形怪状，给人阴森恐怖的感觉和令人窒息的气氛；遥望殿外，电闪雷鸣，狂风大作，无边的黑暗在颤动，在撕裂，在爆炸。此情此景，直接点燃了诗人充满激情与愤怒的火花，长期积聚在诗人心中的怒火喷薄而出。从寺庙到风、雷、电，从庙内到庙外，从小环境到大环境，把阴森、黑暗的寺庙同整个黑暗社会联系起来；又从风、雷、电扩展到波涛连天的东海、长江、洞庭湖，就使屈原在庙内产生的怨咒之情有了更加广阔的社会意义。

3.

	特点	语境示例	语境特点	妙处分析
使用呼告的特点	与其他修辞格结合运用	风！你咆哮吧！咆哮吧！尽力咆哮吧！	与拟人、反复结合	屈原直呼"风"，用拟人手法对其讲话，体现了屈原气吞山河的英雄气概；"咆哮"三次反复，有力地突出和强调了风的形象特点，使人有狂风骤起之感。
		火！你在天边，你在眼前，你在我的四面！	与拟人、排比结合	把火拟人化，使火和屈原的思想感情融为一体，加上排比，造成燎原之势，使人感到烈火将烧毁黑暗，"怒火"将"迸射出光明"。
	结构分为顺装和倒装	光明呀，我景仰你。	顺装	"光明呀"是呼语，其后面的是告语，先呼后告，是顺装呼告，有利于突出呼语。这种结构在《雷电颂》中较多。
		鼓动吧，风！咆哮吧，雷！闪耀吧，电！	倒装	先告后呼，能起到强调和突出告语的作用，这里与排比结合，有力地突出了风雷电的作用和威力，具有强烈的号召力，充分表达了屈原与黑暗势力战斗到底的凌云壮志。
	宜用短句	你可以使那洞庭湖、使那长江、使那东海，为你翻波涌浪，和你一同地大声咆哮啊！		短句形式显得简洁有力、语气肯定，强烈地抒发了屈原要使风湖江海一同咆哮、要使天翻地覆的愤怒的感情。
	使用语气词	啊、呀、吧、吗等		这些语气词的韵母都是"a"，开口度大，共鸣强度大，显得响亮雄浑，用在感情强烈处，有惊天泣地的效果。

知 识 附 录

实践笃行

活动一：忆一忆

列夫·托尔斯泰《战争与和平》、海因里希·伯尔《流浪人，你若到斯巴……》、卢隐《火焰》、萧军《八月的乡村》、杜鹏程《保卫延安》、吴强《红日》、刘知侠《铁道游击队》、曲波《林海雪原》、李英儒《野火春风斗古城》、雪克《战火中的青春》等。

活动二：比一比

场景一特点：作者在《芦花荡》里刻画了一个自信又自尊、智勇双全、爱憎分明、真实而普通的老英雄形象；在《荷花淀》里展示了一位温柔、体贴、乐观的传统妇女，又在其身上增添了识大体、顾大局，有进步意识的抗日根据地妇女的特征。孙犁在抗日军民身上挖掘出来的"美善"，无论是忠贞的爱情，革命的豪情，还是深明大义的情操，都有着人世间最美好的人性，而他们是作者诗化的形象写照。

场景二特点：《荷花淀》中写水生对妻子临别嘱咐，妻子回答中的两个"嗯"字，言简意赅，含不尽之意于言外。她心中难以言状的深情都蕴含在这"嗯"字里。最后，妻子禁不住"流着眼泪答应了他"，这"眼泪"，交织着理智与感情的矛盾，流露出生离死别的难言之痛。这些细节，启发这读者的想象，给人无限的回甘。

场景三特点：在芦花荡里，军民们依靠水和芦苇掩护了自己，阻击了敌人。水和芦苇也成了日寇最害怕的"敌人"。小说一开始写景物，不是一般人见到的风景，而是敌人眼里的风景，是"敌人从炮楼的小窗子里""呆望"着的风景。那风景是"阴森可怕"的，可见敌人有多么害怕。接着作者就写"天空的星星也像浸在水里，而且要滴落下来的样子"。就是说，地上有水，天上也有水，浩荡的水已使敌人陷入了灭顶之灾。

"狠狠地"不只是芦花荡的苇子，还有藏在芦花深处的革命队伍；往上"钻"的也不只是苇子，还有白洋淀人民威武不屈的战斗精神。文章结尾，老头子痛打鬼子后，一眼望到"鲜嫩的芦花，一片展开的紫色的丝绒，正在迎风飘撒"，这迎风飘撒的、鲜嫩的芦花，更是白洋淀人民在残酷环境中顽强生存的姿态，也是这姿态必将换来的无限美好。

场景四特点："弯弯"二字，使音韵变得圆润，"水一样"的天上，使意境轻柔舒展；"莲蓬的清香"等意象的选择，不仅具有白洋淀特色，更是透露着诗意的情调；"扫过"二字，消解了战争的血腥与残酷，将老头子与敌人紧张的交手笼上了一层诗意的唯美；"吱吱""飒飒""溜溜""轻轻"等叠词,把节奏的轻缓、景物的柔和融为一体,哪怕是子弹横飞的场面,也用"吱吱"二字描摹得轻巧而不露声色,含蓄隽永,富有浓郁的抒情意味。

活动三：想一想

① 崇高的<u>人性</u>美：小说中都是一些平凡的劳动者,在他们身上有着美好的性格,是作者诗化的形象写照。

② <u>细节</u>的含蓄美：作品深刻隽永的主题,悲壮动人的意境,全都熔铸在含而不露、包蕴深情、富有特征的细节中。

③ 诗化的<u>自然</u>美：自然景物的描摹不仅具有诗情画意,而且带着强烈的诗的暗示性,表现了强大的人民革命力量,自然美与斗争美融为一体。

④ <u>语言</u>的抒情美：或是提取自生活精练的活的语言,或是带有节奏感、形象生动的律诗般的语言,或是以明快、清新、动人,有性格如散文诗般的语言。

活动四：悟一悟

批注 c：是什么原因使老头子的外貌如此干黑和干瘦呢？当然是长期艰苦卓绝的、残酷的、恐怖的抗日战争导致了老头子等广大中国人民缺衣少食,在人物的外貌描写中蕴含着抗日战争的残酷性和艰巨性。

批注 d："她们看着初夏的小麦黄梢,看着中秋的高粱晒米。雁在她们的头顶往南飞去,不久又向北飞来。她们长大成人了。"在诗意盎然的描述中,暗喻着时光的流逝,而这些美好的女孩子们,就是在"炮火""疟子""紧张""淋雨""高烧""寒噤"中艰难度过的,这又是何等残酷、何等恐怖的成长环境！

活动五：往深里悟一悟(选做)

① 经历使然：孙犁曾说："我经历了美好的极致,那就是抗日战争。我看到农民,他们的爱国热情,参战的英勇,深深地感动了我。我的作品,表现了这种善良的东西和美好的东西。"故而,在"白洋淀派"的"诗意小说"中,充满了浪漫主义气息和乐观精神,使孙犁的小说与同时代的作家相比,独树一帜。

② 艺术追求：朱光潜有一个精妙的比喻："第一流小说家不尽是会讲故事的人,第一流小说中的故事大半只像枯树搭成的花架,用处只在撑持住一园锦绣灿烂、生气蓬勃的葛藤花卉。这些故事以外的东西就是小说中的诗。"

知 识 附 录

③ 美学关照：孙犁小说中的女性大多既有传统美德的内蕴，又有新的生活理想的动人光彩，可以称之为"民族化女性审美倾向"。

④ 独特的战争观：对战争中英雄人物的传奇书写，不仅仅是让我们欣赏英雄人物所具有的崇高形象，更是让我们反省：英雄的出现，往往意味着时代某种局限与悲剧的出现，更意味着遭到破坏的人性美和人情美需要拯救与完善，正如文章的结尾，对战争中美的记录，不是为了使人们忘却战争的残酷，而是为了让人们通过对残酷中美的发现，更深刻地认识到战争恶的本质，认识到人性美的、善的力量应该比战争中恨的罪恶走得更远。

……

专题 2

含英咀华

改造我们的学习

1. 在中国共产党的党史上，部分党员干部不能把马克思列宁主义的普遍真理和中国革命的具体实践结合，而是只会照本宣科，机械运用，给党的事业带来了巨大的损失。为了深刻批判彻底摒弃主观主义的学风，使全党认识到"改造我们的学习"的重要性和必要性，毛泽东在此文标题中，用"改造"一词，意在说明这决不是对原来学风的修修补补，而是要"改变旧的、建立新的，使之适应新的形势和需要"（《现代汉语》"改造"释义）的新学风，体现了在学风问题上破旧立新的精神。

2. (1) 第一部分，进步和成绩。第二部分，缺点。第三部分，两种对立的态度。第四部分，具体建议。（言之合理即可）(2) 文章主体部分围绕"研究现状""研究历史""学习国际的革命经验"三方面内容展开，形成了一条纵线，其中在第三部分主观主义和马列主义的对比论证中，又形成了一条横线，这样的论证结构避免了单调，使文章更有逻辑性。第二部分主要运用了例证法。作者谈了三类典型：一类是对现状不作周密调查，根据"想当然"发号施令；一类是不懂自己的历史，只能生吞活剥地谈外国；一类是学习马列主义时理论和实际分离。之后，又举出这三类"极坏的典型"的危害，充分证实了党内确实存在着主观主义的学风，"不可等闲视之"。第三部分不是简单重复，而是从不同的角度，运用不同的方法，反复加以论证，使论证更为充分。从角度来说，这部分虽也谈到主观主义的表现、危害等,但在概括归纳其表现的基础上又作了进一步分析,将其分为教条主义和经验主义两种类型,并指出其特点,在揭示其危害的同时还揭露出它的实质,指明对待它应有的态度。同时,在这部分不是单写主观主义的态度,而是将它与马克思列宁主义的态度相对照,从而更加突出了改造学风的迫切性。第四部分,则围绕着这三块提出具体的建议。

3.(1)本文通过凝练含蓄、通俗易懂的语言,深入浅出地刻画出主观主义者形象。如用"留声机"比喻留学生一切照搬外国,而不能与本国实际结合的教条主义者。用"钦差大臣""瞎子摸鱼""闭塞眼睛捉麻雀"等比喻主观主义者不作调查研究,不了解实际乱发号施令,既贴切生动又通俗易懂。"漆黑一团"比喻对中国古代史、近百年历史一无所知;"消化不了"比喻对马列主义不知深入理解,不领会精神实质。又如"墙上芦苇,头重脚轻根底浅;山间竹笋,嘴尖皮厚腹中空",逼真而又淋漓尽致地刻画出那些死搬理论教条的主观主义者的丑态。特征:不研究现状,片面地研究历史,不坚持理论联系实际的学习态度。

(2)略

科学的春天

1."文革"十年,中国的政治、经济几近崩溃。中国科技届也遭遇浩劫,比如"文革"期间,中科院在北京地区有180多位高级科研人员,其中80%受到批判,著名科学家赵九章、叶清沛、张宗燧、邓叔群、胡先骕等多人被迫害致死。粉碎"四人帮"以后,邓小平提出"尊重知识、尊重人才","科学技术是生产力",在知识界拨乱反正,十年严冬就此过去,春天就此到来。因此,"春天"一词在"文革"后有着独特的含义,不仅是知识分子摆脱了束缚,可以大展拳脚,迎来新春天;而且中国的科学技术事业也得到蓬勃发展,科教兴国战略引领国家大步迈进,整个国家呈现出盎然的生机。

2.这是一段声情并茂、声态并作的文字。"春分刚刚过去,清明即将到来。"实指开会时的时节,暗指中国科学届迎来转机。"日出江花红胜火,春来江水绿如蓝。"引用白居易的诗句,把诗意和现实融为一体,展现了一幅春意盎然的美景,也象征着科学春天灿烂的景象。最后用一组排比,紧扣文章标题与开头,尽情歌颂了祖国的春天、人民的春天、科学的春天。最后用呼告的方式号召向科学进军。整节文字富有明丽的色彩、音乐的节奏、气势的飞腾、激情的壮美,令人神往。

3. 略

实践是检验真理的唯一标准

1. "唯一"。这篇社论最精华的部分是标题。这篇文章鲜明地用了"唯一"两个字,意在突出实践是检验真理的唯一标准,否定了"两个凡是"作为检验真理的标准。具有很强的现实性、针对性。

2. (1) 作为检验真理的标准,就不能到主观领域内去寻找,不能到理论领域内去寻找,思想、理论、自身不能成为检验自身是否符合客观实际的标准,正如在法律上原告是否属实,不能依他自己的起诉为标准一样。(2) 所有这些,都曾经被奉为神圣不可侵犯的所谓"理论",谁反对,就会被扣上反对马列主义、反对毛泽东思想的大帽子。但是,这些五花八门的谬论,根本经不起革命实践的检验……(3) 胡诌什么"一句顶一万句""句句是真理"。实践证明,他们所说的绝不是毛泽东思想的真理,而是他们冒充毛泽东思想的谬论。(4) "四人帮"加在人们身上的精神枷锁,还远没有完全粉碎。毛主席在第二次国内革命战争时期曾经批评过的"圣经上载了的才是对的"(《论反对日本帝国主义的策略》)这种倾向依然存在。(5) 凡有超越于实践并自奉为绝对的"禁区"的地方,就没有科学,就没有真正的马列主义、毛泽东思想,而只有蒙昧主义、唯心主义、文化专制主义。

本文表面上是批判林彪、"四人帮"的种种唯心论的先验论、天才论,他们认为毛泽东同志的话"句句是真理",而这恰恰违背了马克思主义的基本观点——实践是检验真理的标准。而"两个凡是"的错误思想与"句句是真理"一样,都是一种唯心论,也不是真正的毛泽东思想。然后,作者进一步论述任何理论都要经过实践的检验,在实践检验中得到纠正、完善、发展。那么"两个凡是"的思想也必须要经过实践的检验加以纠正。

3. 本文的第一部分,第一节论证实践是检验真理的标准。而第二节则强调实践不仅是检验真理的标准,而且是唯一的标准。作者引用毛主席《新民主主义论》《实践论》里的两句话进行阐释(引证)。作者抓住这两句话中的"才是""只能",得

出结论：标准只有一个，没有第二个。但是作者并没有在此结束，不然也就和"凡是派"的做法一致了。作者进而从辩证唯物主义的角度分析检验真理的标准，就不能到主观领域内去寻找，只有实践，才能够完成检验真理的任务。作者分别从自然科学和社会科学的具体事例中进行论证（例证）。继而又从共产主义运动和各个革命政党的路线需要实践检验（例证），最终得出"实践是检验真理的唯一标准"这个正确的结论。

专题3

含英咀华

梅汝璈日记二则

1. 对比侵华时他们的嚣张、凶残，作者突出描写他们法庭审判时的老实、可怜相，既表达了正义终会战胜邪恶，战犯终将受到惩罚的历史必然性，更提醒世人警惕他们的伪装性，不要被他们的虚伪外表所迷惑，让他们逃脱历史的惩罚。（大川周明靠装疯卖傻最终逃避了惩罚）

2. 你代表四万万五千万中国人民和千百万死难同胞到这个侵略国的首都来惩罚元凶祸首，天底下还有比这更壮观的吗？君不为壮士，谁为壮士？

通讯两篇

1.（1）第一个故事：英勇无畏，大无畏革命精神。第二个故事：善良淳朴，博爱宽广的国际主义热情。第三个故事：坚韧刚强，勇于担责的英雄气概。（2）这是细节描写，与火线上的以身"拼"敌相比，昏迷中喊出的"拼"更见陈旅长的勇敢无畏，以身殉国的爱国主义情操。

2. 共同点：都运用了叙述、描写、抒情、议论等多种手法，有细节有起伏。

不同点：陈旅长的刻画主要运用了细节描写，表现陈旅长的勇敢无畏。马玉祥的刻画有细节描写，还有内心独白，还要想象等多种艺术手法，更具有报告文学强烈的文学品格。

3. 如1998年长江洪灾、2003年非典、2008年汶川大地震、2017年九寨沟地震等灾情事件中的军队救援，等等。

知 识 附 录

书信两封

1. 辛亥革命；国共对峙阶段。

2. 一方面是心系国家，为救国存亡大义凛然、至死不渝；另一方面是他们对亲人、对爱人的深深眷恋。两相对比，更见先烈为了革命事业不惜牺牲自己和家庭的幸福，英勇献身也无怨无悔的崇高品质。

3. 最感动人的往往是最生活化最真实的细节。革命先烈们首先是平凡的人，他们有血有肉，有泪有痛。林觉民回忆与妻子的美好生活，爱得缠绵；杨开慧在残酷现实前流露出一个女人的软弱害怕；这些都是人之常情，也恰恰更映衬出他们人格的伟大。

专题 4

含英咀华

灯下漫笔

1. 《灯下漫笔》先从现实生活娓娓道来，而后深入历史，巧妙地揭示出社会人生背后荒谬的存在法则，呈现着的正是鲁迅杂文创作高超的讽刺艺术。鲁迅正是从"谁都不以为奇"的生活琐事出发，以作者自己钞票贬值时期折换现银时甘愿"降格以求"的心态变化为引子，对历史进行了深刻的反思和批判。所谓"讽刺"，首先闪耀的是思想的光芒，是对社会、历史与人生的烛照和洞察。其次，在语言表达上更多的体现为一种艺术手法的自如运用，如反语、比喻、对比、夸张等，从而在谈论评论时事、抨击时弊时常常涉笔成趣，却又入木三分。

2. 鲁迅杂文讽刺和幽默所带有的"不可模仿的民族特点"更多地体现在他的杂文语言艺术上。比如，鲁迅杂文语言既沿承中国文言以及民间方言和口语的表达传统，又融入欧化语言的逻辑力量，构成了自身语言的一种独特风格。同时，鲁迅杂文语言还蕴藉着一种更深刻的结构，那就是他的语言常常隐喻着一种深刻的批判意图，无论是《灯下漫笔》中的有感而发"假如有一种暴力，'将人不当人'，不但不当人，还不及牛马，不算什么东西；待到人们羡慕牛马，发生'乱离人，不及太平犬'的叹息的时候，然后给予他略等于牛马的价格，有如元朝定律，打死别人的奴隶，赔一头牛，则人们便要心悦诚服，恭颂太平的盛世。为什么呢？因为他虽不算人，究竟已等于牛马了"，还是《拿来主义》中关于"大

宅子"的精彩描述,都呈现出一种更深沉的思想意蕴。

无花的蔷薇之二

1. 略

2. 鲁迅曾在《记念刘和珍君》中说道:"真的猛士,敢于直面惨淡的人生,敢于正视淋漓的鲜血。"这种"直面"和"正视"更多地体现为对正义良知的秉持和对社会道义的担负。如以历史上的"三·一八"惨案整个事件为例,真的猛士既是那些不惧个人安危、为民族命运而呐喊却遭遇杀戮的牺牲者,又是那些面对暴力拍案而起、愤而抗议的知识分子,如鲁迅等,也可以说是"铁肩担道义,妙手著文章"的真实写照。

辱骂和恐吓决不是战斗

1. 一辩陈词首先要注意陈词的套路,如开头可以这样陈述:谢谢主席!各位评委、老师、同学们,大家好!我方认为"辱骂和恐吓决不是战斗"。其次,要阐述观点中关键词的定义,同时引经据典,列举实例,运用多种论证方式强化观点,表达时语言要有气势。

2. 鲁迅作为左联的旗帜人物,尽管非常支持革命文学,但是他的"执拗"在于他不世故,不圆滑,不媚俗,他的心中始终有自己的是非判断原则,当有人滥用革命的名义把"辱骂"和"恐吓"当成文学的武器时,鲁迅便也以笔为枪,毫不留情地杀向了自己的阵营。

专题5

含英咀华

井冈山

1. 战斗激烈,敌败我赢。依据:从"旌旗、鼓角、围困万千重、森严壁垒"等看出战斗激烈;从"我自岿然不动、报道敌军宵遁"等看出我军获胜。

2. 直接描写:旌旗、鼓角相闻、我自岿然不动、众志成城、报道敌军宵遁。通过对黄洋界保卫战的描写,满怀激情地歌颂了井冈山将士坚守根据地的英勇斗争精神,表达了诗人从容不迫,以不变应万变,运筹帷幄之中,决胜千里之外的天才般的战略战术的思想。

3. 巨鹿之战、潍水之战、官渡之战、赤壁之战、合肥之战、前秦灭前燕之战、淝水之战、牧野之战、淮海战役、阴晋之战。

知识附录

七律·人民解放军占领南京

1. 雄军百万,顺利过江,占领南京,这激动的心情,唯有化为诗句,才能显示出毛泽东的气魄。下面,请听×××朗诵《七律·人民解放军占领南京》。

2. 大家知道这两句话里引用的内容的含义吗?"追穷寇"出自《孙子兵法·军争篇》里的一句话,"围师必阙,穷寇勿追"。意思是对落荒而逃的士兵应当网开一面,不要追击。毛泽东在这里反其意而用之,觉得应该追击。霸王:指西楚霸王项羽。鸿门宴上,他听了项伯的话:"今人有大功而击之,不义也。"没有杀刘邦。后来刘邦项羽血战连年,终于约定以鸿沟为界,中分天下。双方士兵为和平连呼万岁。项羽守约退兵,刘邦却立即背信弃义地围攻项羽于垓下,他的部下更把楚霸王分尸为五。事迹见《史记·项羽本纪》。虽然只有两句话,却充分体现了毛泽东的军事哲理思想。

3. 作者借用唐朝李贺《金铜仙人辞汉歌》中诗句,原诗说的是汉武帝时制作的极贵重的宝物金铜仙人像,在三国时被魏明帝由长安迁往洛阳的传说。李贺的意思是,对于这样的人间恨事,天若有情,也要因悲伤而衰老。而毛泽东的意思却变成了:天若有情,见到国民党反动统治的黑暗残酷,也要因痛苦而变衰老。你看,毛泽东厉害吧!

采桑子·重阳

1. 毛诗感情:它写了深秋的战地风光,写得那么鲜明爽朗;它表现了对自然和人生的看法,表现得那么豪迈乐观。天空海阔,气度恢宏。使人读过以后,毫无感到肃飒之气,而会受到无限鼓舞。

白诗感情:觉得孤独落寞,自认为去了不该去的地方。

2. 点评可从以下角度可任选一个。

悲秋主题。"悲哉秋之为气也,萧瑟兮草木摇落而变衰"。自战国楚宋玉《九辩》以来,"悲秋"就成为中国古典诗赋的传统主题。而前人以"九九重阳"为题材的诗章词作,更借凄清、萧瑟、衰飒的秋色状景托怨情、兴别恨,少有不着一"悲"字者。诸如王维的"遥知兄弟登高处,遍插茱萸少一人"、杜甫的"弟妹萧条各何在,干戈衰谢两相催"、杜牧的"尘世难逢开口笑,菊花须插满头归"、苏轼的"万事到头都是梦,休休,明日黄花蝶也悲"等,或叙写羁旅他乡的孤寂清冷,或寄寓伤时忧国的凄怆痛楚,或倾吐落拓失意的抑郁苦闷，或抒发获罪被贬的万端感慨，皆"婉转附物，招怅切清"。毛泽东的这首词却脱尽古人"悲秋"的窠臼，一扫衰颓萧瑟之气，以壮阔绚丽的诗境、昂扬振奋的豪情，唤起人们为理想而奋斗的英雄气概和高尚情操，独步诗坛。

哲理警句。词以极富哲理的警句"人生易老天难老"开篇，起势突兀，气势恢宏。"人生易老"是将人格宇宙化，韶光易逝，人生短促，唯其易逝、短促，更当努力进取，建功立业，莫让年华付流水。"天难老"却是将宇宙人格化。寒来暑往，日出月落，春秋更序，光景常新。但"难老"并非"不老"，因为"新陈代谢是宇宙间普遍的永远不可抗拒的规律"（毛泽东《矛盾论》）。"人生易老"与"天难老"，一有尽，一无穷；一短促，一长久；一变化快，一变化慢。异中有同，同中有异，既对立又统一。这并非"天行健，君子以自强不息"这一古老格言的简单趋附，而是立足于对宇宙、人生的情理并茂的认知和深刻理解的高度，揭示人生真谛和永恒真理，闪耀着辩证唯物主义的思想光辉，具有极强的审美启示力。"岁岁重阳"承首句而来，既是"天难老"的进一步引申，又言及时令，点题明旨，引起下文："今又重阳，战地黄花分外香"。"今又重阳"是"岁岁重阳"的递进反复，年年都有重阳节，看似不变，其实也在变，各不相同：如今又逢佳节，此地别有一番风光。

重阳习俗。古有重阳登高望远、赏菊吟秋的风俗。在历代诗文中，重阳节与菊花结下了不解之缘。而身逢乱世的诗人，往往借写菊花表达厌战、反战之情，即菊花是作为战争的对立面出现的。毛泽东笔下的"黄花"却是和人民革命战争的胜利联系在一起的。这"黄花"既非供隐士高人"吟逸韵"的东篱秋丛，亦非令悲客病夫"感衰怀"的庭院盆景，而是经过硝烟炮火的洗礼，依然在秋风寒霜中绽黄吐芳的满山遍野的野菊花，平凡质朴却生机蓬勃，具有现实与象征的双重性，带有赋和比的特点。词作者是怀着欣悦之情来品味重阳佳景的。黄花装点了战地的重阳，重阳的战地因此更显得美丽。"分外香"三字写出赏菊人此时此地的感受。人逢喜事精神爽，胜利可喜，黄花也显得异常美丽；黄花异常美丽，连她的芳香也远胜于往常。这一句有情有景，有色有香，熔诗情、画意、野趣、哲理于一炉，形成生机盎然的诗境，既歌颂了土地革命战争，又显示了作者诗人兼战士的豪迈犷放的情怀。尽管"人生易老"，但革命者的青春是和战斗、战场、解放全人类的崇高事业联系在一起的，他们并不叹老怀悲，蹉跎岁月，虚掷光阴，而是以"只争朝夕"的精神为革命而战,一息尚存,奋斗不止。

宏阔意境。下片承"岁岁重阳""今又重阳"的意脉,写凭高远眺,将诗的意境向更深更阔处开拓。岁岁有重阳,秋去又秋来,"一年一度秋风劲",这个"劲"字,力度极强,写出秋风摧枯拉朽、驱陈除腐的凌厉威猛之势,笔力雄悍,极有刚健劲道之美。此情豪迈异于东风骀荡、桃红柳绿、莺语燕歌、温柔旖旎的春日风光。但劲烈的西风、肃杀的秋气在作者心中引起的不是哀伤,而是振奋。诗人的感情、战士的气质决定了他的审美选择:"胜似春光,寥廓江天万里霜。"天朗气清,江澄水碧;满山彩霞,遍野云锦,一望无际,铺向天边,这瑰丽的景色难道不"胜似春光"吗?

艺术境界。诗人从大处着眼,从人生感悟落笔,摆脱了个人的荣辱得失,站在历史的、宇宙的、人类的高度抒发一个革命者的壮志豪情。运词用字都非常大气,比如"寥廓江天万里霜",一个"霜"字就包含了丰富多彩的画景,它既指"万山红遍,层林尽染"的霜叶,也指"鹰击长空,鱼翔浅底,万类霜天竞自由"的霜天。这样的秋景比起"暮春三月,江南草长,杂树生花,群莺乱飞"来,实在是别有风致。

3. 间隔反复。"重阳"和"春光"反复使用;都使用 ang 韵。

七律·长征

1. 风景角度:《五岭腾细浪》

【俯视式远镜头】五岭山脉弯弯曲曲,高高矮矮,绵亘千里,好像是腾跃着的细小的波浪。

红军角度:《抢渡大渡河》

【近景】大渡河波浪涛天,两边有敌人的重兵把守,并且,狡猾的敌人还拆掉河上泸定桥的木板,只留下十三根铁索。

【特写镜头】十三根铁索下面是翻滚的巨浪。

【近景】一支红军队伍,冒着国军的枪林弹雨闯过了大渡河。(有战士掉水里的镜头、有战士牺牲的特写)

【结果】粉碎了蒋介石企图使红军成为第二个石达开的阴谋。

2. 颈联中的"暖"和"寒"这一对反义词,是诗人精心设计的两个感情穴位。"暖"字温馨喜悦,表现的是战胜困难的激动;"寒"字冷峻严酷,传递的是九死一生后的回味。两个形容词是精神的巨变,又是感情的裂变,含不尽之意于其中,显无穷之趣于其外,摇曳多姿,起伏跌宕,张弛有致。

专题 6

含英咀华

白毛女

1. 改编后的《白毛女》,其实还保留着"白毛仙姑"传奇故事的基本框架。所不同的是:故事中的人物发生了改变:少女的爷爷变成了喜儿的父亲杨白劳,拯救少女的八路军区干部变成了喜儿的未婚夫大春,还增加了大春的母亲王大婶、黄世仁的母亲、狗腿子穆仁智等;主人公的性格发生了改变,一个被欺凌的、懦弱、忍辱偷生的农村少女,变成了具有极强的生命力、强烈的反抗精神、复仇精神的喜儿;故事的主题从较明显的"破除迷信"而被高度提炼为反抗地主阶级的压迫和剥削,共产党八路军领导农民翻身得解放。

2. 杨白劳:忠厚淳朴、懦弱可欺;喜儿:勤劳善良、纯真可爱;

   王大婶:勤劳淳朴、穷苦善良;穆仁智:阴险狡诈、狗仗人势。

   他们都是类型化的人物。这种类型化的人物在民间传承久远,民众对这些人物的情感倾向早已沉浸于灵魂深处、流淌于血脉之中,具有天然的倾向性。

3. 它深刻揭示了"旧社会使人变成鬼,新社会使鬼变成人"的重大主题,明确表达了广大人民群众反压迫、反剥削、反恶霸地主的强烈愿望,真实再现了共产党、八路军领导人民翻身得解放的客观实际。歌剧《白毛女》为这样一个鲜明的时代性主题起到了很好的政治宣传、教育作用,影响力空前。

4. 《白毛女》"政治效益"的充分发挥,离不开民间的、大众的文化意识的融合渗透,不能不说是充分化用民间故事的要素、充分适应大众文化的审美接受心理的结果,因此它才成为中国民族歌剧的里程碑,引导了解放区文艺的时代走向,实现了文艺作品在政治价值和艺术魅力方面的高度融合与统一。

   其一是歌剧音乐的民间化:主要表现在《白毛女》的音乐主要是以陕西、山西、河北一带的民间戏曲为基调,又吸收了众多民歌音乐素材创作而成,这些音乐素材都是解放区民众耳熟能详的,因此欣赏起来倍感亲切自然,没有距离。

   其二是生活场景和细节的大众化:在歌剧《白毛女》中最具代表性的是开头一场,剧

知 识 附 录

中设计了在大年三十的夜晚,喜儿在家等待着出门躲债的爹爹回家过年,杨白劳躲债归来,带回了二斤白面,二尺红头绳,一张门神,喜儿高高兴兴地扎上红头绳,贴上门神,王大婶一家热情地邀请喜儿父女到她家一起包饺子,吃年夜饭。尤其是那可怜的二斤白面,二尺红头绳,一张门神,在辛酸凄苦中透露出走投无路的农民对温饱的渴求,对父女亲情和邻里亲情的珍视,对美的追求,对平安吉祥的期盼,哪一项不是那个时代广大农民最基本的年节生活场景?哪一项不是反映那个时代农民最低水平的生活细节?大众化的生活场景和生活细节,创造了广大民众十分熟悉的浓重的生活氛围,蕴涵了丰富的人性与人情。

还有一个更为重要的原因就是它潜在的民间文化的人物类型、故事类型和主题,十分符合大众文化的审美接受心理。"化鬼复仇"传统故事母题的存在与化用以及这种类型化的人物在民间传承的久远,民众对这些人物的情感倾向早已沉寂于灵魂深处、流淌于血脉之中,具有天然的倾向性,加上剧本创作中高度典型化的手法产生的叙事效果,观众在观看演出的过程中情绪激动如火山喷发,也在情理之中了。

霓虹灯下的哨兵

1. 陈喜:聪明勇敢,好奇心重而又有点爱面子。在资产阶级面前,他又具有一定的自尊心和虚荣心;赵大大:朴实、憨厚,机智勇敢却又直率简单;童阿男:年轻单纯,追求革命,没受过组织教育,还存在一些糊涂思想和非无产阶级的意识。但勇敢向上,能积极改正,快速成长。

2. 全剧的主题是:继承革命优秀传统,抵制资产阶级的"香风"侵袭。话剧《霓虹灯下的哨兵》为这样一个鲜明的时代性主题起到了很好的政治宣传、教育作用,八连作为"两个务必"、发扬艰苦奋斗精神的一面旗帜,立即在军内外引起轰动。

3. 剧本将革命的浪漫主义与精细的艺术形象创造有机融为一体,还原了人性,而不是革命神剧,将人物写得有血有肉。塑造了赵大大、陈喜、童阿男、林媛媛等一批栩栩如生的工农兵新形象,极大地开拓了戏剧艺术的新天地。内容上具有大众化的品格,具有浓郁的革命浪漫主义色彩和犀利的斗争风格,深深扎根于人民群众的土壤之中,鼓舞了民心,振奋了士气。形式短小精悍,形象生动,寓教于乐,适合革命战争环境的演出和劳动群众的欣赏水平。

红色经典
中国革命传统作品学习

放下你的鞭子

1. 香姐：一个天真、标致的姑娘。她伴随父亲漂流街头整整五年，受苦遭罪，忍饥挨饿，并不怨父亲，更可贵的是，她十分理解、体谅父亲。她的血泪申诉是全剧剧情转折的关键，把全剧推向了高潮。

卖艺汉：一位从东北沈阳沿途卖艺流落到上海的街头艺人。他原本是一个善良、正直、慈爱的人。由于战争造成的背井离乡，饥寒交迫，使他丧失了善良、慈爱的性格特点，变得暴躁，"疯狂"了。

青工：是一个有觉悟，爱憎分明，为人憨厚正直，敢于仗义相助的工人阶级中的先进分子，是上海无数有觉悟的产业工人的代表。全剧通过他的提问，揭示出造成卖艺汉父女和东北广大劳动人民痛苦的根源。

2. 该剧抗战期间在大街小巷广泛演出，激起观众对日寇的极大仇恨，不知有多少热血青年就是因为看了这个街头剧深受感染和教育而毅然奔向了抗日的战场。此剧成了团结民众、发动民众、鼓舞民众奋起抗战的有力武器。起到了很好的宣传教育作用。"放下你的鞭子"的含义是：放下欺压同胞或亲人的鞭子，寻找苦难的根源；放下欺压同胞或亲人的鞭子，转头勇敢地对准侵略者。戏剧以此为题，通过卖艺父女因家乡被日寇占领，离乡背井、街头卖艺的痛苦经历，反映了日本帝国主义的侵略造成了中国人民家破人亡、流离失所的悲惨境况，同时也对国民党的不抵抗政策发出强烈的控诉，揭示了日本帝国主义和卖国汉奸才是人们生活贫困的根源，号召人民群众团结起来奋力反抗，"一齐打倒我们的仇人！"

3. 形式上，戏剧比小说、散文更加能直接传达宣传理念。而戏剧中的街头剧是一种反映时事新闻的短小活泼的戏剧样式，具有很强的鼓动性、时效性、通俗性。在作为文化仪典的乡村戏剧中，表演与生活、虚构与现实的界限是移动的、模糊的，甚至可能完全消失，观众很容易将自己代入剧中，引发共鸣。内容上，它所反映的往往是时代的最热门话题，具有大众化的品格，深深扎根于人民群众的土壤之中，能引起民众的关注。

人物塑造上，遵循艺术典型化规律，剧中的三个人物塑造得具有十分鲜明的时代性和典型性——一对流亡关内靠卖艺为生的穷苦父女，一个有着爱国主义思想、有着强烈的正义感和高度觉悟的青年工人。

实践笃行

一、影视与文学

1. 梁斌小说《红旗谱》；2. 罗广斌、杨益言小说《红岩》；3. 曲波小说《林海雪原》；4. 杨沫小说《青春之歌》；5. 刘知侠小说《铁道游击队》；6. 李心田小说《闪闪的红星》；7. 吴强小说《红日》；8. 杨金远小说《官司》；9. 麦家小说《风声》；10. 董群(纷舞妖姬)小说《弹痕》；11. 都梁小说《亮剑》；12. 陈仓中篇小说《父亲进城》。

二、歌声嘹亮

2. 电影歌曲连连看

1—10 的歌曲对应的电影排序如下：E、J、F、D、C、B、I、G、H、A

专题 7

含英咀华

嘱　附

1. 水生刚踏上回家路途时，内心轻松愉悦，疲劳消尽，脚步轻盈。但一路看到战后的破败凄凉，那份悠闲愉快渐渐难觅踪影。越接近家乡，残破和荒凉景象就越让他忧惧家人命运，怕他们遭遇不测，以致心烦意乱，内心沉重。最后借助抽烟舒缓心绪，重拾勇气继续前行。直到看到村庄安好，女人生活正常，才分外喜悦，情不自禁地热切打招呼。小说细腻描写水生复杂心理，不仅展现长久漂泊在外者的回乡心情，也真实写出了当时历史现实。多年战争导致生灵涂炭，人们流离失所，朝不虑夕，家人间竟也是咫尺天涯，相互不知对方生死。这充分揭示战争下华北大地满目疮痍，普通百姓遭受血腥摧残的现实，是作者对战争最深刻的无声控诉。

2. ① 水生"女人"勤劳能干，温顺善良，在战争年代一个人支撑着家，孝顺公公，温情体贴地对待丈夫和孩子。她对爱情坚贞不屈，在八年思念中坚守等待。但她识大体明大义，克制自己内心的失落和痛苦，亲自撑冰床送丈夫归队，还勉励丈夫早日取胜回家。她表现出的战斗精神和无私情怀，体现了新一代妇女的人情、人性美。② 略。

3. ① 切合人物心理。水生"女人"依恋丈夫，渴望夫妻团聚。但她更是在革命斗争

中成长起来的积极分子,知大局明大义,明白要真正实现自己渴望的幸福安宁生活,必须尽快打退敌人的进攻。② 违背人物情感。水生"女人"是一位重视夫妻感情的女性,丈夫在外抗战八年,回来只有短暂的停留便又分别,她非常不舍丈夫的再次离开。她一定要送丈夫,就是想更多地相聚一会儿,因此谈起分别时不会如此急切利落。

中秋节

1. 小说一开头写美丽宁静的中秋夜月景象,既交代了故事发生的时间和环境,又渲染出清新自然的氛围。淡然恬静的月色贯穿整个作品,运河匀适的波涛声烘托着银杏的兴奋心情,使小说富有散文情韵。而夜鸟寒栗、月亮云遮却暗示情节氛围的变化,光线明暗使人物活动时而清晰,时而模糊,发现两个老头的秘密等情节发展就显得自然真实。结尾中界碑沉河底的描写,更是意味深长,折射出作者乐观浪漫的情怀。阅读时可任选三处进行点评,学习多层面多角度地体味文中景物描写的艺术效果。并通过对品读结果的梳理归纳,养成良好的阅读习惯。

2. 删去长寿老头的故事,确实会显得人物简单明晰,矛盾冲突更集中。但是长寿老头的故事丰富了小说内容,使行文曲折有变,人物的思想变化表现更真实自然。而且突出这类人物是当时社会中一个群体性存在,使富贵老头的形象更丰满立体,拓展了小说主题的意义。更何况,白洋淀派的创作以从容诗意为特征,那种激烈直接的写作形式不是他们所追求的。

3. ① 银杏更有意义。她纯正善良,积极勇敢,听从党的号召,全力支持农业合作社的新生活,富有牺牲精神。年轻有朝气的她,质朴自然,欢快活泼,对生活充满热情,对爱情有着美好向往。这是新历史时期的社会主义农村新人形象,体现着人性、人情美的极致,给人以向上的力量和亲和力。她们承载着荷花淀派的美学理想,更是中国文学史上的一个新的女性形象群。② 富贵老头更有意义。富贵老汉是新时代里的旧农民,他善良朴实,又不免自私保守。为时代潮流所裹挟,参加了农业合作社走集体化道路,但对新生事物缺少理解和信任,头脑中有着小生产者固有的狭隘自私,既想维护个人利益却又不想因跟不上形势而在人前失面子。这一形象真实地传达了普通农民在变革时期的矛盾、犹豫、彷徨,体现了中国几千年来个体农民的精神负担,是一个真实饱满、复杂立体的艺术形象。但作者对时代发展和这些暂时落后者的改变充满信心,相信他们最终能跟上前行脚步,一切保守和落后都将永沉水底。

水乡散记

1. 老人是一位新时代的渔民,技术高超,经验丰富,却一心扑在集体事务上,日夜为农业社操劳,打鱼撒网,在刚刚经受水灾的乡村搞生产自救。而当发放赈济棉衣时,他又让别人先领,表现出先公后私的集体主义精神。同时,他对人们和社会满怀感恩之心,待人热情,对"我"体贴温情。作品真实地写出了新中国成立初期人民群众朴素的思想感情,不仅具有审美价值,也有一定的认识价值。

2. 这群人性别、年龄、职业、性格不同,但都秉承大自然的灵气和民间传统道德浸润,勤劳朴实,善良忠厚,坚强面对灾害,积极自救,努力依靠劳动改变生活,有一种清新健康的美。他们关系和谐,懂得感恩,积极上进,支持农业集体化生产,有对新时代和新生活无限向往的热情。为了集体和家庭任劳任怨,先公后私,表现出新一代农村人集体主义思想和大公无私品质。他们淳朴的人性,乐观向上的生活态度,体现着作者追求着一种美的人格和人生境界。

3. 结尾以动衬静,用清新朴实的笔触写水乡清晨的宁静平和场景,暗示了故事情节的发展,渲染出热闹欢乐的捕鱼劳动即将开始。侧面表现了水乡人的勤劳,热爱劳动,关心集体利益,进一步突出新农村人的形象。最后一句更是一语双头,既直接写出水乡清晨苏醒的过程,又象征着新的美好生活正在水乡的村村庄庄中创造,前景一片光明。诗意化的结尾是白洋淀小说创作的重要故事收束方法。

实践笃行

一、展览区域的主题设计

主题的选择要求最好能从不同侧面表现"白洋淀派"创作特色,主题名称拟写形式整齐,语言诗意,而对各主题展览内容的介绍要能围绕主题,表达简明顺畅。例如:

展示区名称	展览的主要内容
例1:惊鸿一瞥	概括介绍"白洋淀派"的由来、主要作家、代表作品及其创作风格。
例2:诗情画意	通过典型文字片段撷选、现实照片展示作品中描写的自然风光、水乡风情。
曲径通幽	集中展现"白洋淀派"作品中生动细腻的心理描写及其艺术效果。

(续表)

展示区名称	展览的主要内容
铁骨柔情	简要介绍作品中青年人物形象群,特别是女性群像。
青春阳光	着重展现作品在人物塑造、故事设计上的浪漫主义气息和乐观精神。
清新朴素	引导品味清新秀丽、华北地方特色鲜明的小说语言。

二、展厅前台的雕塑设计

场景推荐：我将推荐《嘱咐》中的"撑船送夫"图。这个素材既能展示白洋淀如画的景色,又能突出白洋淀派小说女性形象——有对家人体现的女性柔情,也有对革命对社会的责任感。

雕塑描述：那雕塑的正中间是一只小小的冰床,上面坐着怀抱孩子的年轻人水生,他正向后微侧着头。冰床尾梢站着一位年轻的妇女。她穿着棉衣,用一块长的黑布紧紧把头发包住,围巾的两头被风飘向身后。她的脸冻得通红,眼睛正温柔地看向坐着的男人,微张着嘴,嘴中冒出热气,好像正说着什么,想来是正在嘱咐丈夫。冰床底下是那宽阔的、结着厚厚冰层的水域,在晨光的映照下,泛着洁净红亮的光。它从远方连绵的荒芜丛中探出头,由窄到宽,像一条闪亮的大道,正疾速地向人们身前蜿蜒伸展而来。

三、诗意朗诵的音频制作

略

四、"白洋淀派"群星图

作　家	照片	生卒年	籍　贯	代表作品(例举)	贡献简评
孙　犁	略	1913—2002	河北安定	《荷花淀》《芦花荡》《风云初记》《铁木前传》	"白洋淀派"之父
刘绍棠	略	1936—1997	河北通县	《京门脸子》《蒲柳人家》《青枝绿叶》《运河的桨声》	大运河之子 新中国田园牧歌
从维熙	略	1933至今	河北玉田	《七月雨》《远去的白帆》《大墙下的红玉兰》《裸雪》	大墙文学之父
韩映山	略	1933—1998	河北高阳	《水乡散记》《作画》《串枝红》《满淀荷花香》	白洋淀里迟来的歌者

知 识 附 录

五、乡土文学史中的"白洋淀派"

对于中国 20 世纪的乡土文学发展,不同文学史编修者有不同的认定。所以只需要理出主要的发展环节,突出"白洋淀派"的文学史地位即可,图形设计允许学生选择各种形态。此活动目的在于培养学生的文学史意识和探究意识。例如:

文 学 时 期	主要文学流派	代 表 作 家
五四时期	"五四"乡土小说	鲁迅、王鲁彦
二三十年代	京派乡土文学	废名、沈从文
	"革命+恋爱"式的乡土小说	柔石、叶紫
	社会剖析派的乡土小说	茅盾、吴组缃
	东北流亡作家的乡土小说	萧红、萧军
	七月派的乡土文学	邱东平、彭柏山
延安文艺座谈会后	★白洋淀派	★孙犁、刘绍棠
	山药蛋派	赵树理
	土地改革小说系列	丁玲、周立波
	合作化小说系列	柳青、浩然
"文革"后新时期文学	伤痕小说	卢新华、古华、高晓声
	反思小说	张承志、梁晓声、贾平凹、路遥
	寻根小说	阿城、韩少功、王安忆
	新写实小说	刘震云、刘恒、池莉
	先锋小说	马原、莫言、余华、苏童
20 世纪 90 年代	乡村史诗	陈忠实、莫言
	新流派	阎连科、刘醒龙

专题 8

含英咀华

雪浪花

1. 吸收了古典诗词的清新雅致,又自然大方,如"凉秋八月,天气分外清爽。我有时爱坐在海边礁石上,望着潮涨潮落,云起云飞。月亮圆的时候,正涨大潮。瞧那茫茫无边的大海上,滚滚滔滔,一浪高似一浪,撞到礁石上,唰地卷起几丈高的雪浪花,猛力冲击着海边的礁石。那礁石满身都是深沟浅窝,坑坑坎坎的,倒像是块柔软的面团,不知叫谁捏弄成这种怪模怪样。"句式散而不乱,错落有致,叠词反复,自然贴切,行文舒展自如。

人物的语言吸收了劳动人民生动有力的风格,如老泰山赞扬自己磨的剪刀:"你想剪天上的云霞,做一床天上的被,也剪得动",句式灵活,变化多端,充满了新奇、突兀的想象力,表达了老泰山对自己劳动的自豪感和新时代的劳动者舒畅、广阔的精神世界。

富有意境。如:"老人收起磨刀石,放到独轮车上,跟我道了别,推起小车走了几步,又停下,弯腰从路边掐了枝野菊花,插到车上,才又推着车慢慢走了,一直走进火红的霞光里去。"情在景中,意在言外。

善于提炼富有新颖感的诗的语言。如把坚硬的礁石形容为"像是块柔软的面团",以此显示海浪冲击的力量之强;把海浪的冲击称之为"咬",不但用字奇警,而且更能传神。

2. 散文"人物"和小说"人物"的不同是散文和小说两种文体的不同决定,也是两种文体本质属性的表现。人物是小说的中心,小说通过典型环境和情节塑造人物,而塑造人物又集中在表现人物的性格。而散文,表达作者的精神情感才是中心。散文中的人物是作者思想情感的承载和传递,成功的人物能够更好地表达作者的思想感情。"老泰山"这个人物的可信可亲,有助于传达作者对历史的思考和对中国劳动者的情感。小说中的人物必须以其性格构成艺术魅力,散文中的人物则可以其意韵构成艺术魅力。"西天上正铺着一片金光灿烂的晚霞,把老泰山的脸映得红通通的。老人收起磨刀石,放到独轮车上,跟我道了别,推起小车走了几步,又停下,弯腰从路边掐了枝野菊花,插到车上,才又推着车慢慢走了,一直走进火红的霞光里去。"作者有意渲染的氛围,精心勾勒的动作,使得"老泰山"身上充满诗意。

3. 作者借"老泰山"说了一段话:"别看浪花小,无数浪花集到一起,心齐,又有耐性,就是这样咬啊咬的,咬上几百年,几千年,几万年,哪怕是铁打的江山,也能叫它变个样儿。"最后由"老泰山"想到"我觉得,老泰山恰似一点浪花,跟无数浪花集到一起,形成这个时代的大浪潮,激扬飞溅,早已把旧日的江山变了个样儿,正在勤勤恳恳塑造着人民的江山。"这是把劳动人民比喻为浪花,歌颂了劳动人民的伟大力量。

土 地

1. 作者行文善于用对话的口吻,如"这里我想来谈谈大地,谈谈泥土。"再如"有时,望着莽莽苍苍的大地,我骑着思想的野马奔驰到很远很远的地方,然后,才又收住缰绳,缓步回到眼前灿烂的现实中来。"化抽象为形象,语气从容,态度平易。

作者在描写景物时展开自己的想象,如"有一次我从凌空直上的飞机的舱窗里俯瞰珠江三角洲,当时苍穹明净,我望了下去,真禁不住喝彩,珠江三角洲壮观秀丽得几乎难以形容。水网和湖泊熠熠发光,大地竟像是一幅碧绿的天鹅绒,公路好似刀切一样的笔直,一丘丘的田野又赛似棋盘般整齐。嘿!千百年前的人们,以为天上有什么神仙奇迹,其实真正的奇迹却在今天的大地上。劳动者的力量把大地改变得多美!一个巧手姑娘所绣的只是一小幅花巾,广大劳动者却以大地为巾,把本来丑陋难看的地面变得像苏绣广绣般美丽了。"整个描写变得生动传神,作者的感叹之情跃然纸上。

作者也在叙事中融入自己的感情。如"今天,在世界范围内,许许多多被殖民者奴役着的地方,也正在进行着驱逐侵略者、保卫国土的斗争。呵!一寸土,一撮土,在这种场合意义是多么神圣!"夹叙夹议,态度鲜明。

作者在叙述中变化着语气,如"让我们捧起一把泥土来仔细端详吧!这是我们的土地呵!怎样保卫每一寸的土地呢?"三个句子变换三种语气,却亲切自然,毫不造作。

2. 作者一改原文同情重耳不幸、赞美他宽宏大量和受命于天、蔑视劳动者的态度,流露出新时代的爱憎感情:对衣不蔽体,食不果腹的劳动群众的同情,敬重;对不事稼穑的剥削者的鄙视,厌弃。这样的改写、扩写,还增加了散文的知识性、趣味性,真正达到材料"为我所用",随"意"驱遣的高明境界。

3. 从土地的历史和现实,到人们对土地的深挚热爱,启发读者思考对祖国土地的历史责任,点明完成这一任务的客观条件是党的领导和社会主义新时代。

专题 9

含英咀华

黎明的通知

1. 这首诗的分行是很有意味的。请注意分行的特点,高声朗诵这首诗。(略)

2. 艾青在开明书店出版的《艾青选集·自序》中说《黎明的通知》"是在延安写的"。

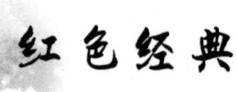

红色经典
中国革命传统作品学习

抗战时期，艾青先在重庆，为了躲避特务的跟踪和迫害，在周恩来同志的建议和帮助下，1941年3月8日到达延安。不久，担任延安《诗刊》的主编。而本诗最早见于1943年5月初版的诗集《黎明的通知》。则可以肯定这首诗是在1941年3月至1943年5月之间写的。有人考证写于1942年春天的延安，可信。艾青从重庆国统区来到延安解放区，感受到解放区人民的热情和昂扬的斗志，以为抗战的前途和中国的希望，在延安，在共产党人身上。所以作者用拟人的手法，把"黎明"作为"白日的先驱，光明的使者"来歌咏。"黎明"这一意涵所指，非常明显。

3. 在诗中，"诗人"是正直的代表（借你正直人的嘴），是热情的化身（借你的热情的嘴），是经得起时间考验的人（请你忠实于时间的诗人）。黎明的通知，其实是热切的呼唤和赞美，赞美黎明将从东方来（东方红），呼唤他们用各种方式来欢迎，通知他们等待"我"的到来。这是一首政治宣传色彩非常强的诗歌，但明朗的意象，真诚的理想，坚定的信仰，充沛的诗情，仍然让我们感觉到艾青的诗歌之美。

给太阳

1. 诗歌用了色彩鲜明的笔调，渲染太阳给大地和人类带来油画般的质感和光晕。你看，新鲜、温柔、明洁的光辉，照在我久未打开的窗上，把窗纸敷上浅黄如花粉的颜色，嵌在浅蓝而整齐的格影里。这就是一幅阳光覆盖在古老窗棂上的油画。打开已关了一个冬季的窗门，让你把金丝织的明丽的台巾，铺展在我临窗的桌子上。阳关又穿透窗棂，金晃晃的犹如明丽的台巾，又是一幅光影跃动的油画。渴望能捕捉你的形象，多么强烈，多么恍惚，多么庄严！你的光芒刺痛我的瞳孔。美好的生活镀金匠；你把日子铸成无数金轮，飞旋在古老的荒原上……这些色彩和光影描写，以大地为背景，带着强烈而夸张的笔调，颇有梵高笔下向日葵的色调。整个诗句，全是热烈而温暖的底色。

2. 看见它（阳光）就高兴——欣赏阳光透过窗户产生油画般的光影效果——仰望太阳的光芒——歌唱阳光把生活镀成金色，把快乐带给人间——要爬上山巅直接把自己沐浴在阳光底下，全诗有一定的叙述时空之轴，诗人对太阳的热爱之情还是有迹可循的。

3. 分段，有各种形式，可以用不同的色彩笔涂抹分，也可以用简单的双斜线分，用大括弧分。要在诗意转换之处分段。这里呈现一种分法仅供参考。分段意味着朗读需要更长的停顿，需要加以体会。附分段参考：而且被无数的噩梦纠缠//你新鲜、温柔、明洁的光辉……铺展在我临窗的桌子上//于是,我惊喜看见你……你的光芒刺痛我的瞳孔//太阳啊,你这不朽的哲人……也在心里感受你的安慰//你是时间的锻冶工……飞旋在古老的荒原上……//假如没有你,太阳……在永恒的黑夜里飞翔//我爱你像人们爱他们的母亲……直到我的生命被死亡带走/经历了寂寞漫长的冬季……(双斜线表示分段)

光的赞歌

1. 第一段,用假设的否定讴歌光对世界的创造;第二段,用肯定的叙述,赞美光对美的创造;第三段,赞美光是奇妙的物质,有大公无私的品格;第四段,指出乌云遮不住太阳。

2. 三首诗,都是形象和思想兼容,哲理与抒情统一。但是前两首诗写于延安时期,怀着美好的理想,一切都是赤诚透明的,单纯热烈的,故诗歌以抒情挥洒为主。1957年被错划为"右派"后,"下放"在东北和新疆,将近二十年。《光的赞歌》写于复出之后,诗人结合自己的遭际,融入历史的经验,于是诗歌的情感变得沉郁、激愤,故诗歌以说理议论见长。

3. 无论是在20世纪三四十年代进过国民党的监狱,还是在1957年开始经历过长达二十年的不公待遇,艾青始终执着地向往光明、歌颂光明、追求光明。这从他一系列诗歌可以读出,如《太阳》《黎明》《向太阳》《黎明的通知》《给太阳》《火把》《太阳的话》《野火》《光的赞歌》。光在艾青的诗中,不仅是生动鲜明的意象,更被赋予伟大崇高的情怀。艾青歌颂的光,不仅是自然之光、科学之光,更是自由之光、真理之光、正义之光、希望之光。《光的赞歌》在艾青的诗歌创作中具有里程碑的意义。它的完成,使得诗人的"光明主题"到达尽善尽美的境界。

专题 10

含英咀华

哥德巴赫猜想

1. 报告文学的浪漫主义的诗情和神采,一是用比喻与象征等修辞来描绘而营造成的。文中比喻可分两类:一为增加人物和事件的形象性、可感性的比喻。例如"猜想"在数论中的地位究竟如何,"数学王冠上的明珠"比喻形象生动传神;"长空里,一只孤雁",

喻指他幼年孤苦伶仃的处境。另一类为营造浪漫意境的。用了大雪、群山、雪莲、攀登等许多比喻，烘托出陈景润在数学高原上跋涉的勇敢、坚强、不怕牺牲。

象征的手法，譬如"这些是人类思维的花朵。这些是空谷幽兰、高寒杜鹃、老林中的人参、冰山上的雪莲、绝顶上的灵芝、抽象思维的牡丹"。空谷幽兰，象征着高洁；高寒杜鹃，象征着饱含风霜；老林中的人参，象征着营养丰富；冰山上的雪莲，象征着经受极寒条件的考验；灵芝、牡丹，极言其美。这些充满着诗情的语言，象征着陈景润科学成果的无价成果。

报告文学的浪漫主义诗情和神采，二是作品中充溢着的为陈景润辩诬的仗义执言的激动和愤怒的灼灼燃烧的强烈感情。他廓清了笼罩在陈景润头上的雾瘴烟屏，让这个"白专典型"恢复了他清洁的面貌，"你看那玉羽雪白，雪白得不沾一点尘土；而鹤顶鲜红，而且鹤眼也是鲜红的。它踯躅徘徊，一飞千里。还有乐园鸟飞翔，有鸾凤和鸣，姣妙、娟丽，变态无穷"。赞美了陈景润在数学王国艰难攀登之后硕果累累。

2. 陈景润在六平方米的斗室中，在误解与诽谤的围攻里，身心交瘁，但依然读遍专业领域的外国文献，博采众长，汲取营养，奋力向数学高峰攀登，为凸显他的专注，用了他撞树的细节。他摒弃多重的干扰，既有他身体伤病的困扰，又有善意的误解、无知的嘲讽、恶意的诽谤，一步一个脚印，锲而不舍，埋头苦干，数十年如一日，即使在"十年浩劫"的炼狱中，百折不回，达到"捣麝成尘香不灭，拗莲作寸丝难绝"的境界。这是一种经过了十年炼狱之火，依然光华夺目、神采飞扬的崇高的美，雄壮的美。

3. 平反之后，怀着强烈责任感的徐迟，在《人民文学》编辑部集体的推动下，走在拨乱反正、除旧布新的前列，将诗歌的热情主要倾注报告文学的创作中，创作了《哥德巴赫猜想》这一诗情盎然的报告文学作品，具有报告文学的新闻性。因为读者大多关注《哥德巴赫猜想》的作者徐迟，而忽视了它的隐含作者《人民文学》编辑部。如果没有他们的规划、组织，《哥德巴赫猜想》的写作根本不可能实现。当时的《人民文学》编辑部得到一个消息，就是全国科学大会将要召开，而科学大会的召开，预示着科学的春天即将来临，作为全国性的文学刊物，编辑部想到了自己应负的责任和使命，他们选择了短小、灵活，被誉为"轻骑兵""侦察兵"，且在50年代具有很强的"普及性"，具有其他文体不可替代的宣传和动员功能的报告文学,即使在现在看来,他们的选择,也是很有远见的。

地质之光

1. 地质之光,用象征手法,既歌颂了地质学家李四光的光辉卓越的贡献和他闪闪发光的一生,也表现了我国地质事业发展的光辉远景。

2. 细节"白发苍苍",只是他形体上的衰老,他的思想,却始终是年轻的,注视着光明的未来,他的神态动作"眨眨眼睛,笑了一笑",既表现了他的智慧和幽默,又表现了他的乐观和开朗,尽管他谈的是一个严肃的课题,却显得情绪活泼而又态度从容,他,永远是那么自信而从容!"轻轻拨动","小小寰球"就"一下子""急速地旋转",抒写80高龄李四光对我国地质事业前景充满的自信与期待,而正是这一举重若轻的动作,点明地球奥秘已被揭开,中国人完全有能力改造世界,颂扬了我们的科学家李四光炽热的爱国情怀。

3. 不说诀别旧世界,远渡重洋,万里归来,就说那个"都有'有经济价值的沉积物'。这句话,因为过去是在外国讲的,所以故意说得含糊些"。就可以看到当年李四光的爱国智慧。而后来在地质部"我们是开路的先锋",既可见李四光的自豪感,又能窥见先锋的热忱与担当的。"李四光,早期的革命家,他原来是学造船的,后来改行,改地质学是经过思考的,他是有理想的,是有思想的。他感觉到:首先要解决地质问题,找矿,你找不到矿,你造船工业学得再好,没有钢板给你焊接。"

生命之树常绿

1. 题目用象征手法,盛赞了植物学园地上的老科学家蔡希陶,从历史和现实的更迭中,展开了蔡希陶与西双版纳绮丽风光交织的一生,盛赞蔡希陶百折不回,发展中国自己的植物学,这是热情美丽的科学诗。

2. 徐迟用鲁迅先生的"关东大汉的气派"来形容蔡希陶的小说,其实"气派"两字,也是后文一而再,再而三反复出现、反复咏叹的,这条若隐若现的红丝线,贯穿着全文,从而让蔡希陶的形象更为清晰。

3. 民国文人多跨界。胡适是由哲学领域而转变为大力提倡白话文宣扬个性解放、思想自由的新文化运动领袖。徐迟是诗人而突入散文与翻译界的湖北省文联副主席。今人如博士生导师、中科院半导体材料科学重点实验室主任、973项目首席科学家陈涌

海，闲暇时，是一把吉他在手，写词、谱曲、弹唱样样精通的桀骜不驯的文学青年。

锦心绣口

标语：时代的最强音

一、略

二、准确性、简洁性、鼓动性、导向性、时代性。

三、读革命烈士书信，忆烽火峥嵘岁月

谈判无处不在

一、为尼克松访华探路的基辛格，这是与周恩来的首次会面。基于共产党与美国的外交断裂和历史隔膜之深，基辛格内心是充满忐忑与紧张的。而周恩来总理体现了一种外交的温和作风，这其实与中国传统外交风格是一脉相承的。中国历史上的政治家一贯把好客、礼节以及精心培养的个人关系作为治国手段，周恩来总理身上所体现的温文尔雅、幽默风趣、泰然自若、沉稳大气等个人魅力深深折服了各国政治家。而这种中国太极般的四两拨千斤的谈判风度正是克敌制胜的法门。

二、1. 确定目标：借到腰麦话筒是第一要务，其他条件可以让步。2. 阐明利害：我们社团如果表演不了，影响整个汇报演出的效果，有损学校和社团声誉，对你们社团同样没有任何好处；但若借给了我们，有助于宣传你们社团的友爱互助精神，是你们节目的间接加分，对你们有好处。3. 利益共享：可以共同分担租赁费用，而且可以在演出现场对你方的帮助致谢。4. 化解对方不便：如果节目相距太近，交接会影响对方的演出。我方会及时与组织者沟通，调整我方节目顺序，化解对方的不便。5. 达成双赢局面。

自我评估

一、一站到底：博闻强记

1—5　BCCCC　6—10　BBDCC　11—15　DBABB　16—20　AADCD

二、操千曲而后晓声

1. CDAEFB

2. A

3. 叭儿狗：指那些表面上看起来公正，实际上没有是非原则的买办文人、御用文

知 识 附 录

人,具有欺骗性和虚伪性。落水狗:比喻失势的小人、坏人。落水狗狗性难改,对它们宽容会留下隐患。乏走狗:无民族立场、国民情感的依附于强权的反动文人。

4.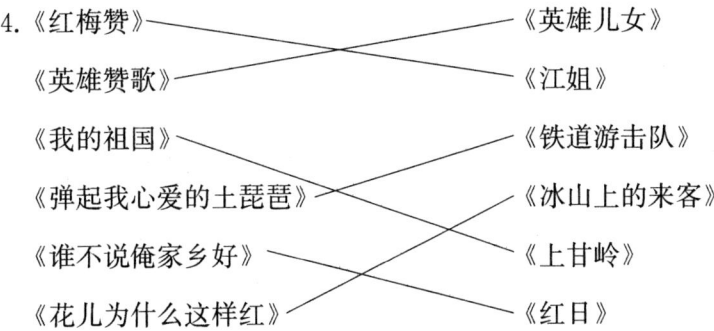

5. (1)刁德一称赞阿庆嫂有抗日救国的好思想,无论阿庆嫂承认还是否认都是不妥:否认没有,不符合痛恨鬼子的实际情况,也不能解释救下胡司令的举动。承认有,那么会被刁德一进一步威逼,惹出更大的麻烦;阿庆嫂回避了"抗日"这个问题,拿出开茶馆的老板娘的身份进行掩护,"开茶馆、盼兴旺",以江湖义气来应对,纯粹是有心依附胡司令,并顺势抬高胡司令。(2)阿庆嫂仍然以茶馆老板娘的身份再次化解危机,开茶馆,来的都是客,既不知道他们的身份,也不关心他们的身份,人走茶凉,仅此而已。这符合一位见惯世面、混迹江湖的老板娘身份,可以说是滴水不漏。

6.《红日》《红岩》《红旗谱》《创业史》

7. C

8. B。同名歌曲《地道战》《毛主席的话儿记在心上》是《地道战》的主题曲和插曲。

9. D。"殊"是不同的意思。

10. (1) A (2) B

11. 略

12. 白洋淀派和山药蛋派

13.《祝福》《为奴隶的母亲》《荷花淀》《嘱咐》

14. (1)水生嫂从一个心地善良、温柔贤惠、勤劳朴实、洒脱、乐观、识大体、顾大局的农村妇女形象逐渐成长为一个勇敢坚强、坚贞不屈的巾帼女英雄,正是她们和她们的男人一起支撑起抗日战争和解放战争,她们一样是中国的脊梁。(2)孙犁式独特的主题:表现在共产党的领导下,农村妇女在伟大的抗日战争和解放战争中觉醒,挖掘出他们内在的灵魂美、人情美,进而歌颂美的革命,以及对于美的追求。

15. ①E ②A ③C ④B ⑤D

16. 《哦,香雪》

17. 雪浪花

18. 杨朔——诗人气质
    秦牧——学者气质
    刘白羽——战士气质

19. 略

20. 牛嚼:反复阅读,反复思考。温故知新,推陈出新。鲸吞:广泛地涉猎知识。

21. C

22. 艺海拾贝 虾趣

23. A

24. 土地和太阳

25. D "阴暗的天穹"是实写,而"痉挛"则是虚写。

26. 灰黄:《雪落在中国的土地上》《乞丐》《北方》
    金红:《煤的对话》《火把》《吹号者》

27. 《哥德巴赫猜想》

28. 该段徐迟以生动的文字描绘陈景润几十年如一日,不屈不挠地向科学高峰——哥德巴赫猜想艰难登攀的艰苦历程。这是一段很形象化的描写,是散文的语言、诗的语言,也是政论的语言,是作家发自内心的、饱含激情的叙述与呐喊。全段采用一种象征式的写作手法,整体将陈景润科研的历程比作一次艰难的登山经历,形象生动,富于内涵。文中用了俗语、对偶以及比拟和比喻,把陈景润在极端艰苦的条件下沉迷于数学王国之中,达到了如果似痴的地步的状态,用优美深刻、沉郁隽永的笔调表现了出来,展现给读者的是一幅不畏艰险、攀登者勇往直前的坚韧画面。

29. 《公牛挤奶》这幅漫画讽刺了主观主义者,不进行调查研究就动手干事的行为。

30. 新闻性、文学性

31. 《青春之歌》中林道静、《英雄儿女》中王成、《红岩》江姐、《创业史》梁生宝

32. 《智取威虎山》

33. 扁平化

34. 革命英雄

三、探究思考

35. 略

 推荐书目

1. 孙犁《白洋淀纪事》,北京联合出版有限公司2018年版。

2. 茅盾《子夜》,江苏科学技术出版社2016年版。

3. ［英］迪克·威尔逊(Dick Wilson)《毛泽东传》,国际文化出版公司2013年版。

4. 田秉锷《毛泽东诗词鉴赏》,上海三联书店2012年版。

5. 鲁迅《鲁迅杂文精选》,中国文联出版社2014年版。

6. 艾青《艾青诗选》,商务印书馆2016年版。

7. 徐迟《徐迟文集》,作家出版社2014年版。

8. 杨朔《杨朔散文》,人民文学出版社2005年版。

9. 秦牧《秦牧散文选》,人民文学出版社2009年版。

10. 刘白羽《刘白羽散文选》,人民文学出版社2009年版。

11. 赵树理《赵树理作品新编》,戴光中编,人民文学出版社2011年版。

12. 丁玲《太阳照在桑干河上》,华夏出版社2011年版。

13. 柳青《创业史》,中国青年出版社2014年版。

14. 杜鹏程《保卫延安》,人民文学出版社2013年版。

15. 曲波《林海雪原》,人民文学出版社2009年版。

16. 杨沫《青春之歌》,中国青年出版社2013年版。

17. 罗广斌、杨益言《红岩》,中国青年出版社2013年版。

18. 吴强《红日》,中国青年出版社2013年版。

19. 梁斌《红旗谱》,中国青年出版社2014年版。

20. 萧红《生死场》，辽宁人民出版社 2014 年版。

21. 萧军《八月的乡村》，花城出版社 2016 年版。

22. 瞿秋白《中国近代思想家文库·瞿秋白卷》，陈铁健编，中国人民大学出版社 2014 年版。

23. 李存葆《高山下的花环》，作家出版社 2013 年版。

24. 《阳光阅读》丛书编委会《革命烈士诗抄》，阳光出版社 2014 年版。

25. 老舍《茶馆》，叶浅予插图，人民文学出版社 2012 年版。

26. ［美］麦克法夸尔《剑桥中华人民共和国史》，［美］费正清编，谢亮生等译，中国社会科学出版社 2007 年版。

后　记

每一次经典阅读，都是生命中一场刻骨铭心的遇见。

在这本名为"红色经典——中国革命传统作品学习"的书中，我们重又遇见那血与火的历史场景以及历史深处的精神高歌，或悲壮，或慷慨，或凛然，或庄严，或激昂。

那一封封深情的家书，那一首首壮丽的诗歌，那一篇篇深刻的时文，那一部部生动的剧本或小说，都让我们深深感知革命者伟大的情怀，感知古老民族觉醒的力量。

由于体例和篇幅的局限，这本书的选文在时期上只是聚焦于波澜壮阔的 20 世纪，在类别和专题的设计上也无法全面兼顾中国革命时代抒写的宏大，但我们依然希望每一位阅读者能从更广阔的史观来理解中国革命。

中国革命不是舶来品，也不是断代史。它既深嵌于世界近现代民族解放及现代化运动的历史进程中，又扎根于中华民族悠久的光荣传统与复兴梦想中。"天地革而四时成，汤武革命，顺乎天而应乎人。""革命"一词，最早就写在中国古老的文化典籍《周易》中。鲁迅也说过："我们从古以来，就有埋头苦干的人，有拼命硬干的人，有为民请命的人，有舍身求法的人，……虽是等于为帝王将相作家谱的所谓'正史'，也往往掩不住他们的光耀，这就是中国的脊梁。"

中国革命因秉承着一个古老民族生生不息的复兴梦想和凝聚着一位位革命者的牺牲精神，才成其为最深刻的社会变革。它既可能是一个个壮烈的事件，又可能是一场场漫长的实践过程。孙中山的"革命尚未成功，同志仍须努力"，李大钊的"威武不能挫其气，利禄不能动其心"，毛泽东的"雄关漫道真如铁，而今迈步从头越"，这些革命先行者的诚挚话语，连同这本书中一篇篇经典选文所展现的革命叙事和论述，都真切地启迪着我们对于中国革命历史及其精神的深刻理解，并召唤我们向着民族共同的复兴梦想毅然

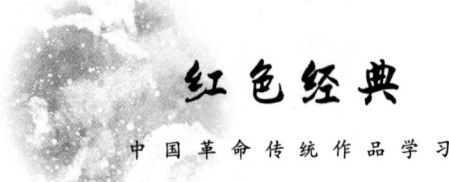

前行。

从古老走向当下,从近代走向现代,从新中国迈入新时代,每一段历程都是一场深刻的革命。革命属于历史,更属于现实和未来。

谨以此书献给伟大的中国革命史,献给伟大的中国革命者,献给每一位与其真诚对话并铭记和践行其光荣传统的阅读者。

关于本书版权事宜的启事

收入本书的文章已获得大部分作者的授权，但还有部分作者没能联系上。请您看到本书后与上海教育出版社联系，我们将寄上样书和稿酬。

图书在版编目(CIP)数据

红色经典：中国革命传统作品学习 / 张全民主编. —上海：上海教育出版社, 2018.3（2019.5重印）
(新课标　新语文　新学习/褚树荣主编)
ISBN 978-7-5444-8250-9

Ⅰ．①红… Ⅱ．①张… Ⅲ．①阅读课—教学研究—中学 Ⅳ．①G633.332

中国版本图书馆CIP数据核字(2018)第058975号

新课标　新语文　新学习
红色经典：中国革命传统作品学习
褚树荣　丛书主编
张全民　本册主编

出版发行	上海教育出版社有限公司
官　　网	www.seph.com.cn
地　　址	上海市永福路123号
邮　　编	200031
印　　刷	上海展强印刷有限公司
开　　本	787×1092　1/16　印张 21.25
字　　数	340千字
版　　次	2018年4月第1版
印　　次	2019年5月第2次印刷
书　　号	ISBN 978-7-5444-8250-9/G·6830
定　　价	48.00元

如发现质量问题，请向本社调换　电话 021-64377165